职业心理素养

主编 周 彤 姜 艳 马兰芳
副主编 李 兴 王 惠

南京师范大学出版社
NANJING NORMAL UNIVERSITY PRESS

图书在版编目(CIP)数据

职业心理素养 / 周彤，姜艳，马兰芳主编. —南京：南京师范大学出版社，2017.8(2024.1重印)

ISBN 978-7-5651-3407-4

Ⅰ. ①职… Ⅱ. ①周… ②姜… ③马… Ⅲ. ①大学生—职业选择—应用心理学 Ⅳ. ①G647.38

中国版本图书馆 CIP 数据核字(2017)第170912号

书　　名	职业心理素养
主　　编	周彤 姜艳 马兰芳
责任编辑	庞昊
出版发行	南京师范大学出版社
地　　址	江苏省南京市玄武区后宰门西村9号(邮编：210016)
电　　话	(025)83598919(总编办)　83598412(营销部)　83373872(邮购部)
网　　址	http://press.njnu.edu.cn
电子信箱	nspzbb@njnu.edu.cn
照　　排	南京理工大学资产经营有限公司
印　　刷	扬州市文丰印刷制品有限公司
开　　本	787毫米×960毫米　1/16
印　　张	17
字　　数	287千
版　　次	2017年8月第1版　2024年1月第8次印刷
书　　号	ISBN 978-7-5651-3407-4
定　　价	41.00元
出版人	张鹏

南京师大版图书若有印装问题请与销售商调换

版权所有　侵犯必究

前　言

随着社会竞争的加剧,当前大学生普遍存在就业困难、职场适应不良等情况。根据《国家中长期教育改革和发展规划纲要(2010—2020年)》的要求,为了更好地体现现代高职教育的理念,培养高素质、高技术技能人才,使人才培养与市场需求对接,使专业能力与就业岗位匹配,帮助高职学生更好地就业、创业,我们扬州职业大学开设了高职学生"职业心理素养"的课程。

职业心理素养主要讲述人们从事某项专业或职业所必备的心理要求和职业素养,培养学生具备与其专业相适应的职业品质和职业心理,成为全面发展的职业人才。这是一门新兴的理论性与应用性并重的课程,教学内容分为四个模块:模块一,心理与职业心理;模块二,职业态度与职业人格;模块三,职业知识与职业能力;模块四,职业心理健康。通过这四个模块的教学与实践,帮助学生了解和掌握社会就业岗位所应具备的职业素养,为后续的发展奠定认知基础和能力基础,促进职业人才的健康成长,力争使学生科学地认识自我、认识社会、认识就职必备的基本素养,具备良好的职业人格、扎实的职业知识与能力,形成健康的职业心理,更好地迎接职场竞争和适应发展的需求。

本教材的每一模块均包含名人名言、模块导读、学习目标、知识导图、案例导入、基本理论、拓展阅读、案例分析、活动与测试等部分,不仅注重理论知识的系统介绍,也注重对学生能力的培养,为学生课后练习和自我心理辅导提供了条件。

在编写过程中,我们力求使本书突出以下三大特点:

一是针对性强。本教材适应高职学生的知识水平和认知特点,结合实例,用通俗易懂的语言介绍理论,使学生易于理解和掌握。

二是应用性强。本教材注重理论联系实际,每一模块既有理论介绍,也有案例分析,还有大量的具体方法指导,可以帮助学生提高自己的相应素养。

三是可读性强。本教材内容丰富，寓教于乐。每一模块里安排了拓展阅读、案例分析、活动与测试等大量可读性强的内容，可以供学生课后自己进行阅读、测试，帮助学生更好地认识自己、调节自己，提高其职业心理素养。

参与本书编写的老师具有长期从事高职院校心理学、教育学、心理健康教育等课程教学和心理咨询及学生管理的工作经历，熟知高职学生的心理特点，对学生心理素养各方面进行了充分研究，在此基础上编写了这本教材，目前已在学校试用了多轮，并根据教学反馈进行了多次修改。希望本书的出版，能对提升学生的职业心理素养有所帮助，使学生更为顺利地走入职场。

全书由周彤、姜艳、马兰芳担任主编，李兴、王惠担任副主编。教材具体编写分工如下：第一模块由王惠、封裕凤编写；第二模块由姜艳、王清编写；第三模块由李兴、马兰芳、邓峰编写；第四模块由周彤、尤正梅编写。

本书的编写是对高职学生的职业心理素养的一个探索过程，还需要接受实践的检验。在编写过程中，尽管我们参阅了大量的资料，借鉴了很多著作的精华，吸取了许多国内外专家以及心理教育工作者的观点和研究成果，但由于编者的理论水平和实践经验的局限，加上时间的限制，书中难免存在错误或不足之处，敬请各位专家和读者朋友批评指正，以使本书再版时更臻于完善。

编　者

2017 年 4 月 30 日

目 录

1 前 言

模块一
心理与职业心理

5 主题一 心理学基础知识
    5 一、心理学的学科性质
    6 二、心理的实质
   11 三、心理的结构
32 主题二 职业与职业心理素养
   33 一、职业与职业心理
   34 二、职业心理素养

模块二
职业态度与职业人格

51 主题一 态度与职业态度
   51 一、态度
   55 二、职业态度
71 主题二 人格与职业人格
   71 一、人格
   88 二、职业人格

模块三
职业知识与职业能力

125 主题一　职业知识
　126　一、知识类型
　129　二、知识结构
139 主题二　职业技能
　139　一、职业技能的含义
　141　二、职业技能鉴定概述
　151　三、职业技能的培养
153 主题三　职业能力
　155　一、职业能力的含义
　156　二、职业能力的分类
　159　三、职业核心能力的内涵
　163　四、职业核心能力的培养

模块四
职业心理健康

191 主题一　学会交往，和谐人际关系
　192　一、人际交往与人际关系
　203　二、掌握交往之道
　210　三、大学生人际交往中的常见心理障碍及调适
220 主题二　管理情绪，做情绪的主人
　220　一、情绪与情感概述
　222　二、大学生常见的情绪困扰
　225　三、情绪管理
236 主题三　学会适应，应对职业压力
　236　一、职业适应概述
　244　二、职场中的挫折与应对
　248　三、职场中的压力与应对

265　主要参考文献

模块一

心理与职业心理

> 人生的价值，应当看他贡献什么，而不应当看他取得什么。
> ——爱因斯坦
>
> 性格是一个人看不见的本质。
> ——德维格·穆迪
>
> 自信是成功的第一秘诀。
> ——爱默生

【模块导读】

本模块由两个部分构成,即心理学基础知识和职业与职业心理素养。本模块主要介绍职业与人的心理的关系以及与职业心理素养有关的心理学基础知识,为解释职业心理现象寻求理论依据,为探求职业心理活动规律打下基础。

【学习目标】

知识目标:

1. 了解心理的实质,掌握心理的结构及其基础知识。
2. 了解心理学与职业心理学、职业与职业心理的关系。
3. 理解心理学在人的职业生涯中的理论与实践意义。

技能目标:

学会运用相关的心理学原理,对自己的职业生涯进行规划与管理。

情感目标:

通过学习,能积极主动地提升自己各方面的职业心理素养。

【知识导图】

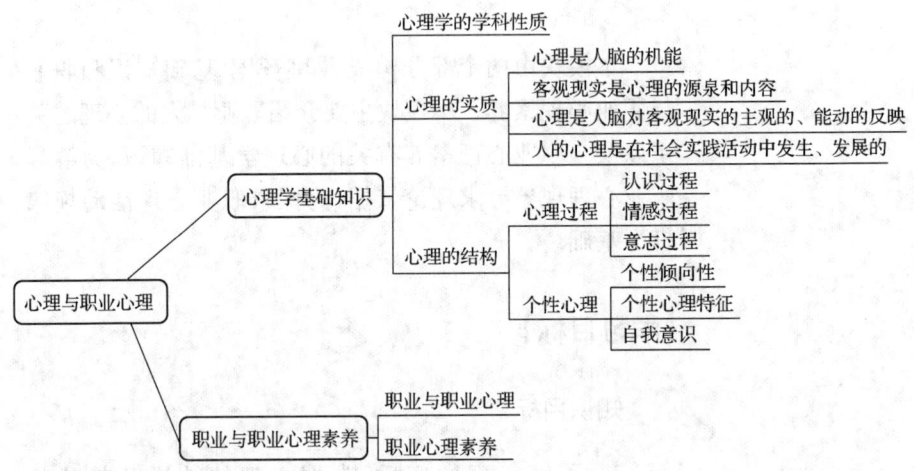

【案例导入】

在某次招聘会上，一家科技集团招聘负责人刘女士表示："按兴趣求职不是不可以，但不是每个人都可以仅把兴趣当作职业发展方向。"很多毕业生对"阿里巴巴商务代表""办公版QQ销售代表"等职位非常感兴趣，但其中一些应聘者所学专业与这些职位并没有关联。某集团招聘负责人冀先生说："在迷茫中就业对职场生涯没有帮助，一定要拥有自我认知——我是什么样的人，能做什么样的事。"招聘中，有一名毕业生从公司所招的第一个岗位问到最后一个，冀先生拒收了他的简历。

从这一案例中我们可以得到什么启发？

我国就业制度的变革彻底改变了人们的就业意识与就业行为。这一变革不仅使用人单位在人员招聘、员工考核等人力资源开发与管理活动中有了新的思路、新的举措，更迫使高校在人才培养上不断改变观念，探索新的模式。同时，在新形势下已就业的人员，也会经常感受到来自工作的压力，导致职业倦怠、职业转换、职业不适等。面对上述情况，我们认为有必要对在校大学生进行职业心理素养的训练，以使他们在职业选择和发展过程中能够树立科学的世界观、人生观和价值观，具备良好的职业道德，扎实的职业知识、职业技能，良好的职业能力和心理适应能力，以更好地迎接职场竞争和适应发展的需求。

主题一　心理学基础知识

恩格斯曾说过:"地球上最美丽的花朵是人的心理。"人的心理现象是极其复杂的,同时也是绚丽多彩的。心理学研究的对象就是人的心理现象。

一、心理学的学科性质

心理学是一门既古老又年轻的科学。说它古老,是因为早在2 000多年前古希腊学者亚里士多德就在他的《灵魂论》中对心理现象做了系统的阐述。我国古代也有一些著名学者对人的心理做出过阐述。如荀况认为先有身体而后才有精神,精神依附于身体;王充在《论衡·论死篇》中指出:"人,物也;物,亦物也。物死不为鬼,人死何故独能为鬼?"但是,不管是西方还是中国,早期的心理思想都被包含在哲学中,并没有独立出来。说它年轻,是因为直到1879年,德国生理学家、哲学教授冯特,在莱比锡创办了世界上第一所心理实验室,心理学才开始从哲学中分离出来,成为一门独立的学科,迄今也不过100多年的历史。

作为一门学科,心理学有特定的研究对象。心理学是一门研究人的心理现象及其发生、发展和变化规律的科学。它既是一门理论学科,也是一门应用学科。心理学包括基础心理学与应用心理学两大领域。心理学研究涉及认知、情绪、人格、行为、人际关系、社会关系等许多领域,也与日常生活的许多领域(如家庭、教育、健康、社会等)发生关联。基础心理学研究的目的是描述、解释、预测和影响人的行为;应用心理学除了上述目的外,还有一个目的,即提高人类生活的质量。这些目标共同构成了心理学事业的基础,也成就了心理学对人类的贡献。

在学科自身的发展中,心理学一方面尝试用大脑运作来解释个体基本的行为与心理机能,另一方面也尝试解释个体心理机能在社会行为与社会动力中的角色;同时,它也与神经科学、医学、生物学等科学有关。在短短的百余年里,随着研究的不断深入,心理学在发展中出现了许多分支学科及交叉学科,这一现象说明了心理学发展具有极强的生命力。

二、心理的实质

心理的实质到底是什么？人的心理是如何产生的？它有哪些特性？这些问题既涉及最根本的哲学观点，又涉及最前沿的科学研究成果。

（一）心理是人脑的机能

现代科学表明，脑是心理的器官，心理是脑的机能。

从物种发展史来看，心理现象是随着神经系统的产生而产生，随着神经系统的发展而发展的。从个体发育过程来看，人的心理是随着脑的发育而逐渐发展的。从临床研究成果来看，人的某种心理活动与大脑皮层的相应部位密不可分。

大脑作为心理活动的物质基础，它的成熟与发展影响并制约着人的心理活动。

拓 展 阅 读

"裂脑人"

第二次世界大战中，美国士兵约翰因头部受伤而成了严重的癫痫病人，医生无奈之下只能为他切断了连接大脑半球的胼胝体，结果他的病不再发作，但精神却失常了，吃饭时，他一只手把碗推开，另一只手又把碗拉回来。美国加州理工学院的生物学教授罗杰·斯佩里博士闻讯后，给约翰做了一系列实验。斯佩里博士将一张年轻女人照片的左半部和一张小孩照片的右半部拼成一张照片，然后采用特殊方法，使照片的左半部正好置于约翰的左半视野，右半部置于他的右半视野。斯佩里要约翰指出他看见了什么。结果，约翰手指年轻女人，口中却果断地说："一个小孩！"斯佩里的研究证明，约翰的大脑两半球隔离开来后，他的思维发生了分裂，在一个人身上出现了完全不同的两种思想、两种精神，形成了所谓的"裂脑人"。裂脑人大脑的左右半球互不通信息，行动不配合。一个半球得到的信息，另一个半球接收不到。左半球获得的信息，裂脑人能用语言表达出来，而右半球得到的信息，裂脑人却有口说不出。这是因为右半球的信息传不到左半球，而右半球本身没有言语功能。

斯佩里长期潜心于"裂脑人"的研究，初步揭开了人脑两半球的功能，并因此而获得1981年诺贝尔奖。他的实验引起了热烈的讨论，进一步推动了科学工作者对大脑进行新的探索，也更有力地说明了没有头脑的思维是不存在的，人的心理活动与脑密切相关。

（二）客观现实是心理的源泉和内容

脑是心理的器官，心理是脑的机能，这已得到了充分的证实，但脑本身是不会产生心理的，脑的机能只是为心理的产生提供了可能性和物质前提。人脑必须在客观现实的影响下才能实现其反映的机能，从而把客观存在转化为主观的心理。人脑好比是个"加工厂"，客观现实就是"原材料"，没有"原材料"，大脑这个"加工厂"就不能生产出任何产品。没有客观事物的作用，就不能实现脑的反映机能。只有在客观现实的作用下，人脑的反映机能才能由可能性变为现实性。客观现实还制约着人的心理发展方向、速度和可能达到的水平。因此，人的心理所反映的是客观现实，客观现实是人的心理的源泉。对人来说，无论是自然环境还是社会环境，都是人类心理的源泉。自然环境所包括的日月山川、飞禽走兽等是人的心理的源泉；但社会环境对人的心理具有特别重要的作用，社会环境中所包括的城市、乡村、工厂、学校、家庭、风俗习惯、文化传统、人际关系等，是人的心理最重要的、起决定性作用的源泉和内容。

大量实例证明，人一旦离开了社会环境，就不可能产生正常人的心理。

> **案例分析**
>
> #### "狼孩"的故事
>
> 1920年，在印度加尔各答附近发现了两个"狼孩"：大的7岁，取名为卡玛拉；小的2岁，取名为阿玛拉（很快便死亡）。起初，卡玛拉用四肢爬行，双手和膝盖着地歇息，她害怕强光，白天蜷伏在黑暗角落里睡觉，夜间潜行，不穿衣物，不怕冷，不洗澡，用舌头舔饮生水和流汁，只吃扔在地板上的生肉。经过照料和教育，2年后卡玛拉学会了站立，6年后学会了独立行走。她8岁时只有6个月婴儿的智力水平，4年后学会了6个词，7年后学会了45个词，17岁死去时只相当于4岁儿童的智力水平。

> 这一事实告诉我们：一个人如果离开了社会环境，尽管他有着正常的人脑，也不可能产生正常人的心理。卡玛拉自幼失去了人类社会的生活环境，生活在动物的自然环境里，她只能成为生物的个体，而不可能产生人的心理，即使后来给予了她正常的社会生活条件以及多年的教育和训练，也难以使其达到正常人的心理发展水平。

由此可见，人的心理是人脑对客观现实的反映，尤其人类社会的生活环境是人的心理产生和发展的决定性因素。因此，人的心理现象，无论是简单的，还是复杂的，无论是离奇的幻想，还是虚无缥缈的神话故事，其内容和材料都来自于客观现实。正是由于客观现实中复杂的事物作用于人脑，人才能产生感觉、知觉、记忆、思维、想象、情感、意志等心理过程和个性心理特征及个性倾向性。所以说，客观现实是人的心理活动的源泉和内容。

案例分析

刘连仁的故事

日本侵略中国时，山东人刘连仁被当作劳工抓往日本，因为忍受不了牛马生活和毒打折磨，毅然逃进了深山老林，足足过了13年的"野人"生活。由于他昼伏夜出，完全与世隔绝，身心受到严重摧残，智力减退，精神不正常，已基本丧失语言功能，并失去了作为人的一些习性。1958年，他从日本回到祖国时，心理状态已经很不正常。在现实社会环境中刘连仁又经历了相当长的适应过程后，才逐渐地恢复了正常人的心理状态。

（三）心理是人脑对客观现实的主观的、能动的反映

心理是对客观现实的反映，这种反映既是客观的，又是主观的。人的心理按其反映的内容来说，是客观的，因为它反映的是外界事物和现象，是由外界事物决定的，同时又是通过脑的神经过程实现的，并通过人的行为表现出来；但就产生心理的人这一主体来说，任何心理都是属于一定主体并产生于具体人的脑中，是不可替代的。由于每个人的知识经验、生活经历、世界观、需要、态度、个性特征以及当时的心理状态不同，这就必然使人的心理活动带上鲜明的个人色彩，表现出对客观事物反映的主观

性。因而，不同的人对同一个事物的反映不同。如同一班学生同读一本书，各人对书的内容的理解及评价不会完全相同。甚至，同一个人在不同时期、不同情景下对同一事物的反映也不相同。如诗人李白两次游君山，由于心境不同，所作诗中对君山的反映也完全不同，一句是"淡扫明湖开玉镜，丹青画出是君山"，另一句却是"划却君山好，平铺湘水流"，反映出截然不同的心理状态。因此，人的心理是对客观现实的主观反映。

人的心理是人脑对客观现实的主观反映，这并不是指人的心理是对客观现实的主观臆测或任意附加，而是指人是反映的主体，客观现实是反映的客体，人对客观现实的反映总是带有作为主体的具体人的特点。正是由于人对当前事物的每一个反映都有过去的知识经验、个性特征参与而起作用，才保证了人对客观现实的反映不断深入。

人对客观现实的反映，并不是机械的、刻板的、照镜子式的，更不是对客观现实的简单复制，而是通过人和客观现实的相互作用，对客观现实进行积极的、能动的反映；人不仅可以反映客观现实的表面现象和外部联系，而且可以反映客观现实的本质和规律，从而有目的、有计划地改造客观现实。

因此，人的心理活动不仅具有客观性，而且具有主观性和能动性，是对客观现实的主观的、能动的反映。

（四）人的心理是在社会实践活动中发生、发展的

1. 社会实践活动是人的心理产生和发展的唯一途径

人的心理不是自发产生的，只有作为心理源泉的客观现实和作为反映器官的脑二者相互作用，才能产生正常的心理，而这种相互作用是通过人的实践活动实现的。

实践活动是人的心理发生、发展的基础。人的一切心理活动都是在实践活动中，在劳动、学习、交往中产生的，离开实践活动，人的心理不可能得到发展，因为人的心理的日益丰富是随着实践活动的日益深化而实现的，人在改变外界的实践活动中，也同时改变了自己对外界的反映，使自己的心理得到发展。

人的心理服务于实践，指导实践。按照"实践—认识—再实践—再认识，循环往复，以至无穷"的认识规律来看，在实践活动中发生、发展起来的心理，必将作为再实践的理论指导，才能使实践活动不断深入，以提

高实践活动的效率。即使是一些极其简单的实践活动，也需在心理调节下完成。正如恩格斯所言："甚至人吃饭喝水，也是受了反映在他头脑中的饥渴感觉之影响而来的，停止吃喝，则是因为饱的感觉反映在他的头脑中。"

实践活动是检验人的心理的唯一标准，人对客观现实的反映是否正确，要根据实践活动是否达到预期目标来进行检验。它推动着人们去改正错误，使反映不断精确和完善。因此，人的心理是在实践活动中发生的，是对客观现实的反映。

2. 在人的一生中，心理是在不断发展的

心理发展，是指个体在整个生命历程中所发生的一系列积极的心理变化。因此，并不是所有的心理变化都可以叫作发展。例如，由于疲劳和疾病等原因而发生的心理上的变化，就不能称为发展。

个体的心理发展，同时包含着两种相反的心理变化过程：一是前进上升的变化，从出生到成熟，即简单→复杂、低级→高级、混沌→分化；二是衰退下降的变化，从成熟到衰老，即健全→衰减、灵活→呆板、清晰→朦胧。

心理发展是有客观规律的，它是通过量变而达到质变的过程，是从简单到复杂、由低级到高级、新质否定旧质的过程，是矛盾着的对立面既统一又斗争的过程。个体心理发展表现出一些具有普遍性的特点，概括起来有以下几点：

（1）连续性

心理发展是一个持续不断的过程，每一心理过程和个性特点都逐渐地、持续地发展着，由较低水平发展到较高水平。

（2）顺序性

心理发展有一定的顺序性，即整个心理的发展有一定的顺序，个别心理过程和个性特点的发展也有一定的顺序。如儿童的思维总是从具体思维发展到抽象思维。

（3）阶段性

心理发展过程呈现出许多阶段，前后相邻的阶段有规律地更替着，前一阶段为后一阶段准备了条件，从而使心理发展有规律地过渡到下一阶段。

（4）不平衡性

各个心理过程和个性特点的发展速度不完全一样，它们达到成熟的时期也各不相同。如感知觉、机械记忆等早在少年期之前就已发展到相当水平，而逻辑思维则需至青年期才有相当程度的发展。

(5) 个别差异性

心理发展有明显的个别差异。由于人们的生活环境和教育条件不尽相同，遗传素质各有差异，所从事的活动也不一样，心理发展的速度和心理各个方面的发展情况也是因人而异的。这就造成了同一年龄阶段的不同儿童在心理上存在差异。

综上所述，人的心理是人脑的机能，是客观现实的反映。这种反映既是客观的，又是主观能动的，并且是在社会实践活动中发生、发展的。

三、心理的结构

心理现象又称心理或心理活动，虽然很复杂，但它的构成不外乎心理过程和个性心理两个方面。

（一）心理过程

心理过程是指心理活动发生、发展的过程，也就是人脑对现实的反映过程。它由认识过程、情感过程和意志过程构成。

1. "知"：认识过程

认识过程是最基本的心理过程，是一系列心理活动的基础，它是人们认识客观事物的过程，是对信息进行加工处理的过程，是人对客观事物的不同程度、不同水平、不同层次、不同方面的认识，包含了人在认识客观事物时由感性认识到理性认识的发展过程。具体包括感觉、知觉、记忆、思维和想象等心理活动。

注意是心理活动对一定对象的指向和集中，是伴随着感觉、知觉、记忆、思维和想象等心理过程的一种共同的心理特征。注意有两个基本特征：一是指向性，是指心理活动有选择地反映一些现象而忽略其余对象；二是集中性，是指心理活动停留在被选择的对象上的强度或紧张度。指向性表现为对出现在同一时间的许多刺激的选择；集中性表现为对干扰刺激的抑制。它的产生及其范围和持续时间取决于外部刺激的特点和人的主观因素。

(1) 感觉、知觉

感觉是人脑对直接作用于感觉器官的客观事物的个别属性的反映。知觉是人脑对直接作用于感觉器官的客观事物的整体属性的反映。知觉的产生要以感觉为基础，但知觉不是各种感觉的简单总和，是比感觉更复杂的心理反映形式。

感觉、知觉是人认识事物的开端，是知识的源泉，是人类认识世界的初级形式，属于认识的感性阶段。一切较高级和较复杂的心理活动都是在感觉和知觉二者基础上进行的。

① 感觉的种类及其规律。

人们常常根据感觉器官的不同来对感觉进行分类。感觉器官按其所在身体部位的不同分成三大类，即外部感觉器官、内部感觉器官和本体感觉器官。外部感觉器官位于身体的表面（外感受器），对各种外部事物的属性和情况做出反应，包括视觉、听觉、肤觉（触压觉、温度觉等）、味觉和嗅觉；内部感觉器官位于身体内脏器官中（内感受器），对身体各内脏的情况变化做出反应，包括机体觉和痛觉，痛觉的感受器遍及全身，痛觉能反映关于身体各部分受到的损害或产生病变的情况；本体感觉器官则处于肌肉、肌腱和关节中，对整个身体或各部分的运动和平衡情况做出反应，包括运动觉和平衡觉，平衡觉是由人体位置的变化和运动速度的变化所引起的，人体在进行直线运动或旋转运动时，其速度的加快或减慢就会引起前庭器官中感受器的兴奋而产生平衡觉。

感觉的种类很多，但这些感觉的发生和发展却具有共同的一般规律：

一是感受性和感觉阈限。感受性是人对刺激的感觉能力。感受性的大小一般用感觉阈限的大小来度量。感觉阈限又可以分为绝对感觉阈限和差别感觉阈限。那种刚刚能够觉察到的最小刺激量称为绝对感觉阈限，刚刚能够觉察出最小刺激量的能力称为绝对感受性。绝对感受性与绝对感觉阈限在数量上成反比关系。各种感觉的绝对阈限是不同的。不同个体的绝对阈限有相当大的差异，即使是同一个体也会因不同的机体状况和动机水平而发生变化。在刺激物能引起感觉的基础上，如果变化刺激量，并不是量的任何变化都能被我们觉察出来的。只有刺激增加或减少到一定的数量，才能引起一个差别感觉。那种刚刚能够引起感觉变化的事物属性的最小差异量叫作差别感觉阈限，相应地，人能够觉察到事物属性的最小差异量的能力叫作差别感受性。差别感觉阈限和差别感受性也是成反比关系。

二是感觉的适应。感觉适应是相同的刺激物持续地作用于某一特定感受器而使感受性发生变化的现象。在生活中，感觉的适应是很普通的，如"入芝兰之室，久而不闻其香；入鲍鱼之肆，久而不闻其臭"。适应可以引起感受性的提高，也可以引起感受性的降低。这在视觉的适应中表现得特别明显。如一个人由亮处到暗处，开始什么也看不清，过了一会儿之后，才能逐渐分辨身边的物体，这是对暗的适应过程，称作暗适应。相反的过程是对光的适应，称作明适应。此外，各种感觉的适应速度和程度表现出明显的差异性。

三是感觉的对比。感觉对比是两种不同的刺激物作用于某一特定感受器而使感受性发生变化的现象。感觉的对比，可以分为两类：同时对比和继时对比。两种刺激物同时作用于某种特定的感受器时，产生同时对比。如同样的灰色图形，放在白色的背景上显得暗些，放在黑色的背景上则显得亮些。两种刺激物先后作用于同一感受器时，产生继时对比。如先看红色物体后，再看白色物体就显得带有青绿色。

四是联觉。当某种感官受到刺激时出现另一种感官的感觉，这种现象叫联觉。例如，看到红色会觉得温暖；看到蓝色会觉得清凉；听到节奏鲜明的音乐会，觉得灯光也和音乐节奏一样在闪动；用刀子沿着玻璃边擦出来的吱吱声，往往使人的皮肤产生寒冷的感觉。可见，对某种刺激的感受性，不仅取决于对该感受器的直接刺激，而且还取决于同时受刺激的其他感受器的机能状态。这种不同感觉相互作用的一般规律是：较弱刺激能提高另一种感觉的感受性，而较强刺激则使这种感受性降低。

五是感受性和练习。在日常生活中，人的感受性可以通过练习得到提高，这一规律在感觉缺陷（盲、聋）者和专门从事某种职业者身上表现得尤其明显。如盲人、聋人或聋盲人由于丧失了人的重要感觉，生活实践使得他们主要运用其他感觉器官，于是这些感觉就相应地得到了发展，从而弥补了视觉、听觉的缺陷。专门从事某种特殊职业者由于长期使用某种感官，相应的感觉就获得了发展。例如，印染厂的工人能分辨 40 多种深浅不同的黑色；面粉厂的工人凭触觉可以正确地评定面粉的品质；机械师能够听出发动机的转速和异常声；音乐家有高度精确的听觉；调味师有高度完善的味觉和嗅觉；等等。感受性因练习而提高的事实说明，只要感官健全，人的各种感觉发展都有很大的潜力。因此，为了发展学生的各种感觉能力，教师应有目的地引导学生参加音乐、绘画、雕刻、诗歌、戏剧等多种艺术活动，使学生的感受性从各方面都得到训练和发展。

② 知觉的种类及其规律。

根据知觉对象的不同，可将知觉分为物体知觉和社会知觉。

物体知觉就是对自然界中各种事物的知觉。任何事物都具有空间、时间和运动的特性，因而物体知觉又分为空间知觉、时间知觉、运动知觉。空间知觉是对客观世界三维特性的知觉，即物体的大小、距离、形状和方位等在个体头脑中的反映。因此，空间知觉包括形状知觉、大小知觉、深度与距离知觉、方位知觉等。时间知觉是对事物发展的延续性、顺序性的知觉，具体表现为对时间的分辨、对时间的确认、对持续时间的估量、对时间的预测。运动知觉是指物体在空间的位移特性在人脑中的反映。世界上万事万物都处在运动当中，因而，运动和静止是相对而言的。人没有专门感知物体运动的器官，对物体运动的知觉是通过多种感官的协同活动实现的。

社会知觉就是对人的知觉，具体包括对他人的知觉、对自己的知觉、对人与人之间关系的知觉等。我们每个人都是社会中的人，不可避免地要和各种各样的人交往，交往的前提是了解对方。我们不仅会通过与对方的言语来了解对方，也会根据面部表情、目光接触、身体姿态和活动等形成对对方的印象。

不管是物体知觉还是社会知觉，它们都服从于知觉的规律，但又表现出各自的特殊性。尤其是社会知觉，其特殊性我们会在模块四中重点介绍。

一般认为，知觉的规律有以下几个方面：

一是知觉的选择性。

在同一时刻内，有许多客观事实同时作用于我们的感官，人不能同时反映这些事物，只能对其中的某些事物有清晰的知觉，这就是知觉的选择性。

知觉的对象从背景中分离，与注意的选择性有关。当注意指向某种事物的时候，这种事物便成为知觉的对象，而其他事物便成为知觉的背景。当注意从一个对象转向另一个对象时，原来的知觉对象就成为背景，而原来的背景转化为知觉的对象。因此，注意选择性的规律同时也就是知觉对象从背景中分离的规律。

有时人可以依据自身目的进行调整，使对象和背景互换。例如，人们在看双关图（如图1-1）时，选择这一部分作为对象时，图片的内容是少女、花瓶；选择另一部分作为对象时，图片的内容是老妪、人脸。

图1-1 双关图

二是知觉的整体性。

虽然事物有多种属性，由不同部分构成，但是人们并不把知觉对象感知为个别的、孤立的几个部分，而倾向于把它们组合为一个整体。例如，同样一个图形"13"，当它处在数字序列中时，我们把它知觉为13，而当它处在字母序列中时，我们又把它知觉为B（如图1-2）。这些都反映了知觉把对象组合为整体的特性。

正因为如此，当人感知一个熟悉的对象时，哪怕只感知了它的个别属性或部分特征，也可以由经验判断其他特征，从而产生整体性的知觉。例如，面对一个残缺不全的零件，有经验的人还是能马上判断出它是何种机器上的何种部件。这是因为过去在感知该事物时，是把它的各个部分作为一个整体来知觉的，并在头脑中存留了部分之间的固定联系。当一个残缺不全的部分呈现在眼前时，人脑中的神经联系马上被激活，从而把知觉对象补充完整。而当知觉对象是没经验过的或不熟悉时，知觉就更多地以感知对象的特点为转移，将它组织为具有一定结构的整体，即知觉的组织化。其原则是视野上相似的、邻近的、闭合的、连续的易组合为一个图形（如图1-3）。

图1-2 知觉的整体性　　　　图1-3 闭合法则

知觉对象作为一个整体，它不是各部分的机械均等的堆砌，而是取决于关键性强的部位（如歌曲中的旋律与歌词），非关键性的部分（如音调与音色）一般被遮蔽。这里，知识经验是识别关键部分、准确把握知觉对象的重要因素。学生的知识经验缺乏，为提高其知觉的效能，教师应指点他们在观察时把注意力放在关键特征上。

知觉的整体性尤其是关键部位的作用提高了人们知觉的速度，例如，辨别个别笔画和辨别整个字的时间是相同的。但这也使人们容易忽略部分和细节，例如，校对时对整个文句的感知会抑制对个别错别字和错误标点的感知。

三是知觉的理解性。

知觉的理解性是指在知觉过程中，人用过去所获得的有关知识经验，对感知对象进行加工理解，并以概念的形式标示出来。其实质是旧经验与新刺激建立多维度、多层次的联系，以保证理解的全面和深刻。在理解过程中，知识经验是关键。例如，面对一张X光片，不懂医学的人很难知觉到有用的信息，而放射科的医师却能获知病变与否。

当我们第一次看隐匿图形（如图1-4）时，并不是消极地观看图片上的黑白斑点，而是力求理解这些斑点的关系，提出种种假设，对它做出合理的解释。例如，"这是一片雪地吗？雪地里有什么？中间好像有个动物！它是什么？是熊吗？不像！是狼吗？也不像！哦，对，我看出来了，它是一条狗！"可见，人在知觉的过程中，不是被动地把知觉对象的特点登记下来，而是以过去的知识经验为依据，力求对知觉对象做出某种解释，使它具有一定的意义。

图1-4　隐匿图形

四是知觉的恒常性。

当知觉条件发生变化时,知觉的印象仍然保持相对不变,这就是知觉的恒常性。在视知觉中,知觉的恒常性十分明显。

视知觉的恒常性包括大小恒常性、形状恒常性、明度恒常性、颜色恒常性。从不同的角度看同一扇门,视网膜上的投影形状并不相同,但人们仍然把它知觉为同一扇门,这是形状恒常性。一个人由近及远而去,在视网膜上的成像是越来越小的,但是人们并不会认为这人在慢慢变小,这是大小恒常性。煤块在日光下反射的光亮是白墙在月色下反射的光量的5万倍,但看上去我们仍然认为煤是黑的,墙是白的,这是明度恒常性。家具在不同灯光的照射下颜色发生了变化,但人对它的颜色的知觉保持不变,这就是颜色恒常性。

知觉的恒常性使人在不同的条件下,仍然产生近似实际的正确认识,这对正常的生活与工作而言是必要的。

另外,错觉是知觉的一种特殊形式,是在特定条件下对客观事物产生的歪曲的知觉。错觉可以发生在视觉方面,也可以发生在其他知觉方面。包括几何图形错觉(高估错觉、对比错觉、线条干扰错觉)、时间错觉、运动错觉、空间错觉、声音方位错觉、形重错觉、触觉错觉等(如图1-5、图1-6)。

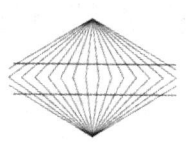 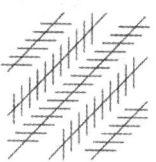  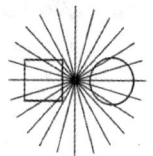

图1-5 线条干扰错觉

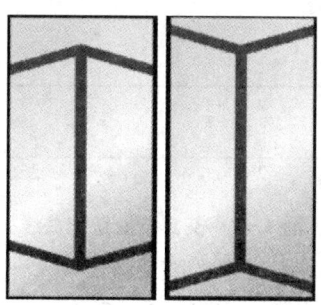

图1-6 缪勒错觉

(2) 记忆

记忆是人脑对经历过的客观事物的反映。记忆是心理活动在时间上的延续。有了记忆，先后经验才能联系起来，从而加深人的认识，丰富和发展人的心理活动。记忆是人们心理发展的必要条件，是人实践活动的保证。

记忆是由识记、保持、再认、回忆组成的彼此联系而统一的心理过程。其中，识记和保持是人脑对外界输入的信息进行编码和储存的阶段，即"记"的阶段，其目的是使信息通过心理操作转换成大脑可以接受的形式，并对这些信息进行加工与组织；再认和回忆是将信息从大脑中检索出来并经译码加以运用的阶段，即"忆"的阶段。记忆的识记、保持、再认和回忆等过程是相互联系、相互依存的。识记、保持是再认和回忆的前提与保证，再认和回忆是识记和保持的结果与证明。

当识记正确时，由于保持不牢固或产生干扰而不能再认或回忆，或者发生错误的再认或回忆的现象，就是遗忘。遗忘是与记忆相反的，然而又是正常的心理现象。遗忘有积极的与消极的两种作用。

第一个研究遗忘规律的人是德国心理学家艾宾浩斯。他用2 000多个无意义音节作为学习材料，用节省法测量了遗忘的进程。结果发现，遗忘的进程先快后慢，到了一定的时间，几乎不再遗忘；遗忘的进程又是不均衡的，总的趋势是最初遗忘得多，以后忘得少。根据这一遗忘规律，他绘制了著名的艾宾浩斯遗忘曲线（如图1-7）。之后，一些心理学家重复实验的结果也与艾宾浩斯遗忘曲线的描述一致。

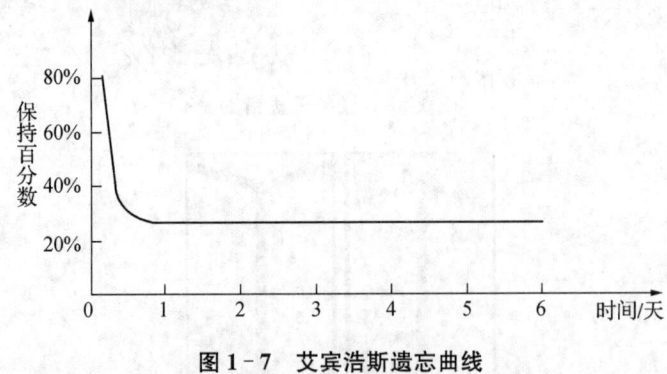

图1-7 艾宾浩斯遗忘曲线

(3) 思维

思维是人脑对客观事物的本质属性和内部规律性的间接的和概括的反

映，具有间接性和概括性两个特征。

与感觉、知觉相比，思维是对客观事物共同的本质属性、事物内部的规律性及其必然联系的反映，是在一定的知识经验的基础上借助于一定的事物为媒介对客观事物的间接的和概括的反映。思维属于理性认识，是感知的深化和飞跃，是认识过程中复杂、高级的阶段，是认识事物的重要环节，并在人们的认识过程中居于核心地位。

① 思维的种类。

根据思维的发展水平或思维活动的凭借物不同，可把思维分为动作思维、形象思维和抽象思维。动作思维也称操作思维或具体动作思维，是以实际动作为支柱的思维，是思维发展的最初形式。形象思维也称具体形象思维，是以事物的具体形象和表象为支柱的思维。抽象思维也称逻辑思维，是人类所特有的一种思维形式，是以概念、判断和推理的形式来进行的思维活动。

根据思维探索目标的方向，可把思维分为聚合思维和发散思维。聚合思维又称求同思维、集中思维、辐合思维，是指把问题所提供的各种信息聚合起来，朝着同一个方向得出一个正确答案或最佳解决方案的思维。发散思维又称求异思维、分散思维、辐射思维，是指从一个目标出发，沿着各种不同的途径去思考，探求多种答案的思维，主要特点是求异与创新。

根据思维的创新程度，可把思维分为常规性思维和创造性思维。常规性思维也称再造性思维，是指人们运用已获得的知识经验，按现成的方案和程序，用习惯的方法、固定的模式来解决问题的思维方式。创造性思维是指有创见地提出前所未有的思维成果的思维形式。

② 思维的过程。

思维的过程包括分析与综合、比较与分类、抽象与概括、具体化与系统化。分析是在头脑中把事物或现象分解成各个组成部分、方面或个别属性、特征的思维过程。综合是在头脑中把事物或现象的各个组成部分、方面或个别属性、特征结合成为一个整体的思维过程。比较是在头脑中把事物或现象加以对比，确定它们之间的异同点的思维过程。分类是依据事物或现象的本质特征，把它们归入适当的类别中去的思维过程。抽象是在头脑中把同类事物或现象的共同的、本质的属性或特征抽取出来，并舍弃其个别的、非本质特征的思维过程。概括是在头脑中把抽象出来的事物或现象的共同的、本质的属性或特征综合起来并推广到同类事物或现象中去的思维过程。具体化是在头脑中把抽象、概括出来的概念、原理、理论运用到某一具体对象上去的思维过程，也是利用一般原理去解决实际问题的思维过程。系统化是在头脑中根据事物的一般特征和本质特征，按一定的顺序和层次把事物组成一定系统的思维过程。

③ 思维的形式。

思维的形式包括概念、判断和推理。概念是人脑反映事物或现象的一般特征和本质属性的思维形式。判断是概念与概念之间的联系，是人脑对客观现实的对象和现象之间的本质联系和关系的反映形式，即是用概念去肯定或否定事物具有某种属性的思维形式。推理是判断与判断的联系，是从一个或数个已知判断推出新的未知判断的思维形式，也是事物之间的联系和关系在人脑中的反映。推理主要分为归纳推理、演绎推理和类比推理三种形式。

④ 创造性思维及其特征。

创造性思维是指以新颖、独创的方式解决问题的思维活动。它产生于复杂的问题情境之中，是在用常规性思维方法不能解决问题时而展开的。因此，它是思维的最高级表现形式。创造性思维活动的成果往往具有较高的社会价值，可以为社会提供有创见的新产品、新思想或新发明。

在解决问题时，创造性思维具有如下几个方面的特征：流畅性、变通性、独创性、非逻辑性。

(4) 想象

想象是人脑对已储存的表象进行加工改造形成新形象的心理过程。想象的内容往往出现在现实以前，或是现实中不可能出现的东西。因此，想象在一定程度上是超现实的。然而，任何想象都不是凭空捏造的。想象和感知、表象一样，也来源于现实。想象在记忆表象的基础上产生，构成想象的材料均来自记忆表象，想象是对记忆表象的进一步加工。先天聋哑人不会产生动听音乐的想象，先天盲人不会产生美丽色彩的想象，这是因为他们没有这些方面的表象作为想象加工的材料。想象与思维有着密切的联系，都属于高级的认知过程，它们都产生于问题的情景，由个体的需要所推动，并能预见未来。

① 想象的种类。

根据有无预定目的，想象可以分为无意想象和有意想象。无意想象是一种没有预定目的、不由自主的无意识想象。它是简单、低级的想象，具有情境性、随意性。梦是无意想象的极端形式，是人在睡眠状态下出现的一种漫无目的、不由自主的奇异想象。有意想象是有预定目的的、自觉产生的想象。

根据有意想象的创造水平和新颖程度，可以将有意想象分为再造想象、创造想象和幻想。再造想象是根据别人的描绘在头脑里构成相应新表象的过程。例如，人们看过《阿Q正传》之后，根据作者的文字描述，在头脑里想象出阿Q的形象；建筑工人根据平面图纸，可在头脑里再造出楼房的立体形象；演员根据剧本在头脑里形成有关角色的生动形象。创造想象是根据一定目的在头脑里独立地构思新表象的过程。创造想象的特点是第一次创造出别人从未创造过的新形象。例如，作家在头脑里进行的艺术构思和艺术表达的过程，就是创造想象的过程。科学家在头脑里形成新假设、建筑工程师在头脑里酝酿新建筑的内部结构和外部楼面等过程，也都是创造想象的过程。创造想象在发明创造中具有十分重要的意义。幻想是个人渴望的、指向未来的想象。它有两个特点：一是总与个人的需要和愿望相联系，是自己所向往、所期望的事物的新形象；二是幻想的事物不与当前的创造行动直接联系，而是对未来活动的设想。幻想包括积极幻想、理想和空想。积极幻想是指健康的、有社会意义的幻想。虽然这种幻想暂时可能超越事物发展的自然进程，但是它对社会、对别人、对自己均有益而无害。它是促使人们进行创造性活动的前奏和准备阶段，是鼓舞人们不断向上、克服困难，为美好的未来进行斗争的推动力量。理想是指符合社会发展规律并可能实现的幻想。理想和积极幻想都同个人的愿望、未来的活动相联系，但二者又有区别。积极幻想往往是处于人的认识的感性阶段或前科学阶段，是对未来事物发展的一种预感。而理想则是处于人的认识的理性阶段，是对于事物发展的一种预见和信念，是同整个奋斗目标相联系的、有可能实现的想象。例如，青年学生将来想当教育家、科学家或护理专家，为实现现代化做贡献，这些就是符合社会发展规律、经个人努力可能实现的理想。空想是违反客观规律的和不能实现的幻想，也称为消极幻想。有人不干活又想发大财，有人想制造永动机，这些都是不切实际的、不可能实现的幻想。一个长期陷入空想的人，只能碌碌无为、一事无成。

② 想象活动中的认知加工方式。

想象常用的认知加工方式有四种：黏合、夸张、人格化和典型化。

黏合，又称比拟，是把两种或两种以上本无关系的客观事物的属性和特征结合在一起，构成新形象，如猪八戒、美人鱼的形象就是通过黏合而形成的。夸张是故意增大或缩小客观事物的正常特征，使它们变形，如《格列佛游记》中的大人国和小人国就是经典的例子。人格化是对客观事物赋予人的形象和特征，从而产生新形象，如动画片中的米老鼠、唐老鸭等形象就是通过人格化而创造出的新形象。典型化是根据一类事物的共同特征来创造新形象，如小说中的人物形象，就是作家综合了生活中许多人的特点而创作出来的。

2."情"：情感过程

情绪、情感是人对客观事物是否符合自己的需要而产生的主观态度的体验。由于客观事物与人的需要之间的差异，人对客观事物抱有不同的好恶态度，会产生不同的心理变化和外部表现。当人们对客观事物采取肯定的态度时，就会体验到满意、喜悦、幸福等；采取否定的态度时，就会体验到悲哀、恐惧、愤怒等。

情绪和情感两个词常可通用，但在某些场合它们所表达的内容也有不同，不过这种区别是相对的。人们常把短暂而强烈的、具有情景性的感情反应看作是情绪，如愤怒、恐惧、狂喜等；而把稳定而持久的、具有深沉体验的感情反应看作是情感，如自尊心、责任感、热情、亲人之间的爱等。实际上，强烈的情绪反应中有主观体验，而情感也在情绪反应中表现出来。

（1）四种最基本的原始情绪

人最基本的原始情绪包括快乐、愤怒、悲哀和恐惧。快乐，是指人们盼望的目的达到后，或者某种需要得到满足时产生的情绪体验。愤怒，是人们在实现某种目的的过程中受到了挫折，或者愿望不能够得到满足时产生的情绪体验。悲哀，一般是与所热爱的事物丧失和希望破灭有关的情绪体验，如亲人去世、升学考试失意都属于这种情况。恐惧，是人们面临危险的情景，或预感到某种潜在的威胁时产生的情绪体验。

（2）情绪的三种状态

根据情绪发生的强度和持续时间的长短，可把情绪分为激情、心境、应激三种情绪状态。激情，是一种强烈的、短暂的、爆发性的情绪状态。心境，是一种微弱、平静而持久的情绪状态，也叫心情。应激，是出乎意料的紧迫情况引起的急速而高度紧张的情绪状态。

(3) 情感的分类

情感，一般是指人特有的高级的社会情感，包括道德感、理智感和美感。道德感是人运用一定的道德标准评价自身或他人行为时产生的情感体验。理智感是个体在智力活动中认识、探求或维护真理的需要是否得到满足而产生的情感体验。美感是人们根据自己的审美标准对自然或社会现象及其在艺术上的表现予以评价时产生的情感体验。

(4) 情感的功能

情感的功能可以分为动力功能、信号功能、感染功能和保健功能。

其一，动力功能。动力功能是指情绪、情感能够驱使个体进行某种活动，也能够阻止或干扰正在进行的活动。

其二，信号功能。信号功能是指个体能以体验的方式表达出自己对周围事物的认识和态度，并通过表情外显而对他人施加影响。

情感虽然是内心体验，但往往通过人的言行等外化出来。外显的情感是一种信号，它表达特定主体对周围事物的意义的认识，既可以对别人产生影响，也可以为别人所认识。因此，情感是人们处理人际关系的重要信息，人们可以根据这些信息决定对情感流露者的反应。

其三，感染功能。感染功能是指个体的情绪、情感可以感染别人，使别人产生强烈的内心体验，形成与之相应的情绪、情感体验。

其四，保健功能。保健功能是指情绪、情感对一个人的身心健康具有增进或损害的效能。

3．"意"：意志过程

意志过程是指人们在认识的基础上，在情感的推动下，根据事物发生、发展的规律性，自觉地确定目的、制订计划、调节行动、克服困难、实现目标，使客观事物向着符合我们需要的方向发展的心理过程，是人们为实现奋斗目标，努力克服困难，完成任务的过程。

意志和行动是不可分的，意志总是通过行动表现出来。这种在意志支配和调节下的有目的的、自觉的、有意识的行动，就是意志行动。

心理过程着重探讨的是人的心理的共同性，包括认识过程、情感过程和意志过程三个方面，知、情、意三个方面不是孤立的，而是互相关联的一个统一的整体，它们相互联系、相互制约、相互渗透。

（二）个性心理

人类社会丰富多彩。每个个体面对客观世界都有各自的倾向，有不同的需要，不同的兴趣、理想、信念、世界观，不同的动机等；同时，人们在认识和改造世界的过程中，由于每个人的遗传素质、所处的社会生活环境、所接受的教育及主观努力程度不同，每个人所表现出的面貌也是不同的，这就是个性。

"个性"一词最初来源于拉丁语 persona，开始是指演员所戴的面具，后来指演员——一个具有特殊性格的人。一般来说，个性又叫人格，是指一个人独特的、稳定的和本质的心理倾向和心理特征的总和，是一个人的整体精神面貌。人的个性包括个性倾向性、个性心理特征和自我意识。

1. 个性倾向性

个性倾向性是个性心理中最积极、最活跃的组成部分，是人的心理和行为积极性的动力系统，是决定个体发展方向的潜在力量，是人们进行活动的基本动力，也是个性结构中的核心因素。个性倾向性主要包括需要、动机、兴趣、价值观等成分。

（1）需要

需要是人在缺乏某种东西时产生的一种主观状态，是机体自身或外部生活条件的要求在头脑中的反映。它表现出人的生存和发展对于客观事物的依赖性，是人的积极性的源泉。

美国心理学家马斯洛于 1943 年提出了需要层次理论。需要层次理论把人类的多种需要归纳为五个层次，即生理需要、安全需要、社交需要、尊重需要和自我实现需要。需要层次理论认为人的行为是由优势需要决定的，人有多种需要，其中最为人渴望得到而又未得到满足的需要是优势需要，它对人的行为起决定性作用。人的优势需要具有转移性，需要层次的上升并非"全有"或"全无"式的交替。

（2）动机

动机是指推动人去从事某种活动的内在驱动力。动机是行为的直接原因。当人的需要具有某种特定的目标时，需要才转化为动机。

动机是由一种目标或对象所引导、激发和维持个体进行活动的心理倾向或动力。在各种新闻媒体上我们经常可以看到：一些农民向国家平价出售上万斤粮食而不到市场上去高价兜售；一些知识分子宁愿放弃舒适的生活条件而到十分艰苦的地方去工作；有的执法人员知法犯法；有的不法商家制造伪劣农药坑害农民；等等。"为什么人们要做这些事？""是什么激发人们去做这些事？"这些问题就是心理学中的活动动机问题。动机是活动的一种动力或心理倾向，它促使人产生某种活动、按某种方式行事。

（3）兴趣

兴趣是个体力求认识某种事物或积极从事某种活动的心理倾向。兴趣是一种带有浓厚情绪色彩的认识倾向，它以认识和探索某种事物的需要为基础，是推动人去认识了解事物、探求真理的一种心理倾向。

（4）价值观

价值观是指个体按照客观事物对其自身及社会的意义或重要性进行评价和选择的原则、信念和标准，是人们用来区分好坏的标准并指导行为的心理倾向系统。价值观往往容易被看作仅属于认知的范畴，其实它通常是充满着情感和意志的。价值观可以为人自认为正当的行为提供充分的理由，是浸透于整个个性之中，支配着人的行为、态度、观点、信念、理想的一种内心尺度。要了解活生生的人的心理规律和机制，心理学就必须要研究人的价值观。

人不同于动物。动物只能适应环境；人不仅能认识世界是什么、怎么样和为什么，而且知道应该做什么、要什么和选择什么，发现事物对自己的意义，设计自己，确定并实现奋斗目标。这些都是由每个人的价值观所支配的。

价值观是一种多维度、多层次的心理倾向系统。可以根据各种不同的标准对价值观进行分类：施普兰格根据社会文化生活方式把人的价值观区分为经济价值观、理论价值观、审美价值观、社会价值观、政治价值观和宗教价值观；雷塞尔根据自我—他人维度把价值观区分为自我取向价值观和他人取向价值观；罗克奇根据工具—目标维度把价值观区分为工具性价值观和终极性价值观；等等。从价值观的表现形式来看，兴趣、信念、理想等都可以说是价值观的表现形式。

2. 个性心理特征

个性心理特征是个性心理中最稳定的特征因素，它决定着一个人的稳定的心理面貌，是把人与人区别开来的特征因素之所在。个性心理特征包括气质、能力和性格。

(1) 气质

气质是一个人典型的、稳定的、表现在心理活动动力方面的个性特点。它表现为心理活动的速度（如言语速度、思维速度等）、强度（如情绪体验强弱等）、稳定性（如注意集中时间的长短）和指向性（如内向或外向）等方面的特点与差异组合。

气质在很大程度上受到了先天和遗传因素的影响。儿童出生之后即表现出了这种气质差别：有的新生儿比较活泼多动、哭声响亮，有的新生儿则比较安详宁静、声微气小。新生儿的这种特征在以后的活动、游戏、学习及人际交往中都会有所表现。气质使人的全部心理活动都染上了独特的色彩，并直接影响个性的形成与发展。

古希腊医生希波克拉底对气质的分类方法一直影响至今。他认为人的体内有四种体液，其分布多寡构成了人的气质差异，因此，他把人的气质类型分为胆汁质、多血质、黏液质和抑郁质四种。希波克拉底用体液来解释气质成因有一点牵强附会，但他把人的气质分为四种基本类型则比较切合实际。因此，四种气质类型的名称在心理学上一直沿用至今。

巴甫洛夫通过实验发现，神经系统具有强度、平衡性和灵活性三个基本特征，它们在个体身上有各不相同的组合，从而产生各种神经活动类型，其中最典型的有四种。

强、平衡且灵活型：条件反射形成或改变均迅速，且动作灵敏，也叫活泼型。

强而不平衡型：兴奋占优势，条件反射形成比消退来得快，易兴奋、易怒而难以抑制，也叫兴奋型或不可遏制型。

强、平衡而不灵活型：条件反射易形成而难以改变，庄重、迟缓、有惰性，也叫安静型。

弱型：兴奋与抑制都很弱，感受性高，难以承受强刺激，胆小而显神经质，也叫抑郁型。

这四种神经活动类型恰恰与希波克拉底所划分的四种气质类型相对应（表1-1）。

表1-1 神经活动类型与气质类型的关系

强度	平衡性	灵活性	组合类型	气质类型	主要心理特征
强	不平衡（兴奋占优势）	—	不可遏制型（兴奋型）	胆汁质	容易兴奋、难以抑制、不易约束
	平衡	灵活	活泼型	多血质	反应敏捷、活泼好动、情绪外显
		不灵活	安静型	黏液质	安静沉稳、反应迟缓、情绪含蓄
弱	不平衡（抑制占优势）	—	弱型（抑郁型）	抑郁质	对事敏感、体验深刻、孤僻畏缩

（2）能力

能力是指人们能够顺利地完成某种活动所必须具备的心理特征。

① 能力与知识、技能的关系。

区别：能力是人在从事某种活动时表现出来的多种心理品质的概括化；知识是来自于人类社会历史经验的总结和概括；技能是个人在自己的心智活动及生活实践中经过反复尝试和练习而逐渐习惯化了的熟练的行为方式。

联系：能力是掌握知识、技能不可缺少的前提。能力的高低影响着掌握知识、技能的难度、速度和程度，并影响对知识、技能的运用；知识、技能的掌握也会对能力的发展起到促进作用；能力的高低还受到个性等其他因素的影响。

② 能力的种类。

能力可以分为一般能力和特殊能力两种。

一般能力是指在很多基本活动中表现出来的能力，它适用于广泛的活动范围，如观察能力、记忆能力、抽象思维能力等，也称为智力。

特殊能力是指表现在某些专业活动中的能力，它只适用于某些狭窄的活动范围，如数学能力、音乐能力、飞行能力等。

③ 能力的差异。

能力的差异主要有个别差异和群体差异。能力的个别差异具体表现为水平差异（正态分布）、早晚差异（早慧或大器晚成）、领域差异（视觉记忆、听觉记忆、逻辑记忆、形象记忆等）等。能力的群体差异表现为性别差异、地域差异等。

（3）性格

性格是一个人对待现实的稳定的态度和与之相适应的习惯化的行为方

式的总和。性格是人在现实社会中形成的个性品质；人们经常用社会道德标准来评价性格，性格常与人的道德品质相关，受到好坏的评价；性格具有相对的稳定性。

① 性格的特征。

性格的特征包括四个方面：性格的态度特征，主要表现在对待社会、集体和他人的态度，对待劳动、工作、学习以及劳动成果等方面的态度，对待自己的态度等，不同的个体存在着很大的差异；性格的理智特征，是指在感知、记忆、思维等认知活动中所表现出来的习惯化了的行为方式；性格的情感特征，是指个体在情绪活动时的强度、稳定性、持续性以及主导心境等方面表现出来的个别差异；性格的意志特征，主要表现在个体对自己行为的控制和调节方面的特征，如自觉性、果断性、自制力以及坚韧性等。

② 性格的类型。

依据个人心理活动倾向于外部还是内部，可以把人的性格分为外倾型与内倾型两类（向性说）（表1-2）。

表1-2 外倾型与内倾型的特征比较

外倾型	内倾型
总是注意外界发生的事，追求刺激，敢于冒险	倾向于事先计划，三思而后行，严格控制自己感情，很少有攻击行为
无忧无虑、随和、乐观、爱开玩笑、易怒也易平息，不假思索地行动	性情孤独，内省，生活有规律
有与别人谈话的需要，好为人师、易冲动	对书的爱好甚于对人的交往，除亲密朋友外，对人冷漠，保持距离
喜欢变化，有许多朋友	重视道德标准，但有些悲观
善于交际，不喜欢独自学习	安静，不喜交际

依据一个人独立或顺从的程度，可以把人的性格分为独立型和顺从型两类（表1-3）。

表1-3 独立型与顺从型的特征比较

独立型	善于独立思考问题，发现并解决问题，不易受外界暗示或干扰，紧急情况下遇事不慌乱，从容镇定
顺从型	易受暗示，缺乏主见，遇到紧急情况经常束手无策，甚至惊慌失措

按心理机能，可以把人的性格分为理智型、情绪型和意志型三种类型

(机能说）（表1-4）。

表1-4 理智型、情绪型与意志型的特征比较

理智型	常用理智来衡量一切并支配行动
情绪型	内心情绪体验深刻，行为举止易受情绪支配，不善理性思维
意志型	行动目标明确，行动富有主动性、原则性

③ 性格和气质的关系。

区别：气质主要是先天获得的，较难改变，也无好坏之分，而性格则是后天形成的，有可塑性，可以按照一定社会评价标准分为好或坏。气质与性格彼此相对独立，同种气质的人可以具有不同的性格特点（如多血质的人，有的慷慨大方，有的吝啬尖刻）；不同气质类型的人也可以有类似的性格特点。

联系：不同气质可以使各人的性格特征显示出各自独特的色彩（如多血质的人用热情敏捷来表达勤劳，抑郁质的人用埋头苦干来展示这一特性）；某一气质比另一气质更容易使个体形成某种性格特征（如黏液质的人更容易养成自制力）；性格也可以在一定程度上掩盖和改造气质（如一位黏液质的教师会因为多年从事少先队工作，而逐渐变得活泼开朗）。

3. 自我意识

自我意识是人对自己身心状态及对自己同客观世界的关系的意识。自我意识包括三个层次：对自己及其状态的认识；对自己肢体活动状态的认识；对自己思维、情感、意志等心理活动的认识。自我意识不仅是人脑对主体自身的意识与反映，而且人的发展离不开周围环境，特别是人与人之间关系的制约和影响，所以自我意识也反映人与周围现实之间的关系。自我意识是人类特有的反映形式，是人的心理区别于动物心理的一大特征。自我意识是一种多维度、多层次的心理系统。

（1）自我意识的结构

自我意识的结构包括自我认识、自我体验和自我控制（或自我调节）三个部分。

自我认识包括自我观察、自我概念、自我认定、自我评价等。自我认识使个人认识到自己的身心特点、自己和他人及自然界的关系、个人在不断变化的条件下和他一生的时间内始终是他自己。自我认识主要涉及"我是一个什么样的人""我为什么是这样的一个人"等问题。

自我体验包括自我感受、自爱、自尊、自恃、自卑、责任感、义务感、优越感等。自我体验主要涉及"我是否满意自己""我能否悦纳自己"等问题。

自我控制包括自立、自主、自制、自强、自卫、自信、自律等。自我控制表现为个人对自己行为活动的调节、自己对待他人和自己态度的调节等。自我控制主要涉及"我怎样节制自己""我如何改变自己的现状，使自己成为理想中的人"等问题。

自我意识的上述三种表现形式综合为一个整体，便成为个性的基础——自我。

(2) 自我意识发展的途径

自我意识是个体在机体生长发育，特别是脑机能的成熟过程中通过个体的社会化而形成与发展起来的。有研究表明，自我意识的形成与发展经历了三个阶段：一是生理的自我；二是心理的自我；三是社会的自我。

研究表明，个体自我意识发展的途径主要有以下四种。

① 通过认识别人，把别人与自己加以对照来认识自己。

人最初是以别人来反映自己的。个体往往把对他人的认识迁移到自己身上，像认识他人那样来"客观"地认识自己。例如，当看到别人对长者很有礼貌并受到大家称赞时，就会对照反思自己的言行，从而认识到自己平时对长者的态度问题。经过多次对比，就会促进个体对自我的认识，形成相应的自我概念。

② 通过分析他人对自己的评价来认识自己。

一个人对自己的认识，在很大程度上受他人评价的影响。这如同人对着镜子来认识自己的模样一样，儿童认识自己是把别人对自己的评价当作一面镜子，以此来不断认识自我的，包括自己的优点和缺点。由于人的活动范围比较大，经常从属于不同的团体，接触不同的人，每个团体、每个人对你的评价都是一面镜子，这样个体就可以通过不同的镜子来照出多个自我，就能较全面地认识自己，从而促使自我意识的不断发展。

③ 通过考察自己的言行和活动的成效来认识自己。

自我意识是个体实践活动的反映。自己在实践活动中的表现和取得的成果也会成为一面镜子，通过这面镜子能反映出自己的体力、智能、情感、意志和品德等特性，从而使之成为自我认识、评价的对象。例如，一个学生在学习上或一项竞赛中取得了好成绩，他会从中体验到一种自信，对自己和自己的能力就会有新的认识。

④ 通过自我监督与自我教育来完善自己。

个体通过以上几方面的途径，在不断反省自己的过程中，发现现实自我与理想自我的差距。一方面，通过自我监督，克制、约束自我，服从既定目标；另一方面，通过自我教育，按社会要求对客体自我自觉实施教育，以实现现实自我与理想自我的积极统一。总之，自我监督着眼于"克制"，而自我教育着眼于"发展"，二者共同承担自我意识的不断完善。

案例分析

骆驼和羊

骆驼长得高，羊长得矮。骆驼认为长得高好，羊认为长得矮好，于是它们进行了一场比试。它们走到一个园子旁边，园子四周有围墙，里面种了很多树，茂盛的叶子伸出墙外来。骆驼一抬头就吃到了叶子，而羊却怎么也吃不到。于是，骆驼说长得高好。羊不肯认输，它们俩又走了几步，看见围墙上有一个又窄又矮的门，羊大模大样地走进门去园子里吃草，可骆驼却怎么也钻不进去。于是，羊说长得矮好。骆驼也不肯认输，它们找老牛评理，老牛说："你们俩只看到自己的长处，看不到自己的短处，这是不对的。"

"寸有所长，尺有所短"，每个人都有缺点和优点，关键在于你如何对待它。只有冷静地分析自己，全面了解自己的长处和短处，才能正确地认识自己。

因而，自我意识的发展成为心理健康的一个重要标志，甚至是划分心理正常与异常人群的一个衡量标准。健康的自我意识包括恰当的自我评价、真实的自我体验和合理的自我控制。

拓 展 阅 读

心轻者上天堂

埃及国家博物馆，有一件奇怪的展品。一方用精美白玉雕刻的匣子，大小约和常用的抽屉差不多，匣内被十字形玉栅栏隔成四个小格子，洁净通透。玉匣是在法老的木乃伊旁发现的，当时匣内空无一物。从所放位置看，匣子必是十分重要，可它是盛放什么东西用的？为什么要放在那里？寓意何在？谁都猜不出。这个谜，在很长一段时间内，让考古学家们百思不得其解。后来，在埃及中部卢克索的帝王谷，在卡尔维斯女王的墓室中，发现了一幅壁画,才破解了玉匣的秘密。

壁画上有一位威严的男子,正在操纵一架巨大的天平。天平的一端是砝码,另一端是一颗完整的心。这颗心是从一旁的玉匣子中取出的。埃及古老的文化传说中,有一位至高无上的美丽女性,名叫快乐女神。快乐女神的丈夫,是明察秋毫的法官。每个人死后,心脏都要被快乐女神的丈夫拿去称量。如果一个人是欢快的,心的分量就很轻。女神的丈夫就判那颗羽毛般轻盈的心,引导着灵魂飞往天堂。如果那颗心很重,被诸多罪恶和烦恼填满皱褶,快乐女神的丈夫就判它下地狱,永远不得见天日。

原来,白玉匣子是用来盛放人的心灵的。原来,心轻者可以上天堂。

心灵如果披挂着旧日尘埃,好像浸满了深秋夜雨的蓑衣,湿冷沉暗。如何把水珠抖落,在朗空清风中晾干哀伤的往事?如何修复心理的划痕,让它重新熠熠闪亮,一如海豚的皮肤在前进中把阻力减到最小?如何在阳光下让心灵变得剔透晶莹,仿佛古时贤臣比干的七巧玲珑心,忠诚正直,诚恳聪慧,却不会招致悲剧的命运?

(摘自毕淑敏《心灵游戏》)

主题二　职业与职业心理素养

随着心理学的发展和心理测验的成熟,同时也为了更好地满足现代工业发展带来的劳动分工精细化对人职匹配越来越高的要求,职业心理学应运而生,并逐步发展成为一门新的独立的学科。可以说,心理学的基础理论发展,为职业心理学提供了深厚的理论背景。职业心理学作为一门应用心理学,早期研究产生于20世纪20年代的美国,但正式的、使其成为一门独立学科的研究则开始于50年代后期,70年代末以后得到广泛传播。目前,在西方工业化国家,职业心理学的理论已广泛应用于职业咨询、人员招聘、员工考核等实践中。随着我国经济与国际经济的接轨,企业在员工人力资源开发方面投入越来越大,对职业心理进行研究也越来越成为共识。

职业心理学的研究主要集中在与人们选择、从事和改变职业有关的个体差异及特点方面。它凭借对个体一般能力、特殊能力、兴趣、性格、气质、价值观等的研究，指导人们科学地选择职业，具体包括职业选择、职业指导和职业教育等方面的内容，还包括现代社会中大量出现的职业咨询问题。

一、职业与职业心理

（一）职业

"职业"这一概念在日常生活中应用甚广，人们在使用这一概念时其意义也不尽相同。许多学者从自己的观念及研究角度提出了对职业概念的认识和看法。美国社会学家舒尔茨认为，职业是一个人为了不断取得个人收入而连续从事的、具有市场价值的特殊活动，个体的职业决定了从业者的社会地位。因此，职业具有经济性、技术性和社会性。美国心理学家杜威从实用主义哲学观点出发对职业进行了阐述，他认为职业是人们从中获得利益的一种生活活动。社会学家泰勒则认为，职业的社会学概念可以解释为一套成为模式的与特殊工作经验有关的人群关系。这种成为模式的工作关系的整合，促进了职业结构的发展和职业意识形态的显现。他的观点揭示了职业作为生产关系的本质。

我国的一些学者认为，职业是指人们从事的相对稳定的、有收入的、专门类别的工作，是对人们的生活方式、经济状况、文化水平、行为模式、思想情操的综合反映。在职业心理学中，职业也被看成一个人一生中所从事的各种工作的统称，又被称为职业生涯，职业生涯也反映了一个人一生中与职业有关的价值观、态度和动机等的变化过程。

（二）职业心理

职业心理是个体与职业有关的心理活动、心理倾向及个性特征。一般来说，职业心理包含以下几层含义。

1. 职业活动中伴随着共同的心理过程

人们在职业活动中要经历选择职业、谋求职业、获得职业或者失业、再就业的过程。这些过程必然伴随着认知、情感、意志等共同的心理过程，如对选择的职业进行认识和深入的了解，通过思维想象进而产生内在的情感体验。当选择的职业符合个人的需要和客观现实，就会让人产生兴奋、愉快，甚至兴高采烈、欣喜若狂的情绪，反之则会让人情绪低落、闷闷不乐，甚至悲观失望、垂头丧气。

2. 职业活动中反映出个性的不同和差异

不同个性特征的个人，适合不同的社会职业，在选择职业时又有不同的心理表现，认识、情感、意志等都表现出不同的特点。有的人反应敏捷、全面，有的人则迟钝、片面；有的人达观、豁朗，有的人则忧虑、退缩；有的人果断坚决，积极克服困难去实现目标，有的人则朝三暮四、犹豫彷徨、知难而退等。

3. 不同职业阶段有不同的职业心理

职业活动中的心理现象千奇百怪，纷纭复杂，依据职业活动经历的过程，职业心理可分为择业心理、求职心理、就业心理、失业心理、再就业心理等。不同阶段的职业心理对职业会产生不同的影响。

4. 不同的职业心理特点影响着人们的生活

择业、求职、就业、失业、再就业等不同阶段的人的心理特点，时刻影响着人们的生活态度、生活方式、价值取向。职业心理对大学生的职业选择起着很重要的作用。"知己知彼，百战不殆"，这句话道出了在职业选择过程中一个很重要的原则——认识自己，了解自己，熟知自己的个性心理特征和心理过程，把个人的职业意愿和自身素质相联系，根据社会的需要和社会职业岗位需求的可能性，评价出个人职业意向的可行性，以积极的态度去选择职业。

二、职业心理素养

（一）职业素养与职业心理素养

1. 职业素养的概念、特征及构成

职业素养是指从业者在一定的生理和心理条件的基础上，通过教育、劳动实践和自我修养等途径形成和发展起来的、在职业活动中发挥重要作用的内在品质，是劳动者对社会职业了解与适应的一种综合体现，主要表现在职业兴趣、职业能力、职业个性等方面。

职业素养具有以下五个特征。第一，职业性。不同的职业，有不同的职业素养要求。如对建筑工人的素养要求，不同于对护士职业的素养要求；对商业服务人员的素养要求，不同于对教师职业的素养要求。第二，稳定性。一个人的职业素质是在长期执业实践中日积月累形成的。它一旦形成，便产生相对的稳定性。第三，内在性。从业人员在长期的职业活动中，经过自己学习、认识和亲身体验，觉得怎样做是对的，怎样做是不对的。这样，有意识地内化、积淀和升华的这一心理品质，就是职业素养的内在性。第四，整体性。一个从业人员的职业素养是和其整个素质有关的。第五，发展性。一个人的素养是通过教育、自身社会实践和社会影响逐步形成的，它具有相对性和稳定性。但是，随着社会发展对人们不断提出要求，人们为了更好地适应、满足社会发展的需要，总是不断地提高自己的素养，所以，素养具有发展性。

职业素养本身就是一个系统，其构成包括身体素养、心理素养、政治素养、思想素养、道德素养、科技文化素养、审美素养、专业素养、社会交往和适应素养以及学习和创新素养等类别（表1-5）。

表1-5 职业素养构成

职业素养类别	内涵
身体素养	指体质和健康（主要指生理）方面的素养
心理素养	指认知、感知、记忆、想象、情感、意志、态度、个性特征（兴趣、能力、气质、性格、习惯）等方面的素养
政治素养	指政治立场、政治观点、政治信念与信仰等方面的素养
思想素养	指思想认识、思想觉悟、思想方法、价值观念等方面的素养
道德素养	指道德认识、道德情感、道德意志、道德行为、道德修养、组织纪律观念等方面的素养
科技文化素养	指科学知识、技术知识、文化知识、文化修养等方面的素养
审美素养	指美感、审美意识、审美观、审美情趣、审美能力等方面的素养
专业素养	指专业知识、专业理论、专业技能、必要的组织管理能力等
社会交往和适应素养	主要是语言表达能力、社交活动能力、社会适应能力等
学习和创新素养	主要是学习能力、信息能力、创新意识、创新精神、创新能力、创业意识与创业能力等

2. 职业心理素养的概念、构成及其实践意义

职业心理素养是指与人所从事的职业相匹配的心理素质的总和，是从业者在认知、情感、意志、态度、个性特征（兴趣、能力、气质、性格、

习惯)等方面的素质，具体包括职业意识、职业兴趣、职业气质、职业性格、职业能力、职业人格以及入职前后个体的心理健康等。

"素质冰山"理论认为，个体的职业素养就像水中漂浮的一座冰山，水上部分的知识、技能仅仅代表表层的特征，水下部分的动机、特质、态度、责任心才是决定人的行为的关键因素。高职高专学生的职业素养也可以看成是一座冰山：冰山浮在水面以上的部分只有整体的 1/8，它代表大学生的形象、资质、知识、职业行为和职业技能等方面，是人们看得见的、显性的职业素养，这些可以通过各种学历证书、职业证书来证明，或者通过专业考试来验证；而冰山隐藏在水面以下的部分占整体的 7/8，它代表大学生的职业动机、职业态度、职业性格和职业能力等方面，是人们看不见的、隐性的职业素养。显性职业素养和隐性职业素养共同构成了所应具备的全部职业素养。由此可见，大部分的职业素养是人们看不见的，但正是这 7/8 的隐性职业素养决定、支撑着外在的显性职业素养，显性职业素养是隐性职业素养的外在表现。

每一种职业对从业者的知识结构、身体素质、心理素质的要求都是不一样的。从业人员是否具有与其职业相符的良好的职业心理素养，直接影响工作态度、工作成效及对社会的贡献。对于高职高专学生来说，具备良好的职业心理素养，将有助于提高个人的工作水平，更好地适应职业环境，获得长远的职业发展。每个从事一定工作的人都必须拥有一定的职业心理素养，要综合自己的职业兴趣、职业能力等正确了解自己的职业，才能发现自己是不是真的适合这个职业。因此，对在校大学生进行职业心理素养的训练，提升其职业心理素养水平势在必行。

3. 职业素养与职业心理素养的关系

职业素养是人才选用的第一标准，是职场制胜、事业成功的第一法宝。在众多职业素养中，职业心理素养是关键。因此，在现实中，很多知名企业都通过拓展训练来提高员工的心理素质以及团队的信任关系。所以，职业心理素养是不容忽视的一种职业素养，是职业素养的重要组成部分。

(二)高职高专学生职业心理素养的培养

近年来，高职高专院校毕业生的就业已经成为比较重要的社会问题。高校把毕业生的就业率作为考查学校教育效果的一大指标，毕业生就业率的高低直接影响到学校的声誉，同时也会影响到学校的招生及培养计划。

而从社会的角度来看，很多企业又在叹息"招不到合适的人选"。这种现象的存在与学生的职业素养难以满足企业的需求有关。"满足社会需要"是高等教育的目的之一。既然社会需要具有较高职业素养的毕业生，那么，高等教育应该把培养大学生的职业素养作为其重要目标之一。同时，高校也不是关起门来办教育，企业也应该尽力与高校合作，共同培养大学生的职业素养。

心理学研究表明，一个人能否成功，知识和智力方面的因素占30%，非智力因素（主要是心理素质）占70%。"素质冰山"理论也认为，高职高专学生职业素养的培养应该着眼于整座"冰山"，并以培养显性职业素养为基础，重点培养隐性职业素养。因此，职业心理素养的培养就成了重中之重。

当然，这个培养过程不是学生、学校、企业哪一方能够单独完成的，而应该由三方共同协作，实现"三方共赢"。

1. 学生：职业心理素养的自我培养

作为职业心理素养培养主体的大学生，在大学期间应该学会自我培养。

首先，要培养职业意识。很多高中毕业生在跨进大学校门之时就认为已经完成了学习任务，可以在大学里尽情地"享受"了。这正是他们在就业时感到压力的根源。中国社会调查所最近完成的一项在校大学生心理健康状况调查显示：75%的大学生认为压力主要来源于就业；50%的大学生对于自己毕业后的发展前途感到迷茫，没有目标；41.7%的大学生表示目前没有考虑太多；只有8.3%的人对自己的未来有明确的目标并且充满信心。培养职业意识就是要对自己的未来有规划。因此，大学期间，每个大学生应明确："我是一个什么样的人？我将来想做什么？我能做什么？环境能支持我做什么？"认识自己的个性特征，包括自己的气质、性格和能力，认识自己的个性倾向，包括兴趣、动机、需要、价值观等。据此来确定自己的个性是否与理想的职业相符，对自己的优势和不足有一个比较客观的认识，结合环境如市场需要、社会资源等确定自己的发展方向和行业选择范围，明确职业发展目标。

其次，显性职业素养的培养是基础。高职高专学生要配合学校的培养任务，完成知识、技能等显性职业素养的培养。职业行为和职业技能等显性职业素养比较容易通过教育和培训获得。学校的教学及各专业的培养方案是针对社会需要和专业需要所制订的,旨在使学生获得系统化的基础知识及专业知识,加强学生对专业的认知和知识的运用,并使学生获得学习能力,培养学习习惯。因此,大学生应该积极配合学校的培养计划,认真完成学习任务,尽可能利用学校的教育资源,包括教师、图书馆等获得知识和技能,作为将来职业发展的储备。

再次,有意识地培养隐性职业素养。隐性职业素养是大学生职业素养的核心内容。核心职业素养体现在很多方面,如独立性、责任心、敬业精神、团队意识、职业操守等。事实表明,很多大学生在这些方面存在不足。有调查发现,缺乏独立性、爱抢风头、不愿下基层吃苦等表现容易断送大学生的前程。大学生应该有意识地在学校的学习和生活中主动培养独立性,学会分享、感恩,勇于承担责任,不要把错误和责任都归咎于他人,要先检讨自己,承认自己的错误和不足。应该加强自我修养,在思想、情操、意志、体魄等方面进行自我锻炼;同时,还要培养良好的心理素质,增强应对压力和挫折的能力,善于从逆境中寻找转机。

2. 高职高专院校:大学生职业心理素养的教育对策

为了培养大学生的职业心理素养,高校应该从以下几个方面着手。首先,将大学生职业心理素养的培养纳入大学生培养的系统工程,使高中毕业生从进入大学校门起,就明白高校与社会的关系、学习与职业的关系、自己与职业的关系。全面培养大学生的显性职业素养和隐性职业素养,并把隐性职业素养的培养作为重点。其次,成立相关的职能部门,做好大学生职业素养培养的协助工作。如以就业指导部门为基础成立大学生职业发展中心,并开设相应的课程,及时向大学生提供职业教育和实际的职业指导,同时,配合提供相关的社会资源。再次,深入了解学生需要,改进教学方法,提升大学生对专业学习的兴趣,满足学生对本专业各门课程的求知需求,尽可能向学生提供正确、新颖的学科信息。

3. 企业:发挥社会资源的作用

高职高专学生职业心理素养的培养除了依靠学校和学生本身以外,获得社会资源的支持也很重要。很多企业都想招到毕业生后直接投入"使用",但是却发现很困难。企业也逐渐认识到,要想获得较好职业心理素养的大学毕业生,自身也应该参与到大学生的培养中来。具体可以通过以下方式来进行:一是企业与学校联合培养大学生,提供实习基地以及科研实验基地;二是企业家、专业人士走进高校,直接提供实践知识、宣传企业文化;三是完善社会培训机制,走入高校对大学生进行专业的入职培训以及职业心理素养拓展训练等。

总之,大学生职业心理素养的培养是目前高等教育的重要任务之一,而这一任务的进行,需要学生、高校及企业三方面的协同配合才能有效。

拓 展 阅 读

大学生职业素养存在的主要问题

一年多过一年的毕业生人数,使大学毕业生就业问题一次次成为社会关注的焦点,成为全民热议的话题。就业难的根本问题是大学生职业素养基础水平问题。目前,大学生职业素养所存在的问题主要反映在以下几个方面。

第一,职业观念不强。

据大学生就业职业指导现状调查结果来看,调查的总人数9 778人中,有52%的人从没有研究过要找什么样的行业,对目标公司的选才要求和用人标准回答"不清楚"的占23.9%,回答"还行,大概能想象"的占33.9%,同时,有51.4%的人对"你清楚考虑过自己以后的职业发展吗?"感到茫然。这些问题反映出大学生的职业观念不强,在学校还只是重视考试的分数,与社会需求有较大脱节。

第二,职业心理素养较低。

据相关调查,现在许多用人单位对大学生职业心理素养的评价并不高,有些大学生已经掌握了一定的专业知识和专业技能但却不被社会认可,这是由于大学生的职业心理素养缺乏造成的。有些大学生的心理素养与用人单位对所需求的员工的心理素养要求相差甚远,例如,不少大学生受"先择业,后就业"的影响,跳槽频繁,甚至还不知道自己是否能胜任工作就要走人,给人一种缺乏信誉的感觉;部分大学生遇事以自我为中心,只考虑公司能给自己什么,而不思考我能为公司做什么,缺乏主人翁精神和敬业精神,将公司对自己的培养当成自己今后个人发展的资本积累,没有感恩的心态;还有的大学生进入工作岗位后,工作"兴奋期"短,很快就开始缺乏工作热情;等等。种种现象都折射出大学生不成熟的心理素质,这些问题也成为当今大学生在激烈的人才竞争市场中的绊脚石,影响了大学生早日成才与成功。

第三,职业能力不足,知识结构相对单一。

不少大学生在就业时表现出能力不足,主要反映在知识结构不健全,专业知识不系统、不扎实,综合技能水平不高(尤其是科研能力、创新能力和解决实际问题的能力较低）以及缺乏一专多能的素质等，集中表现为：一是没有很好的自我认知，对自我缺乏客观、系统、科学的认识，常出现高估自己能力的现象。比如，择业期望值高，把待遇是否优厚、交通是否便利等作为标准，不愿承担艰苦的工作，不愿到经济欠发达地区和基层去工作。二是在选择就业单位的过程中，明显表现得被动和随意，缺乏科学性和主动性。主要表现在对自身素养和就业竞争能力评价过低，不敢主动向用人单位推销自己，不敢主动参与就业竞争，陷入不战自败的困境中。三是获得职业信息的能力和职业目标的筛选能力不强，出于虚荣心和侥幸心理，往往改变原有目标而采取不切实际的从众行为。

第四，缺乏应有的职业技能和社会实践活动。

与西方一些国家相比，我国实行的还是传统的应试教育，对职业技能训练不足，社会实践教学在实际操作中也有一定的难度。就其原因而言，一是大家都习惯了我国传统的教育模式，实践活动尤其是开放性实践活动难以展开；二是高校教师与社会接触有限，开放性实践活动难以展开；三是高校实践教学考评体系不健全。课堂上，教师大多数还是采取传统教学形式，以讲授知识要点为主，学生主要的压力就是完成各种考试，修完所有规定学分。一个大学生是否合格，考评依据是各科目的成绩分数。然而，考试成绩只反映学生的理论学习能力，对于企业所需要的责任心、诚信以及团队合作精神等职业素养，是衡量不出来的。尤其是一个学生的行为习惯问题、态度问题、心态问题以及个人道德水平与修养等，这些对于一个人的职业素养来说，是非常重要的。可是，在校大学生参加此方面训练实践的机会并不多，这种缺乏应有社会实践活动的现状也制约了大学生职业心理素养的提高。大学生参加社会实践活动，可以使自己与企业相融合，通过这种融合，将对企业的认识由感性转化为理性，对企业工作环境、内容、方式和状况有实际体验，把职业素养水平提高到符合企业要求的标准，最终胜任企业的工作。

另外，相应的职业技能是大学生进入职业领域的资本。职业技能教育在提高劳动者素质、促进就业、实现经济增长方式转变和延迟就业、缓减就业压力、促进地方经济社会发展、维护社会和谐稳定中所起的作用日益明显。21世纪是知识经济发展的世纪，世界各国综合国力的竞争，主要是经济和科技实力的竞争，市场竞争将更加激烈、更加残酷。当前技能型人才供不应求的现象，令人深思。有关人士分析，高学历并不等于高级人才，有时技能对企业的作用更重要、更实际，更符合企业以最小的成本换取最大的价值的需求。高学历者一般对工资待遇、工作环境要求都比较高，他们中的不少人往往缺少实际操作技能，而技术技能型人才一般比较实用，他们对高质量的产品生产起着重要的作用。现代社会对求职者有不同的技能要求，如做研究工作要求具有调查、分析、归纳和演绎的技能，做教育工作要求具有澄清、说服、评估和鼓励的技能。职业技能的培养已经日益走入人们的生活，在广大劳动者的职业生涯中发挥着重要作用。现实中发现，学生对技能的理解存在一些模糊的认识，普遍认为经过了专业学习，就具有了相应的技能。所以，要让学生了解受教育是学习技能的基础，要把知识转为技能，要经过反复实践或体验，才能真正转变成职业人。

目前，大学生就业难受到许多因素的影响，除了与国家就业岗位总量不足以及结构性的矛盾相关外，与大学生自身的素养有待提高也有一定的关系。从学校和学生来看，目前企业招聘员工，主要注意的是学生就读的学校、所学专业以及其在大学期间的学习成绩和经历；而实际上，从用人企业来看，最看重的是大学生的职业素养。这是因为大学生职业素养的高低将直接影响企业的绩效和经营利润。大学生自身的职业素养对其参加工作后的工作业绩和个人发展也将产生极大的影响。每个人从小学到大学连续苦读十几年，最后要通过职业岗位才能走向社会，获得社会承认，完成由学生到职业人的角色转换。

个体行为的总和构成了自身的职业素养，职业素养是人类在社会活动中需要遵守的行为规范，是职业的内在要求，也是所有职场人士都应具备的素质，尤其是职业竞争力渴望得到提升的员工，职业素养是职业人士职场成功的必备素质。职业素养是某一专业的个体为完成自己职业范围内的事所必须具备的基本要求，它是某一职业对从事该职业的人员的整体要求，具体包括职业道德、职业知识、职业技能、职业能力等。其中，显性职业素养是指职业知识、职业技能、职业能力等，隐性职业素养指职业道德、职业态度等。我们可以将职业素养比喻为一棵大树，职业知识、职业技能和职业能力好比一棵树的枝、干、叶，是表象的，大家看得到。但一棵树能否长成参天大树，是否会枝繁叶茂，则取决于其根系是否发达，这个根系就是隐性职业素养。相对而言，显性职业素养比较容易通过教育来改变和发展，而隐性职业素养则需要在潜移默化中，借助于一定的实践或一段时间才能展现或检验出来，对人的行为与表现起着关键作用。高校培养大学生职业素养应该以显性职业素养为基础，同时重点培养隐性职业素养，从而使学生成为完整精神意义的人。当然，无论是显性还是隐性的职业素养，对个人、用人单位和国家都具有重要的价值和意义。从个人角度来看，适者生存，个人如果缺乏良好的职业素养，就很难取得突出的工作业绩，更谈不上建功立业；从企业角度来看，唯有聚集具备较高职业素养的人员，才能实现生存和发展的目的，从而提高企业在市场上的竞争力；从国家角度来看，国民职业素养的高低直接影响着国家经济的发展，是社会稳定的前提。也正因为如此，职业素养教育显得尤为重要。

随着国际化与信息化时代的到来，随着人文精神与科学精神的融合和加强，一个高素养的职业人员应该是一个胸怀理想、充满激情、追求卓越、富有创新精神的人；一个自信、自强、不断挑战自我的人；一个善于合作、具有人格魅力的人；一个尊重同事、尊重领导，抓住机会努力学习、善于成长的人；一个充满爱心、受同事尊重、受领导赏识的个体；一个掌握精深专业知识、广博文化知识的人；一个熟练掌握相关职业技能且勤于学习、不断充实自我的人；一个遵守职业道德规范、具有敬业精神和社会责任感的人。

【活动与测试】

活动：认识我自己

"我是谁？"这是一个充满思辨的永恒话题。中国有句古话，叫作"人贵有自知之明"。老子说："知人者智，自知者明；胜人者有力，自胜者强。"西方人崇拜的德尔菲神庙上也刻着一行警告人们的字："认识你自己！"这个游戏就是针对你是如何看待自己而设计的。

拿出一张白纸，开始我们的游戏。请在白纸上，纵向画出4条线，也就是把白纸分成四格。先在白纸的左侧项目栏内写上身高、体重等，左侧写满之后，请在白纸的上方从左至右写上"真实的我""理想的我""别人眼中的我"。

认识我自己

项　目	真实的我	理想的我	别人眼中的我
身高			
体重			
相貌			
文化程度			

续表

项　目	真实的我	理想的我	别人眼中的我
性别			
性格			
人际关系			
家庭			
爱好			
健康状况			
理想抱负			
学习成绩			
收入			
……			

具体填法有两种形式：一种是竖填，先一鼓作气地填出"真实的我"的情况。填完了这一列，然后再填右边的那一列"理想的我"，建议你也一气呵成。期望自己怎样，就大大方方地写出来，不必担忧它是否可行。总而言之，你曾怎样想过，就老老实实写出来。

另一种是横填，如以"收入"一项为例，先写上你的实际状况，比如"月薪2 000元"，再移向右侧的那栏，即"理想的我"，你可以填上"月薪8 000元"。至于"别人眼中的我"，也许因为你经常出手大方，仗义疏财，人家以为你的月薪至少5 000元以上了；也许因为你省吃俭用，小气吝啬，别人还以为你的收入只有1 000元钱呢！

填完之后，再仔细看一遍。"理想的我"和"真实的我"，不相符合之处多吗？数一数，到底有多少条？看看这些条款之中，有哪些是可以改变的？有哪些是不可更改的？对那些经过努力可以更改的，你将如何付诸行动？改变的代价你能否承担？对那些不可改变的，今后你能否真正坦然笑纳？

"真实的我"和"别人眼中的我"，有多大差距？如果别人眼中的你和实际生活中的你反差太大，你可要好好找找原因了。

测试:气质测试

陈会昌气质量表,又称"陈会昌六十气质量表",该量表是由山西省教科院陈会昌等编制。它可以帮助你了解自己属于哪一种气质类型。表中共有60个题目,请你根据自己的情况如实回答。每题共有5个档次分数,你认为符合自己情况的,记2分;比较符合的,记1分;介于符合与不符合之间的,记0分;比较不符合的,记-1分;完全不符合的,记-2分。

1. 做事力求稳妥,不做无把握的事。
2. 遇到可气的事就怒不可遏,想把心里话说出来才痛快。
3. 宁肯一个人干事,不愿很多人在一起。
4. 到一个新的环境很快就能适应。
5. 厌恶那些强烈的刺激,如尖叫、噪声、危险镜头等。
6. 和人争吵时,总是先发制人,喜欢挑衅。
7. 喜欢安静的环境。
8. 善于和人交往。
9. 羡慕那种善于克制自己的感情的人。
10. 生活有规律,很少违背作息制度。
11. 在多数情况下,情绪是乐观的。
12. 碰到陌生人觉得很拘束。
13. 遇到令人气愤的事,能很好地自我克制。
14. 做事总是有旺盛的精力。
15. 遇到问题常常举棋不定,优柔寡断。
16. 在人群中从不觉得过分地拘谨。
17. 情绪高昂时,觉得干什么都有趣;情绪低落时,又觉得干什么都没有意思。
18. 当注意力集中于一件事时,别的事很难使我分心。
19. 理解问题总是比别人快。
20. 碰到危险情景时,常有一种极度的恐怖感。
21. 对学习、工作、事业怀有很高的热情。
22. 能够长时间做枯燥、单调的工作。
23. 符合情趣的事情,干起来劲头十足,否则就不想干。
24. 一点小事就能引起情绪波动。

25. 讨厌那种需要耐心、细致的工作。
26. 与人交往不卑不亢。
27. 喜欢参加热烈的活动。
28. 爱看感情细腻、描写人物内心活动的文学作品。
29. 工作学习时间长了,常感到厌倦。
30. 不喜欢长时间谈论一个问题,愿意实际动手干。
31. 宁愿侃侃而谈,不愿窃窃私语。
32. 别人说我总是闷闷不乐。
33. 理解问题常比别人慢一些。
34. 疲倦时只要短暂的休息就能精神抖擞,重新投入工作。
35. 心里有话宁愿自己想,不愿说出来。
36. 认准一个目标就希望尽快实现,不达目的誓不罢休。
37. 学习、工作同样一段时间后,常比别人更疲劳。
38. 做事有些莽撞,常常不考虑后果。
39. 老师或师傅讲授新知识、技术时,总希望他讲慢些,多重复几遍。
40. 能够很快地忘记那些不愉快的事。
41. 做作业或完成一项工作总比别人花的时间多。
42. 喜欢运动量大的剧烈体育活动,或参加各种文艺活动。
43. 不能很快地将注意力从一件事情转移到另一件事情上去。
44. 接受一个任务后,就希望把它迅速解决。
45. 认为墨守成规比冒风险强些。
46. 能够同时注意几件事。
47. 当我闷闷不乐时,别人很难使我高兴起来。
48. 爱看情节跌宕起伏、激动人心的小说。
49. 对工作抱认真、严谨、始终如一的态度。
50. 和周围人们的关系总是相处不好。
51. 喜欢复习学过的知识、重复已掌握的工作。
52. 希望做变化大、花样多的工作。
53. 小时候会背的诗歌,我似乎比别人记得清楚。
54. 别人说我"出语伤人",可我不觉得这样。
55. 在体育活动中,常因反应慢而落后。
56. 反应敏捷,头脑机智。

57. 喜欢有条理而不甚麻烦的工作。

58. 兴奋的事常使我失眠。

59. 老师讲新概念,常常听不懂,但弄懂以后很难忘记。

60. 假如工作枯燥无味,马上就会情绪低落。

评分方法:

将每题得分按下表题号相加,并算出各栏的总分。

A. 胆汁质	包括 2,6,9,14,17,21,27,31,36,38,42,48,50,54,58 各题
B. 多血质	包括 4,8,11,16,19,23,25,29,34,40,44,46,52,56,60 各题
C. 黏液质	包括 1,7,10,13,18,22,26,30,33,39,43,45,49,55,57 各题
D. 抑郁质	包括 3,5,12,15,20,24,28,32,35,37,41,47,51,53,59 各题

评分说明:

如多血质一栏得分超过 20 分,其他三栏得分较低,则属典型多血质;如这一栏在 20 分以下、10 分以上,其他三栏得分较低,则为一般多血质;如果有两栏的得分显著超过另两栏得分,而且分数比较接近,则为混合型气质,如胆汁—多血质混合型、多血—黏液质混合型、黏液—抑郁质混合型等;如果一栏的得分较低,其他三栏都不高,但很接近,则为三种气质的混合型,如多血—胆汁—黏液质混合型或黏液—多血—抑郁质混合型。

【作业与思考】

1. 通过学习,谈谈你对心理的实质的认识。
2. 联系实际,谈谈心理在人的职业生涯中的作用。

模块二

职业态度与职业人格

态度决定成败,无论情况好坏,都要抱着积极的态度,莫让沮丧取代热心。
生命可以价值极高,也可以一无是处,随你怎么去选择。

——吉格斯

我的座右铭是:第一是诚实,第二是勤勉,第三是专心工作。

——卡耐基

完美的人格,高尚的品德,是从实际生活中锻炼出来的。

——叔本华

【模块导读】

本模块由两部分构成,分别是态度与职业态度、人格与职业人格。本模块在对态度的基本理论进行初步介绍的基础上,重点阐述职业态度的主要内容及职业人应具备的职业态度;在对人格的基本理论进行阐述的基础上,重点描述了职业人格的类型、健康职业人格的特征及其培养,引导学习者在职业活动中形成高尚的职业人格。

【学习目标】

知识目标:

1. 了解态度及职业态度的相关内容,理解影响职业态度的因素以及良好职业态度的培养方法。

2. 了解人格及职业人格的相关内容,理解人格魅力的相关知识及健康职业人格的特征。

技能目标:

学会运用相关的原理及测试对自己的职业态度和职业人格进行管理,能分析自己的职业人格特征。

情感目标:

在理论的指导下,积极主动培养自己良好的职业态度和健康的职业人格,愿意在工作中展现自己的人格魅力。

【知识导图】

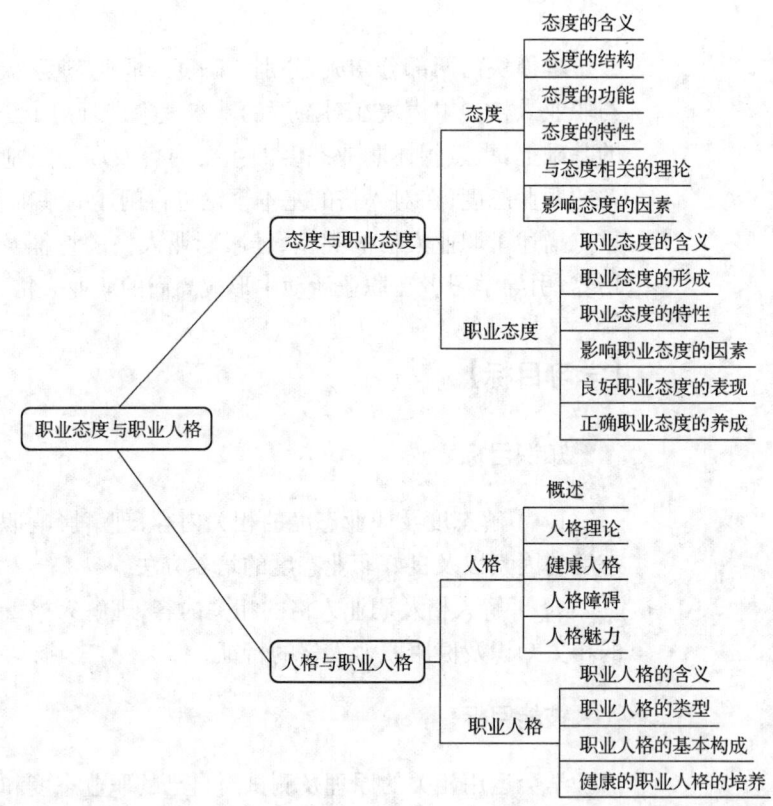

【案例导入】

砌墙的故事

三个工人在砌一堵墙。有人过来问他们:"你们在干什么?"

第一个人抬头苦笑着说:"没看见吗?砌墙!我正在搬运着那些重得要命的石块呢。真是累人啊!"

第二个人抬头苦笑着说:"我们在盖一栋高楼。不过这份工作可真是不轻松啊!"

第三个人满面笑容开心地说:"我们正在建设一座新城市。我们现在所盖的这幢大楼未来将成为城市的标志性建筑之一!想想能够参与这样一个工程,真是令人兴奋!"

十年后,第一个人依然在砌墙;第二个人坐在办公室里画图纸——他成了工程师;第三个人,是前两个人的老板。

从这个案例中,你得到哪些启示?

个人的职业态度和职业人格,对其职业选择的行为及长远的职业发展有着重要的影响作用。就职业态度来说,职业观念正确、心态健全的人,能对职业做出较为积极慎重的选择,而具有良好健全的职业人格的人,能使自己正确的职业观成为一种自觉的行为表现,从而在不同的职业岗位上,依靠自己的职业态度和职业人格获得良好的发展。

主题一 态度与职业态度

一、态度

(一) 态度的含义

有关态度的定义,最早由斯宾塞和贝因(1862年)提出,认为态度是一种先有主见,是把判断和思考引导到一定方向的先有观念和倾向,即心理准备。

奥尔波特(1935年)受行为主义影响,认为态度是一种心理和神经的准备状态,它通过经验组织起来,影响着个人对情境的反应。他的定义强调经验在态度形成中的作用。

克瑞奇(1948年)则认为态度是个体对自己所生活的世界中某些现象的动机过程、情感过程、知觉过程的持久组织。他的定义强调当下的主观经验,把人当成会思考并主动将事物加以建构的个体,反映了认知派的理论主张。

美国心理学家巴克(1984年)认为态度是对任何人、观念或事物的一种心理倾向,强调态度是一种观念、意见等主观的东西。

迈尔斯(1993年)对于态度的定义较为完善,认为态度是对某物或者某人的一种喜欢或者不喜欢的评价性反应,它在人们的信念、情感和倾向中表现出来。

综上所述,态度是个体对特定对象(人、观念、情感或者事件等)所持有的一种比较稳定的内在心理状态。态度的对象是多方面的,其中有客观事物、人、事件、团体、制度及代表具体事物的观念等。态度具有比较持久的稳定性,能够持续一段时间而不发生改变。当然,态度的这种稳定性是相对而言,在一定的时间内和在一定程度上态度是稳定的。作为态度的心理状态是内在的,存在于个体自身内部,是难以直接观察到的。

态度一旦形成,可以以两种形式存在:外显态度和内隐态度。外显态度是指我们意识到的并易于报告的态度。内隐态度是指自然而然的、不受控制的,而且往往是无意识的评价。

(二) 态度的结构

态度的结构涉及三个维度:认知成分、情感成分和行为成分。

1. 认知成分

态度的认知成分是指个人对态度对象带有评价意义的叙述。叙述的内容包括个人对态度对象的认识、理解、相信、怀疑以及赞成或反对等。如果没有一个清晰的、全面的认知,那么态度的形成也会是模糊的。

2. 情感成分

态度的情感成分就是指个人对态度对象的情感体验,如尊敬—蔑视、同情—冷漠、喜欢—厌恶等。态度的情感成分与认知成分紧密相连,态度的反应中既有情感的反应,也有认知成分的积极参与。

3. 行为成分

态度的行为成分是指个人对态度对象的反应倾向或行为的准备状态,也就是个体准备对态度对象做出何种反映。

(三) 态度的功能

1. 工具性功能

工具性功能也叫适应功能,这种功能使得人们寻求奖赏与他人的赞许,形成那些与他人要求一致并与奖励联系在一起的态度,而避免那些与惩罚相联系的态度。如孩子们对父母的态度就是适应功能的最好表现。

2. 认知功能

态度的认知功能是指态度能给个体待人接物的行为方式提供必要的信念,以利于自己保持清醒的意识状态和正确的定向行为。它充当着图式和心理框架的作用。

3. 自我防御功能

态度决定行为的潜在动机,能够促进个体心理冲突的解决,增加对挫折的忍耐力,实现预期的目标。这种观念来自于精神分析的原则。

4. 价值表现功能

态度还有助于人们表达自我概念中的核心价值,比如一个青年人对志愿者的工作持有积极的态度,那是因为这些活动可以使他表达自己的社会责任感,而这种责任感恰恰是他自我概念的核心,表达这种态度能使他获得内在的满足。

(四)态度的特性

1. 社会性

态度是在社会生活中经过一定的体验后积累经验形成的,因而具有社会性,受到社会环境和关系的影响。

2. 具体性

态度是个体对特定的人、观念或事物的稳定的心理倾向。所谓特定,是指具体的态度对象,通常针对某一个人、某一件事,或某一观念而言。

3. 稳定性

态度相对于情绪具有稳定性,它是一种对事物的比较持久的、稳定的倾向。

4. 协调性

态度所包含的认知、情感和行为倾向三种成分常常是一致的,有什么样的认知,就会产生什么样的情感以及与之相适应的行为倾向。

(五)与态度相关的理论

1. 学习理论

这种理论认为,人们能像获得事实、概念、思想意识、思维方式和习惯一样去获得态度。情绪和事实结合会引起态度的改变与发展。心理学家斯台茨和伯恩·克劳雷的观点是:第一,环境刺激会引起情绪反应;第二,奖励、赞赏和社会承认所促进的心理倾向会持续下去,对个体态度产生积极影响;第三,人们可以通过学习来模仿他人的行为,态度也是如此;第四,一种态度的发展可能会受到其他态度的影响。

2. 认知理论

海德的态度平衡理论重视人与人之间的相互影响在态度转变中的作用。海德认为，在人们的态度系统中存在某些情感因素之间或评价因素之间趋于一致的压力，即如果出现不平衡，则向平衡转化。海德指出，人们在改变态度时，往往遵循"费力最小原则"，即个体尽可能少地改变情感因素而维持态度平衡。

奥斯古德的一致性理论认为，一致性原则支配人们的思维。人们总是通过改变态度来达到一致性，一旦产生不一致，马上就会产生心理压力，从而在增加一致性的方向上改变对一个人的评价，然后再影响另一个人的态度。例如，人们常说的"话不投机半句多""酒逢知己千杯少"即是如此。

史密斯和卡兹的功能主义理论认为，人们选择的是负荷特殊心理需要的态度，把态度和个体的内在需要联系起来。人的态度是为心理功能服务的，人如何选择态度依赖于个体的利害关系。

3. 认知失调理论

费斯廷格的认知失调理论认为，态度改变是为了维持各项态度之间一致。如果态度中有两种认知不一致，就会造成认知失调；如果失调认知的成分多于协调认知的成分，则会引起更大的失调。认知失调给个人造成心理压力，使其处于不愉快的紧张状态。此时，个体就会产生清除失调、缓解紧张的动机，通过改变态度的某些认知成分，达到认知协调的平衡状态。费斯廷格认为，认知失调有四种原因：逻辑的矛盾、文化价值冲突、观念的矛盾以及新旧经验相悖。

（六）影响态度的因素

1. 人际关系

在社会生活中，同伴对于个体的影响力不可低估，人们往往会无意识地遵循同伴的观点、意见和态度。父母、教师等成人的影响在儿童时期较为明显。苏联心理学家维果斯基曾经说过，人之所以会变成他自己，是以他人作为参照系来对照自己行为的结果。因此，态度和人际关系是密不可分的。

2. 个体的心理特征

社会所给予的奖励或者惩罚对人们态度的形成和发展有重要作用，如果一个人的智力和个性得到全面和谐的发展，态度形成就容易些，反之就比较困难。例如，智力水平高的人，在面对社会情境时，往往有主见、有判断，很容易建立自己的态度;反之,就会很容易受到周围环境的影响,产生从众行为,难以形成自己的态度。

3. 个人经验

一个人的经验往往与其态度的形成有着密切的联系,生活实践证明,很多态度是由于经验的积累与分化而慢慢形成的。例如,四川人喜欢吃辣椒、山东人喜欢吃大葱的习惯,就是由于长期的经验而形成的一种习惯性态度。当然,有时也会出现只经过一次戏剧性的经验就构成了某种态度的情况。例如,在某一次逗狗的游戏中被狗咬伤,就很可能从此不喜欢狗,甚至害怕狗,即所谓"一朝被蛇咬,十年怕井绳"。

二、职业态度

什么叫职业?所谓职业,简单地说,就是人们为了满足社会生产、生活需要,所从事的承担特定社会责任,具有某种专门业务活动的、相对稳定的工作。职业是在人类社会出现分工之后而产生的一种社会历史现象。

具体来说,职业具有三个方面的含义:第一,职业是人们谋生的手段和方式;第二,职业劳动使个体的体力、智力和技能水平不断得到发展和完善;第三,人们通过职业劳动,履行对社会和他人的责任。承担特定社会责任是职业的本质。也就是说,职业是责任、权力和利益的有机统一。

职业态度是一个人职业素养的心理基础,对个人职业生涯有着至关重要的影响和作用。人的行动受心理支配,从事一定职业的人都是职业人,职业人就应该有相应的职业态度。比如,足球运动员从内心服从裁判,兢兢业业地踢球,这是他应有的职业态度;一个电焊工或者车工,就应该具有规范操作、精益求精的职业态度。现实生活中也有相当数量的人,凭自己的情绪来对待工作和职业,率性而为,我行我素,结果总是屡屡受挫。

(一)职业态度的含义

职业态度是指个人职业选择的态度,包括选择方法、工作取向、独立决策能力与选择过程的观念。简而言之,职业态度就是指个人对职业选择所持的观念和态度,要认真且不能马虎。

职业态度也包括态度的三种成分:对工作的认识和了解,与工作态度的认知成分相联系;工作的积极性与工作态度的行为成分密切相关;工作的满意感则属于工作态度的情感成分方面。

职业态度作为工作的内在心理动力,能引发相应的工作行为,从而影响对工作的知觉与判断、促进学习、提高工作的忍耐力等。这些功能,直接关系到工作绩效的大小。

一般说来,积极的职业态度对工作的知觉、判断、学习、忍耐力等能发挥积极的影响,因而能提高工作效率,取得良好的工作绩效。这表明积极的工作态度与工作绩效之间往往有着一致性的关系。对年轻人来说,职业态度决定着他们的薪资待遇、发展机遇乃至个人命运。比尔·盖茨曾说:"无论在什么地方工作,员工与员工之间在竞争智慧和能力的同时,也在竞争态度。一个人的态度直接决定了他的行为,决定了他对待工作是尽心尽力还是敷衍了事,是安于现状还是积极进取。态度越积极,决心就越大,对工作投入的心血也越多,相应地从工作中获得的回报也就越多。"

职业态度不是先天就有的,而是社会性学习的结果。职业态度是在家庭、学校和社会等不同情境的作用下形成的。

拓 展 阅 读

你是哪一类人?

你对工作抱有什么样的态度,工作就会怎样回报你。公司里往往存在着以下几类人:

第一类人把自己当少爷,当公主,认为天底下的事情都该随自己的心意。他们牢骚满腹,抱怨不止,今天嫌工资低,明天嫌任务重,后天又说老板看不到他的长处。在工作中,这种人遇事则推,有功则抢,成事不足,败事有余。

第二类人认为工作就是为了赚钱,因此不能怠慢,但也不必认真对待。这种人的口头禅是:"差不多就行了,那么卖命干什么?"他们按时上下班,完成任务,工作中也很少出错,但他们每天都是得过且过,很多年没有长进,这种工作态度也是不值得提倡的。

第三类人把职业当作事业,对公司忠心耿耿,工作积极主动,勤奋肯干,有良好的团队意识,尽职尽责,敢于接受挑战。这类人往往是公司的核心员工,职位较高,薪资丰厚。

(二)职业态度的形成

态度的形成要经过顺从、认同和内化三个阶段,职业态度不是先天就有的,而是在家庭、学校和社会等不同情境的作用下,通过他人的指示、忠告或示范而形成的,它同样需要经过顺从、认同和内化三个阶段。

1. 顺从

在顺从阶段,个体表面接受他人的意见或观点,在行为方面与他人保持一致,但在认识与情感方面并没有保持一致。这时,个人的态度会受到外部奖励与惩罚的影响,此时的态度是由外在压力形成的,并不是个人真正形成了相应的态度。如果外在情境发生变化,个体的态度也会随之而发生变化。

因此,在职业教育和职业培训中,必须对学生的日常行为要求十分严格,这样才能帮助学生逐渐养成良好的学习和生活习惯,形成良好的职业态度,为平稳实现从学校到工作岗位的过渡奠定良好的基础。

2. 认同

在认同阶段,个体在思想、情感和态度上主动去接受他人的影响,此时的个体不受外在情境压力的影响,而是主动去接受他人或集体的影响。

在职业教育或职业培训中,我们可以用严格的学校规章制度和学校纪律促使学生形成良好的职业态度,同时还应利用校园文化和德育课堂等途径对学生进行感化和熏陶教育,使学生潜移默化地受到影响,真正认识到好的态度的标准及从事职业活动需要哪些好的态度等,这样才能使学生对外在的规范真正地进行认同,逐渐自觉形成良好的职业态度。

3. 内化

在内化阶段,个体在思想观念上与他人的思想观点一致,将外在的规范真正地融入自身的态度体系中,成为自身态度的一部分,构成一个完整的价值体系。此时,稳定的职业态度便形成了。

(三) 职业态度的特性

1. 社会性

职业态度并不是先天就有的,它是人们在职业过程中,通过社会环境和与他人的相互作用而逐渐形成的。职业态度形成后,个人在与外界事物和他人的相互作用中还会不断地对其进行修正,最终形成并逐步巩固成一套自身的比较完整的态度体系。

2. 稳定性

态度一经形成,就具有较强的稳定性,在短时间内不会发生变化,所以思想教育和引导工作需要在职业态度形成之前进行,这样容易促进职业态度的形成和改变,而如果职业态度形成后再进行说服教育,就要困难很多。

3. 价值性

价值观是职业态度的核心。某一事物对个人意义的大小将会影响这个人对该事物所持有的态度。即使面对同一事物,不同的人的态度也会有所不同,这取决于个人的需要、兴趣、信念、世界观等个性倾向性。

4. 指导性

职业态度对个人的职业行为有一定的指导性作用,将决定个人行为的方向、方式和结果等,同时直接影响其职业水平的发挥。

(四) 影响职业态度的因素

1. 内部因素

(1) 自身因素

自身因素是指个人自我的一些特征,主要包括个人的兴趣、能力、抱负、价值观、自我期望等。自身因素对职业态度的形成与发展有着较为重要的作用,因为个人价值观是在成长过程中一点一滴慢慢养成的。个人如果能对自己的各项因素有深入的了解,就能做出较为明确的职业选择。而个人在选择职业时所表现出来的态度,也是个人兴趣、能力、抱负、价值观、自我期望的反映。自身因素虽然对职业态度有着重要作用,但如果只是依照自身因素来选择职业,有时难免会碰到各种挫折,因此,在选择职业时还必须考虑其他相关因素。

(2) 职业因素

职业因素主要包括对职业市场的需求、职业的薪资待遇、工作环境、发展机会等。就理想而言,兴趣、期望、抱负应该是个人选择职业的主要依据,但事实上,同时还要兼顾自我能力,以及外在的社会环境、职业市场动态等。个人对外部职业世界越有深刻的认识,就越能够掌握真实正确的职业信息,从而能进行比较切合自身实际的职业选择。相反地,如果对职业世界认识不清、信息有限的话,那么连何处有适合自己需求的工作机会都不清楚,更难以做出明确的职业选择。因此,个人对职业的认知会直接影响个人的职业态度。

2. 外部因素

(1) 家庭因素

家庭因素包括家庭的社会经济地位、父母期望、家庭背景等。从国内外研究来看,家庭教育对个人发展影响的数据并不明显,但是,不论父母的学历高低、社会经济地位如何,大多数的父母都希望自己的子女能拥有比自己更高的学历,从事比自己更有发展的工作。在做职业选择时,家人的意见通常会影响个人的职业态度。因此,家庭对孩子的职业态度的影响有着潜移默化的作用。

(2) 学校因素

学校是从业人员学习知识、培养技能和能力、形成正确职业态度的主要场所,学生在学校所接受的专业教育,将直接影响他们将来的职业选择。此外,教师自身的职业态度和职业评价,对学生的职业认知也会产生很大的影响。

(3) 社会因素

社会因素包括社会地位、社会期望等因素。在职业发展的过程中,个人的最终目标是在其职业上能有所表现,更多的人希望自己能成为社会中有身份、有地位的人。以目前的社会现象为例,不少人认为医生、律师、艺术家有较高的社会地位,清洁人员好像就不入流、"低人一等",虽然这并不是正确的观念,但或多或少也影响了部分人的职业态度。

(五) 良好职业态度的表现

1. 积极工作,确信态度决定一切

在人的一生当中,工作几乎要占掉1/3的时间,工作能带给我们财富和快乐,并帮助我们实现人生价值,是我们人生的重要组成部分。我们要以积极的态度对待工作,当我们勤奋努力地工作时,生命将变得光辉灿烂。

员工态度决定职业态度,职业态度决定职业生涯。一个人的职业态度折射着人生态度,而人生态度决定着一个人一生的成就。不同的态度,成就不同的人生,有什么样的态度就会产生什么样的行为,从而决定不同的结果。我们要清楚地知道,职业态度决定一切,职业态度决定职业发展和职业高度。一个工作态度非常积极的员工,无论他从事什么工作,他都会把工作当成一项神圣的天职,并怀着浓厚的兴趣把它做好。而一个工作态度消极甚至扭曲的员工,只会把工作当成累赘,当成让自己不快乐的源头,当成敌人一样地去对待,这种对待工作的态度自然会影响其工作效果。

我们做任何事情，成败的关键不在于客观因素，而在于我们做事的态度。客观困难的确存在，关键在于我们是直面困难、解决困难，还是回避困难、在困难面前选择放弃，这便关涉态度问题。鲁迅先生说过，真的猛士，敢于直面惨淡的人生，敢于正视淋漓的鲜血。只要我们以积极的态度面对困难，不为困难所吓倒，就一定能够战胜困难，成为一名生活和工作中的勇士！

工作和生活需要热情和行动，需要一种积极主动、自动自发的精神，这就要求我们以积极的态度对待工作、对待他人、对待生活。有积极的态度才能够担负起责任，才能够团结奋进，才能够开拓创新，也才能够积极应对各种复杂的问题。

(1) 没有卑微的工作，只有卑微的工作态度

行动本身并不能说明自身的性质，而是由我们行动时的精神状态决定的。工作是否单调乏味，往往取决于我们工作时的心境。在这世界上，没有卑微的工作，只有卑微的工作态度。的确，有这样一些工作，它们看上去并不高雅，工作环境也很差，人们似乎也不太关注它，但我们千万别因此而轻视这样一份工作，我们要相信：只要它是有用的，有利于社会的，就值得去做。工作没有贵贱，但工作态度却有高低区别。当一名制鞋工人并不是什么不光彩的事，但如果制出的鞋都是次品那才是不光彩的事。波士顿的一位名叫比利·格雷的商业巨子，曾在责备一位机械师工作不够认真时，遭到了机械师的反击。这位机械师叫嚷道："我告诉你，比利·格雷，你说的这些话让我无法容忍，我很清楚你的底细。你曾经不过是乐团里的一个无名的鼓手罢了。"格雷回答道："你说的不错，我当时确实是一名鼓手，但我击鼓不是击得很好吗？"

(2) 态度就是竞争力

态度就是竞争力，积极的工作态度始终是你脱颖而出的砝码，拥有它，你将在竞争激烈的职场上走得更顺利。一开始，你会觉得坚持积极的态度很不容易，但最终你会发现这种态度成了你个人价值的一部分。而当你体验到他人的肯定给你的工作和生活带来帮助时，你就会一如既往地秉持这种态度做事。

2. 为自己确定合适的目标，不为自己找借口

很多人把职场想得太美好，其实不然。如果你没有规划好自己的职业生涯，难免会遇到各种各样的问题：工作不开心；没有前进的动力；工作不

是自己想象得那么好；自己的才能无法发挥；看到以前的同学待遇比自己好得多，便受不了刺激，急切地想跳槽；当初为了生存而找的工作，根本就不适合自己……这些几乎是所有初入职场者面临的问题。而解决这些问题最根本也是最有效的方法就是为自己确定合适的目标，为了实现目标而努力工作。

为什么要明确目标？因为有了目标，才有行动的指南。知道自己想干什么，喜欢干什么，这才是前进的最终动力。工作不开心、动力不足、盲目跳槽的最根本原因是职业目标不清晰。没有目标，便没有追求，于是所有的行动便只是无水之源、无舵之舟。

人生的职业发展如同品牌塑造一样，只不过你的产品就是你自己。你自己的发展目标，也就是你人生的品牌目标。有了目标，就要考虑该怎么走。每走一步，都应该离目标更近，而不是更远。所以，你每做一个决定的时候，要衡量这个决定对不对，唯一的标准就是它是否能够帮助你离目标更近。如果不是，你就要尽快改变目标，让它离你要走的路更近一点。有了规划，不一定能够成功；但没有规划，一定不会成功！

当我们确定好自己的目标之后，在努力实现目标的过程中，要能够以积极的职业态度面对工作，不为自己找任何借口。本杰明·富兰克林曾说："善于找借口的人除此之外几乎一无是处。"借口会消磨你的勇气，侵蚀你的斗志，使你拖延怯弱，失去他人的信任。一个员工借口越多，能力就会越低，贡献就会越少，也就几乎没有前途可言。所谓的借口就是推卸责任，在工作中不应有任何借口，也不要让借口成为习惯。

当我们选择一项工作的时候，我们不仅仅选择了做这项工作的好处和快乐，同时也选择了这份工作的挑战和可能会遇到的困难。既然我们选择了这个职业，选择了这个岗位，就必须接受它的全部，而不仅仅是只享受它带来的益处和快乐。

这个世界上，不管什么样的工作，背后都要付出巨大的努力和艰辛。体力劳动者，会因为工作环境不佳而感到劳累；在窗明几净的办公室里工作的中层管理者，会因为忙于协调各种矛盾而身心疲惫；居于高位的领导者，承担着公司内部管理和企业整体运营的压力……"世界上没有不享受权利的义务，也没有不尽义务的权利"，任何工作都有两面性：它能给你带来益处，带来稳定的工作收入，让你得以养家糊口，拥有成功的感觉，让你实现人生的价值；同时，它也会给你带来困难和挑战。热爱自己的岗位，工作会向你微笑；厌恶自己的工作，将会被工作所厌恶。接受工作，就要接受工作的全部！

> **案例分析**
>
> **爱抱怨的小赵**
>
> 小赵是一家汽车修理厂的修理工，从进厂的第一天起，他就开始不停地发牢骚："修理这活儿太脏了，瞧瞧我身上弄得！""真累呀，我简直讨厌死这份工作了！"……每天，小赵都是在抱怨和不满的情绪中度过。他认为自己在受煎熬，在像奴隶一样卖苦力。因此，小赵每时每刻都窥视着师傅的眼神与行动，一有空隙，他便偷懒耍滑，应付手中的工作。转眼几年过去了，当时与小赵一同进厂的其他三名员工，各自凭着自己精湛的手艺，或另谋高就，或被公司推荐参加进修，唯有小赵，仍在抱怨声中做着他的修理工。

那些求职时念念不忘高位、高薪，入职后却不能接受工作所带来的辛劳、枯燥的人；那些在工作中推三阻四，寻找借口为自己开脱的人；那些不能不辞辛劳满足顾客要求，不想尽力超出客户预期提供服务的人；那些失去激情，任务完成得十分糟糕，总有一堆理由抛给老板的人；那些总是挑三拣四，对自己的工作环境、工作任务这不满意那不满意的人……都需要一声棒喝：记住，这是你的工作！

不要为你的放弃找借口，最关键的是你缺乏坚强的意志力。不要总是抱怨你没有机会，没有人帮助你，没有人拉你一把，没有人让你变得重要，没有人告诉你出路。如果你有潜力，如果你真的称职，你就会在找不到路的时候开创出一条路来。找借口是执行力不够的表现，如果内心里不想做某件事，就会以种种借口来应付。当我们用借口来应对一件本可以轻而易举完成的事，那么成功也就被借口阻挡在了门外或者被推迟了一步。

成功者做事从来不找借口。自己力所能及的事都会努力做到，如果遇到困难则会想尽一切办法克服。如果是自己力不从心的事，也不会去刻意勉强，而是直接表示自己无能为力。无论是能做到的事还是不能做到的事，他们都不会找借口作为挡箭牌。所以，成功的人善于在遇到问题时找方法，而只有懒惰的人、不喜欢动脑筋和动手做事的人才会找各种借口和理由。

> **案例分析**
>
> ### 决不寻找借口
>
> 罗杰是一位体育界的成功人士,他曾获奥林匹克运动会400米银牌和世界锦标赛400米接力赛金牌。然而,他的出色和优秀并不仅仅是因为他获得了令人瞩目的成就,更让人感动的是,他所有的成绩都是在他患心脏病的情况下取得的,而他在每一次比赛时从来没有把患病当作自己的借口。除了家人、医生和一些朋友,没有人知道他的病情,他也没向外界公布任何消息。当他第一次获得银牌之后,他对自己的成绩并不是很满意。如果他如实地告诉人们他是在患病的状态下参赛的,即使他的运动生涯半途而废,也同样会获得人们的理解和体谅,可罗杰并没有这样做。他说:"我不想小题大做地强调我的疾病,即使我失败了,也不想以此为借口。"

成功的人不见得有超人的能力,但他们却有着超凡的心态。他们能够积极主动地创造机遇,而不是拿自己的客观因素作为借口,以此逃避困难,回避问题。如果我们经常给自己找借口,就难以有所作为,这对我们以后的职业生涯是极为不利的。每一个成功者都是那些清楚地知道自己需要什么的人,他们懂得如何去寻找,而不是整天为自己找理由开脱。

3. 爱岗敬业,以积极的态度工作

工作中,敬业是非常重要的,敬业作为一种职业精神,是职业活动的灵魂,是从业人员的安身立命之本。敬业既是一种端正的职业态度,也是一种崇高的职业精神。它是一个人做好工作、取得事业成功的前提条件。荀子说:"凡百事之成也,必在敬之;其败也,必在慢之。"对于从业人员来说,缺少敬业精神,在职场中就难以生存;对企业来说,没有一批有敬业精神的员工,企业的发展就缺乏坚实的基础。

敬业的特征主要有:第一,主动。即不需要别人督促和推动,自觉地、积极主动地开展职业活动。真正具有敬业精神的从业人员,能够自觉意识到自己的职责,能主动承担责任。第二,务实。敬业不是单纯地喊口号,而是必须落实到具体工作岗位上,通过实际行动表现出来。敬业是从业人员内心的真实情感和追求。第三,持久。敬业是一种职业态度,要求从业人员能够长期坚持这种态度,仅凭一时的热情、冲动,是不能认为具有敬业精神的。

(1) 敬业是从业人员立足职场的基础

从业人员是否具有敬业精神已经成为单位选人用人的重要标准,一个人只有具备敬业精神,干一行、爱一行,才能钻一行、专一行,才能最大限度地发挥自己的聪明才智,为企业发展做出贡献。在国外,企业同样重视员工的敬业精神,同样把是否具有敬业精神作为选人用人的标准。

(2) 敬业是从业人员事业成功的保证

一个人具备了强烈的敬业精神,就能在工作中严格要求自己,以积极的心态投入工作,做好每一件事;就能认真地履行自己的工作职责,从而为自己事业的成功奠定良好的基础。

拓 展 阅 读

慎重对待第一份工作

为什么说第一份工作这么重要呢?原因包括以下几个方面。

1. 先入为主的观念影响

具体而言,最初获得的印象往往会在头脑中占有主导地位,以后再遇到不同的意见时,便不容易接受。举个最简单的例子:在你的印象中,诺基亚一度是手机的代名词,如果有一天诺基亚生产"诺基亚电脑",你的心里是什么感觉?可能你会觉得很怪异。这就是先入为主。再比如说,海尔的手机和电脑等IT产品卖得不太好,一部分原因是我们先入为主,认为海尔是家电的代名词,而不是IT的代名词。

对于新入职场的大学生而言,这一观念会影响到以后的发展。第一份工作会对你以后的工作产生影响,跳槽时,你的新雇主会通过你的第一份工作经验来判断你是否能够胜任这份工作。如有一个大学生,毕业之后想做策划,就找了一家广告公司。她刚进公司时,因为文笔不错,被安排到了文案的岗位上。而与她同时进去的另外一个人,恰恰因为文笔一般而被安排到了策划的岗位上。后来她屡次想转行做策划,但都是因为前一份工作经验的影响,而始终没有得到转行的机会。

2. 职场不允许从头再来

这样的观点可能太过极端,但是如果公司招聘的是有几年工作经验的老员工,它一定会要求有"相关经验",这一点就变得至关重要。因为这样的员工一般不需要培训,可以直接上岗,很快就可以为公司带来最大的效益。如果是工作几年以后再打算转行的应聘人员,一般不会受到重视,一是其不会给公司直接带来效益,二是这样的员工培训起来也比较困难,其思维已经固化。与其这样,倒不如招一名应届生,白纸一张,可塑性强,发展起来潜力更大。

3. 时间成本不允许

步入职场的前三年,是一个人职业成长最重要、最关键的时期。如果这时候你还把工作的重点放在骑驴找马式的转行上,则会浪费你最宝贵的青春,你的成长也会因此比其他人慢一步,甚至很多晋升的机会将因此而失去。

先有一份工作,首先可以养活自己,而不至于做一个"啃老族"。在工作之余固化自己所学的专业,机会可能就在你的身边。不要盲目地听从一些所谓的职业规划,如果是专业的职业规划师,可能他会知道你的优点是什么,如果不是,只会让你向反方向发展。

因为有了经历才会知道自己想要什么,所以你并不是浪费了时间,而是你有了经验,它可能会对你的发展有所裨益。很多时候不要急于求成,没有任何事情是绝对的,可能会有人比你先成长,但不一定他就会比你更有成就。

4. 诚信为本,树立诚信理念

诚信不仅是人们在社会交往中待人接物的一种基本的道德要求,更是个人职业生涯中的一种重要的道德资本。诚信是人们谋得职业所必需的,职业生涯是人生的重要阶段,一个人是否能够得到自己理想的职业,不仅与其所学专业、学历高低等有关,而且也取决于个人的诚信品格。

职场虽然会有利益,但诚实守信仍然是一种传统美德,诚信同样可以带来效益。只要你诚实守信,长此以往,大家都会对你形成一种良好的印象,都愿意和你交往。而那种两面三刀、当面一套背后一套的人,固然一时可以占一点小便宜,但一个人要想成就大事业,诚实守信的基本原则绝对不能丢。

拓 展 阅 读

忠诚于企业,你需要这样做

★不敷衍了事,做好自己的工作。

★对每个人都以诚相待,打造和谐的团队氛围。

★无论身在何处,都要谨守公司秘密。

★多从公司角度出发思考问题。

★尽心尽责,恪尽职守。

(摘自刘俊敏《态度决定成就》)

5. 学会感恩,用感恩的心态去积极工作

感恩是人生的基本态度,会感恩的人通常走得更远。感恩创造美好生活,成就伟大事业,感恩的人严于律己,宽以待人,能够心平气和地处理事情,能够认真踏实地完成事情。怀着感恩的心态去工作,会心情愉快,工作积极,从而能够提高工作效率,拓宽职场之路。感恩是一种负责的工作态度,也是一种积极乐观的人生态度。我们不能仅仅为了薪水工作,而要把工作当作自己的事业,用心做好每件事情,多为企业提出好的建议。

工作中始终牢记"拥有一份工作,就要懂得感恩"的道理,你一定会收获很多。感恩既是一种良好的心态,又是一种奉献精神。当你以一种感恩图报的心情工作时,你会工作得更愉快,也会工作得更出色。有位父亲告诫刚踏入社会的儿子:"遇到一位好老板,要忠心为他工作。假如第一份工作就有很好的薪水,那算你的运气好,要努力工作以感恩惜福;万一薪水不理想,就要懂得在工作中磨炼自己的技艺。"

面对工作心怀感恩的心情是基于一种深刻的认识:工作为你拓展了广阔的发展空间,工作为你提供了施展才华的平台。你对工作为你所带来的一切,都要心存感激,并通过努力工作以回报社会来表达自己的感激之情。

如果不能以感恩的心态面对工作和生活,人们往往就会陷入一种糟糕的境地,对许多客观存在的现象日益挑剔甚至不满。如果你的头脑被那些令你不满的现象所占据,你就会失去平和、宁静的心态,并开始习惯于指责与抱怨。放任自己的思想关注阴暗的事情,你自己也将变得阴暗,并且,从心理上,你会感觉阴暗的事情越来越多地围绕在你身边,让你难以摆脱。相反,把你的注意力集中在光明的事情上,你将会变成一个积极向上的人,一个大有作为的人。

拓 展 阅 读

企业欢迎这样的员工

★从心底里感激企业,怀着感恩的心和同事相处,怀着感恩的心去完成工作。

★企业有困难时,不离不弃,和企业共同进退。

★忠于企业,不随便跳槽。

★当工作不如意时,先调整自己的情绪,以宽容的心态去面对。

★认真工作,回报企业。

(摘自刘俊敏《态度决定成就》)

6. 团结协作,用合作的态度凝聚团队

一个成功的企业,必定是一个团结合作、有凝聚力的整体。对从业人员来说,具有合作的意识和能力,就会与他人相互配合、相互协作,这不但能提高工作绩效,而且有助于促成个人价值的实现。对从业人员来说,合作有助于个人职业理想的实现。在职业活动中,与他人密切合作,可以优势互补,可以促使员工相互学习,提高工作能力。没有团队精神的组织是一盘散沙,个人因有了团队而变得更加强大。要与不同性格的团队成员默契配合,要能顾全大局,甘当配角,面对问题要学会借力与合作。企业就是一个团队,只有全体员工都齐心协力、共同努力,才能推动企业的发展。企业要获取成功,必须要靠全体员工的努力。

拓 展 阅 读

老板喜欢这样的员工

★团结协作,懂得为人着想。

★以企业为家,为企业感到自豪。

★当企业有困难的时候,能够承担一定的责任,做出适当的牺牲。

★在团队中知道自己的位置,扮演好自己的角色。

★不搞特殊化,不标新立异,与其他同事和谐相处。

★当工作进行不顺利的时候,懂得寻求帮助,通过合作的方式完成任务,切不可大包大揽。

(摘自刘俊敏《态度决定成就》)

7. 培养能力,做好充足的准备,随时迎接挑战

在职场中,能力是非常重要的,但并不能代表工作的全部,它并不是让你步步高升的全部资本。一定要对职场有清醒的认识,不要过于理想化,不要一味标新立异,不要恃才傲物,不要认为有能力就可以走遍天下。能力固然重要,但是职场看的是一个人的综合素质。综合素质高的人,才是职场发展的"潜力股"。这里说的综合素质,包括沟通能力、人际关系能力、团队合作能力、管理能力、工作态度以及敬业精神等各种"软实力"。

人在发展过程中,很多时候都需要毫不犹豫地向别人展示自己的实力,展示自己的能力,要敢于展示,善于展示,同时保持积极学习的心态,接受有针对性、有目的性的培训,为迎接将来的挑战做准备,因为机会只垂青有准

备的人。很多时候,发展得不好,不是因为没有机遇,而是因为你没有准备好,导致机遇和你擦肩而过。只要多加努力,机遇一定会随之而来。很多东西需要时间的积累,在适当的时候展现自己的能力,也许机会就会和你相遇。

(六) 正确职业态度的养成

个人的职业态度,对其职业选择的行为会有一定的影响。观念正确、心态健全的人,对职业的选择较积极、慎重,做出正确选择的机会较大;相反地,观念不正确、心态不健全的人,对职业的选择具有推诿搪塞、轻忽草率及速命论的倾向。因此,正确职业态度的养成乃是不容忽视的课题。

1. 转变职业观念,树立正确的职业价值观

职业价值观是职业态度的核心,要树立正确的职业价值观,正确看待职业差别。大学生应摒弃传统的"重脑轻体"和"服务行业低人一等"的观念,摒弃拜金主义、实用主义和利己主义的价值标准,关注职业的社会价值,正确对待职业差别,热爱自己即将从事的职业。

2. 培养良好的职业心态,正确对待自己的职业行为

一个人有什么样的职业心态,就会有什么样的职业态度;有什么样的职业态度,就会有什么样的职业行为;而有什么样的职业行为,最终将产生什么样的职业结果。正如美国石油大王洛克菲勒给儿子的信里提到的"天堂与地狱比邻"的比喻,在信中,他告诫自己的儿子:"如果你视工作为一种乐趣,人生就是天堂;如果你视工作为一种义务,人生就是地狱!"

(1) 职业心态的含义

职业心态是指人在从事的职业活动中,根据职业的需求而表露出来的心理素质,或者说,职业心态就是用积极、正面的思维方式主导自己的职业活动,并做出有利于职业成功的职业行为的心理过程。良好的职业心态,如积极主动、坚持不懈、果敢顽强、乐观豁达、感恩奉献、主人翁精神等,会滋养我们的职业人生,会让我们积累小自信,成就大雄心,积累小成绩,成就大事业。而不良的职业心态,如消极应付、打工心态、斤斤计较、心浮气躁、极端地以自我为中心等,会让我们自暴自弃、萎靡不振、玩世不恭,不断地被边缘化,以至于始终感觉"怀才不遇",频繁跳槽或者被淘汰。

(2) 工作中应具备的职业心态

第一,积极的心态。这是职业心态的首位,有两个重要的表现:一是不

轻言放弃;二是不怨天尤人。第二,主动的心态。员工有四件事情要学会主动:一是本职工作要主动;二是协助他人要主动;三是对公司、对团队有利的事情要主动;四是提升能力和素质的事情要主动。第三,空杯的心态。就是要有谦逊的心态,就是要挑战自我,对自我不断扬弃和否定。第四,自信的心态。培养自信心的方法主要有以下八种:破除自卑;开始抬头挺胸;要微笑面对生活;自信心的自我暗示;自信从行动开始;当众发言,学会大声讲话;下定决心;正确地、发展地、全面地看待自己。第五,感恩的心态。要对周围的一切心怀感恩,感恩能让我们坦然面对工作中的起伏、挫折和困难。第六,成功的心态。主要表现在要有敏锐的目光、果断的行动和持续的毅力。

3. 家庭教育、学校教育和社会教育相结合,培养正确的职业态度

(1) 家庭教育

"万般皆下品,唯有读书高"的观念,普遍深植在一般人的脑海里,大多数的家长都希望子女能获得高学历,因此,很多家长只注重孩子的学业成绩,对具有职业试探功能的课程多不重视。其实,职业试探课程,如艺能学科、职业选修课程、技艺教育课程等,除了有陶冶情操的功能外,还可以让孩子了解自己的能力兴趣,培养孩子的职业道德,对孩子职业知识与技能的学习、对未来工作世界的认识都有帮助。因此,家长应多鼓励子女,利用职业试探的机会,好好了解自己的能力与兴趣,以做出对个人最有利的选择。

其次,家长本身也是子女学习的对象,家长的言行举止对孩子的影响相当深远。所以,为人父母者,应该以身作则,对自己的职业抱持乐观、积极、敬业的态度,感染子女,使其对未来的职业亦能充满希望,养成健全的职业态度。

(2) 学校教育

学校是学生受教育的主要场所,学生的许多行为、价值观都是在校园中养成的,学生在选择职业之前的时间大多是在学校度过的,职业态度的养成亦是学校教育的重点之一,特别是职业或专科学校,因此,学校应彻底实行职业试探及职业辅导的工作,以帮助学生养成正确的职业态度。

职业试探可帮助学生了解自己的能力和兴趣;职业辅导则是协助个人了解自己及各种职业数据,并从事选择职业、准备职业技能、进入某种职业,使其在职业上求发展的一种历程。所以,职业辅导对职业态度的养成有很大的影响,学校教育应该彻底落实职业辅导工作。

被尊为"职业辅导"之父的弗兰克·帕森斯提出职业辅导有三项原则:第一,对自己的了解,即了解个人的智力、兴趣、态度和缺陷;第二,对各种职

业成功的认识，提供有关工作所需的态度、教育、训练以及进度和报酬等数据；第三，阐明个人对职业的关系，合理地了解自己和各种事实的关系，以及自己工作的潜能和环境的事实。

为使职业辅导工作顺利进行，学校应建立健全行政体系，拟妥辅导工作计划及具体办法，结合各地区就业辅导中心，加强推动学校职业辅导工作。平时即进行职业准备教育，临毕业前再进行职业选择、职业安置，继之以延续辅导，使学生都能认识、了解各种不同的工作世界，并充分了解自己的能力、兴趣，以及目前国家社会的需求，以便掌握各种环境、机会，加强正确的职业观念，增进就业信心。

(3) 社会教育

终身学习是教育的主要趋势，个人在离开学校之后，便进入了社会这个大环境中，社会教育会对个人产生影响。目前，政府在各地皆成立了就业辅导中心，也积极致力于就业安全制度的建立，职业市场本身必须健全，投入就业市场的个人才会有健全的职业态度。社会教育部分，必须靠大家的努力才能更加完善。

拓 展 阅 读

职场不要抱怨，心态决定一切

在我们的工作中会出现很多的问题，这或许会让你觉得心理不平衡，但是在你工作的场合中，你千万不能总是抱怨这些事情，心态决定一切。

1. 私生活

工作和生活不可混为一谈。家里的矛盾、夫妻间的摩擦都不要放到工作中来宣泄，这样做只会让你成为同事茶余饭后的谈资，并损坏个人形象。

2. 上司

老板与员工的地位差异必然会产生矛盾，聪明的员工会懂得隐藏个人恩怨，把精力放在公司的最终目标上。

3. 升迁

升迁的机会是可遇不可求的，要想获得升职机会，就要比别人做得更出色。与其抱怨老板不能慧眼识珠，不如主动和他讨论你的工作目标、需要提升的技能及发展计划。

4. 薪水低

公司内部员工之间的工资水平是有差异的，与其抱怨工资少，不如好好表现,让工资与业绩对等起来。

5. 任务重

面对繁重的任务,关键是如何应付。建议列个清单,制定好工作目标并坚持做完,把抱怨的时间和精力投入到计划执行中去,工作效率就会显著提高。

6. 交通问题

抱怨上下班消耗过多时间毫无意义,这是你入职前就该考虑的问题。可以通过多种方式改善上下班的交通心情,如利用这段时间看看书、听听音乐等。

主题二 人格与职业人格

一、人格

(一) 概述

1. 人格的含义

人格也称个性,这个概念源于希腊语 persona,原意为舞台上用的假面具,后转化演绎为更深广的文化概念。在《现代汉语词典》中,"人格"有三个义项:① 人的性格、气质、能力等特征的总和。② 个人的道德品质。③ 人作为权利、义务主体的资格。

一般意义上的"人格",表现为人的内在素质与外在素质的统一体,包含生理、心理、社会和道德等各方面的特性,既指人的性格、气质、能力等特征的总和,也指个人的道德品质和人能够作为权利、义务主体的资格。广义的人格是指一个人的整体精神面貌。狭义的人格是指人的兴趣态度、价值观、情绪、气质、性格等内容。人格是一个人稳定恒久的整体心理与精神世界的综合反映,是先天的遗传特征与后天的生活环境相结合的结果。

人格是一个人的性格、志趣、心理气质和能力等特征的总和及个人道德品质的集中表现。高尚的人格是一个人知识积累、智慧力量、道德修养和意志磨炼的结晶。完美高尚的人格是伟人、圣贤、英雄的特征,不健全的人格将导致个体走向失败甚至犯罪。

通俗地讲,人格是个人在社会中的地位和作用的统一,是个人做人的尊严、价值和品格的总和。

2. 人格的特征

人格的特征主要有四个方面,它们分别是人格的独特性、稳定性、统合性和功能性。

(1) 独特性

一个人的人格是在遗传、环境、教育等因素的交互作用下形成的。不同的遗传、生存及教育环境,形成了各自独特的心理特点。人与人没有完全一样的人格特点。所谓"人心不同,各有其面",这就是人格的独特性。但是,人格的独特性并不意味着人与人之间的个性毫无相同之处。在人格形成与发展中,既有生物因素的制约作用,也有社会因素的作用。人格作为一个人的整体特质,既包括每个人与其他人不同的心理特点,也包括人与人之间在心理、面貌上相同的方面,如每个民族、阶级和集团的人都有其共同的心理特点。人格是共同性与差别性的统一,是生物性与社会性的统一。

(2) 稳定性

人格具有稳定性。个体在行为中偶然表现出来的心理倾向和心理特征并不能代表他的人格。俗话说,"江山易改,禀性难移",这里的"禀性"就是指人格。当然,强调人格的稳定性并不意味着它在人的一生中是一成不变的。随着生理的成熟和环境的变化,人格也有可能产生或多或少的变化,这是人格可塑性的一面。正因为人格具有可塑性,才能培养和发展人格。人格是稳定性与可塑性的统一。

(3) 统合性

人格是由多种成分构成的一个有机整体,具有内在统一的一致性,受自我意识的调控。人格统合性是心理健康的重要指标。当一个人的人格结构在各方面彼此和谐统一时,他的人格就是健康的。否则,就可能会出现适应困难,甚至出现人格分裂。

(4) 功能性

人格决定一个人的生活方式,甚至决定一个人的命运,因而是人生成败的根源之一。当面对挫折与失败时,坚强者能发愤拼搏,懦弱者会一蹶不振,这就是人格功能的表现。

根据其特征,我们可以在心理学上将人格定义为:人格是个人在适应环境的过程中所表现出来的系统的、独特的反应方式,它由个人在其遗传、环境、成熟、学习等因素交互作用下形成,并具有很大的稳定性。

3. 人格的类型

(1) 单一类型理论

单一类型是根据一群人是否具有某一特殊人格来确定的。最典型的单一类型理论是 T 型人格理论,由美国心理学家弗兰克·法利提出。T 型人格是一种好冒险、爱刺激的人格特征。

T 型人格根据冒险行为的性质可以细分为 T＋和 T－。T＋表示冒险行为朝向健康、积极、创造性的方向,如赛车、探险等。T＋型人格根据活动特点又可分为体格 T＋类型和智力 T＋类型。体格 T＋类型如运动员各种运动,智力 T＋类型如科学家对科学技术的探新。T－表示冒险行为朝向破坏性质,如酗酒、吸毒、暴力等。

(2) 对立类型理论

依据某一人格特性的两个相反方向来确定。

① A—B 型人格。

福利曼和罗斯曼描述了 A—B 型人格类型,人们在研究人格和工作压力的关系时,常用到这种人格类型。A 型人格:性格急躁,缺乏耐心;成就欲高,上进心强,有苦干精神,工作投入,有时间紧迫感和竞争意识,动作敏捷,说话快,生活处于紧张状态;社会适应性差,属于一种不安定型人格。B 型人格:性情温和,举止稳当,对工作和生活的满足感强,喜欢慢节奏的生活,可以胜任需要耐心和谨慎思考的工作。

② 内—外向人格。

由瑞士著名人格心理学家荣格依据心理倾向来划分人格类型,最先提出了内—外向人格类型学说。内向人格把兴趣和关注点指向主体,特点是自我剖析、做事谨慎、深思熟虑、交往面窄,有时会出现适应困难。而外向人格把兴趣和关注点指向外部客体,特点是注重外部世界、情感外露、热情奔放、当机立断、独立自主、善于交往、行动敏捷等。

(二) 人格理论

1. 奥尔波特的人格特质理论

奥尔波特首次提出了人格特质理论。奥尔波特把特质分成共同特质和个人特质。

共同特质是在某一社会文化形态下,大多数人或一个群体所共有的相同的特质。在研究人格的文化差异时,可以比较不同文化中的共同特质。个人特质指的是个体身上所独具的特质。个人特质又分为首要特质、中心特质、次要特质。首要特质是一个人最典型、最有概括性的特质;中心特质是构成个体独特性的几个重要的特质,每个人身上有 5—10 个中心特质;次要特质是个体的一些不太重要的特质,在一般情况下并不表现出来,往往只在特殊的情况下才表现出来。

2. 卡特尔的人格特质理论

卡特尔用因素分析的方法对人格特质进行了分析,提出了基于人格特质理论的一个理论模型。模型分成四层,即个别特质和共同特质,表面特质和根源特质,体质特质和环境特质,动力特质、能力特质和气质特质。

其一,个别特质和共同特质:与奥尔波特的人格特质理论观点相同。

其二,表面特质和根源特质:表面特质是从外部行为可以直接观察到的特质。根源特质是制约表面特质的潜在基础,是人格的内在因素。

其三,体质特质和环境特质:从根源特质可以区分出这两种特质。体质特质由先天的生物因素决定,如卡特尔 16 种人格因素问卷(16PF)中的兴奋性、情绪稳定性等。环境特质由后天的环境因素决定,如 16PF 中的忧虑性、有恒性等。

其四,动力特质、能力特质和气质特质:动力特质具有动力特征,使个体朝向某一目标,包括生理驱力、态度和情操。能力特质表现在知觉和运动方面的差异,包括流体智力和晶体智力。气质特质是决定一个人情绪反应速度与强度的特质。卡特尔用因素分析的方法提出了 16 种相互独立作用的根源特质,从而编制了"卡特尔 16 种人格因素问卷"。他认为在每个人身上都具备这 16 种特质,只是在不同的人身上的表现有程度上的差异。所以,可以对人格进行量化分析。

3. 现代特质理论

(1) 三因素模型

艾森克依据因素分析法提出了人格的"三因素模型"。这三个因素是:外倾性,表现为内、外倾向的差异;神经质,表现在情绪稳定性上的差异;精神质,表现为孤独、冷酷、敌视、怪异等负面人格特征。这三个因素的不同程度的表现构成了千姿百态的人格特点。艾森克依据这一模型编制了艾森克人格问卷,该量表在人格评价中得到了广泛的应用。

(2) 人格大五理论(The Big Five)

塔佩斯用词汇学方法对卡特尔的特质变量进行再分析,发现五个相对稳定的人格因素。

第一,经验开放性(openness to experience):反映出想象、审美、情感丰富、求异、创造、智能等特质。第二,尽责性(conscientiousness):显示了胜任、公正、条理、尽职、成就、自律、谨慎、克制等特质。第三,外倾性(extraversion):表现为热情、社交、果断、活跃、冒险、乐观等特质。第四,宜人性(agreeableness):反映出信任、直率、利他、依从、谦虚、移情等特质。第五,情绪不稳定性(neuroticism):包括焦虑、敌对、压抑、自我意识、冲动、脆弱等。

这五个特质的头一个字母构成了"OCEAN"一词,代表了人格的海洋。麦可雷和可斯塔编制了"大五人格因素测定量表"。这是目前应用最为广泛的人格测定量表之一。

4. 精神分析人格理论

精神分析人格理论以弗洛伊德的理论为代表,他的人格理论包括以下基本内容:

(1) 人格动力论

人格的核心是人内在的心理事件,这些心理事件发动了行为,或构成了行为的意图。人的行为的动机来源在于心理能量,这些能量来自先天的驱力和本能。行为的动机通常是无意识的。

(2) 人格结构

人格结构包括以下三个成分:本我(id),本能需要的满足,遵循快乐原则;自我(ego),遵循现实原则;超我(super ego),遵循理想原则。本我是无意识部分,自我和超我是意识部分,属于人格控制系统。

(3) 自我防御机制

自我防御机制是指自我所运用的心理策略,以此保护自己避开日常生活中体验到的种种冲突。常见的自我防御机制有压抑作用、投射作用、合理化作用、反向作用、升华作用、转移作用等。

(三) 健康人格

健康人格是指各种良好人格特征在个体身上的集中体现。心理学对人格的研究重点曾经在于"人性的疾病"(心理疾病)方面,但现在更关心"人性的健康"(心理健康)方面。研究人性的健康的目的是要打开并释放人的潜能,以实现和完善我们的能力。

1. 健康人格的内涵

一个人的人格是否健康会影响自身的行为和认知,当人格不健全时,他的行为和认知会出现偏差,当这种情况严重的话会出现错误的行为,这就不仅影响到他自身的生活,也可能影响到他人的生活。有一个健全的人格的人不仅自身幸福,也能给周围的人带来欢乐,健康的人格对自身有着一种深远的影响。人格会影响人的判断能力和选择,有一个健全的人格可以使人做出最适合人生的选择,它关系自身的心理健康。

健康人格包括以下几个方面:一是和谐的人际关系;二是良好的社会适应能力;三是正确的自我意识;四是乐观向上的生活态度;五是良好的情绪调控能力。

2. 健康人格的判断标准

(1) 现实态度

一个心理健康的成年人会面对现实,不管现实对他来说是否愉快。比如,他喜欢驾车,并意识到开车会遇到种种危险,因此经常检查刹车系统、车胎、车灯等部件。而一个不成熟的人却可能想不到会有危险发生,往往不会去采取预防措施。

(2) 独立性

一个人格健康的人办事凭理智,很稳重,并能适当听取合理建议。而一个不成熟的人常会感到遇事很难下决心,总希望别人来指点他应该如何行动。前者能够做出决定,并乐于承担由此带来的一切后果;而后者常常是出了差错,就推卸责任,怨天尤人,有了成绩,则过分夸耀,要求表扬。

(3) 爱别人的能力

一个健康、成熟的人能从爱自己的配偶、孩子、亲戚,甚至从帮助陌生人中得到乐趣。相反,一个不成熟的人爱起别人来很吝啬,总希望自己是人们关切的中心。

(4) 适当地依靠他人

一个成熟的人不但可以爱他人,而且乐于接受别人的帮助和爱。自如地接受帮助和给予是一个人成熟和健康的表现。

(5) 发怒时能自控

人格健康的人即便在生气时,也能把握分寸,不会失去理智。他可能有时会发脾气,但绝不会因为一些鸡毛蒜皮的小事而大发雷霆。

(6) 有长远打算

一个人格健康的人会为了长远利益而放弃眼前利益。如一个精明的商人,不会为了赚一时的小钱而制造伪劣商品。

(7) 善于休息

一个人格健康的人在休息时心境坦然,尽情放松,所以在工作时精力充沛。相反,情绪不太稳定的人常感到被迫做某事,很少从休息中获得快乐。

(8) 慎重调换工作

人格健康的人往往很喜欢自己的工作,不见异思迁。他不会由于有个别的上司不好相处而轻易调换工作,因为他有干好工作的热情和能力。

(9) 善于宽容和学习

人格健康的人对孩子钟爱和宽容,对他人也能宽容谅解,尤其宽容他人的缺点,能和持不同意见的人相处。同时,一个人格健康的人还非常善于学习。

(四) 人格障碍

1. 人格障碍的含义

人格障碍,又称病态人格、变态人格、精神病态、人格异常等。所谓人格障碍,是指儿童期或青少年期发展起来的严重人格缺陷或病理人格改变,或者人格在总体上不适应的一类心理疾病。人格障碍有广义和狭义两种不同概念。欧美各国都持广义观点,主张除了传统的反社会型病态人格外,人格障碍还包括偏执型、分裂型、情感型、暴发型、强迫型、癔症型、衰弱型、幼稚型以及纵火癖、偷窃癖、说谎癖等数十种类型。多数精神病学家认为本症不是一种真正的精神病,而是一种人格异常、病理人格、心理变态,是极端偏离普通人的人格范畴的心理障碍。它们在表现形式和处理方法上也与一般精神病不同。人格障碍患者的犯罪行为是需要负法律责任的,但可以减轻量刑尺度。在心理医学中,按照传统习惯仍将病态人格与性变态放在心理疾病的范畴中探讨,是一种表现在人格方面,即心理功能第二层次的个性心理特征方面的病理形态。

2. 常见人格障碍的种类和主要表现

(1) 自恋型人格障碍

对自恋型人格障碍的诊断,目前尚无完全一致的标准。一般认为,其特征主要如下:对批评的反应是愤怒、羞愧或感到耻辱(尽管不一定当即表露出来);喜欢指使他人,要他人为自己服务;过分自高自大,对自己的才能夸大其词,希望受人特别关注;坚信自己关注的问题是世上独有的,不能被某些特殊的人物了解;对无限的成功、权力、荣誉、美丽或理想的爱情有非分的幻想;认为自己应享有他人没有的特权;渴望持久的关注与赞美;缺乏同情心;有很强的嫉妒心。

(2) 表演型人格障碍

表演型人格障碍是一种以过分情感化或用夸张的言行吸引注意为主要特点的人格障碍。这类人感情多变、容易受别人的暗示影响,常希望领导和同事表扬和敬佩自己,愿出风头,积极参加各种人多的活动,常以外貌和言行的戏剧化来引人注意。他们常感情用事,用自己的好恶来判断事物,喜欢幻想,言行与事实往往相差甚远。

(3) 分裂型人格障碍

分裂型人格障碍患者主要表现出缺乏温情,难以与别人建立深切的情感联系,因此,他们的人际关系一般很差。他们似乎超脱凡尘,不能享受人间的种种乐趣,如夫妻间的交融、家人团聚的天伦之乐等,同时也缺乏表达人类细腻情感的能力。故大多数分裂型人格障碍患者独身,即使结了婚,也多以离婚告终。一般说来,这类人对别人的意见也漠不关心,无论是赞扬还是批评,均无动于衷,过着一种孤独寂寞的生活。其中有些人,可能有些业余爱好,但多是阅读、欣赏音乐、思考之类安静、被动的活动,部分人还可能一生沉醉于某种专业,做出较高的成就。但从总体来说,这类人生活平淡、刻板,缺乏创造性和独立性,难以适应多变的现代社会生活。

(4) 攻击型人格障碍

攻击型人格障碍是一种以行为和情绪具有明显冲动性为主要特征的人格障碍,又称为暴发型或冲动型人格障碍,通常有以下特点:情绪急躁易怒,存在无法自控的冲动和驱动力;性格上常表现出向外攻击、鲁莽和盲动性;冲动的动机形成可以是有意识的,亦可以是无意识的;行动反复无常,可以是有计划的,亦可以是无计划的,行动之前有强烈的紧张感,行动之后体验到愉快、满足或放松感,无真正的悔恨、罪恶感;心理发育不健全和不成熟,经常导致心理不平衡;容易产生不良行为和犯罪的倾向。

(5) 强迫型人格障碍

强迫型人格障碍患者过分注意自己的行为是否正常,举止是否恰当,因此表现得特别死板。如走路时有数路旁电线杆的习惯,锁上门后反复查看。他们疑虑过分,自信心不足,总有一种不完善之感,过分谨慎小心,遇事循规蹈矩,墨守成规,很少标新立异或独创。由于他们事事都追求尽善尽美和完整精确,因此,不论做什么事都要反复检查核对,怕出差错。他们还常要求别人根据自己的思维方式和习惯行事,有时妨碍他人的自由。

(6) 回避型人格障碍

又叫逃避型人格。其最大特点是行为退缩、心理自卑,面对挑战多采取回避态度或无能应付。有回避型人格障碍的人被批评指责后,常常感到自尊心受到了伤害而陷于痛苦,且很难从中解脱出来。他们害怕参加社交活动,担心自己的言行不当而被人讥笑讽刺,因而即使参加集体活动,也多是躲在一旁沉默寡言。在处理某个一般性问题时,他们往往也表现得瞻前顾后,左思右想,常常是等到下定决心,却又错过了解决问题的时机。在日常生活中,他们多安分守己,从不做那些冒险的事情,除了每日按部就班地工作、生活和学习外,很少去参加社交活动,因为他们觉得自己的精力不足。这些人在单位一般都被领导视为积极肯干、工作认真的好职员,因此,经常得到领导和同事的称赞,可是当领导委以重任时,他们却都想方设法推辞,从不接受过多的社会工作。

(7) 偏执型人格障碍

又叫妄想型人格。其行为特点常常表现为:极度的感觉过敏,对侮辱和伤害耿耿于怀;思想行为固执死板,敏感多疑、心胸狭隘;爱嫉妒,对别人获得成就或荣誉感到紧张不安,妒火中烧,不是寻衅争吵,就是在背后说风凉话,或公开抱怨和指责别人;自以为是,自命不凡,对自己的能力估计过高,惯于把失败和责任归咎于他人,在工作和学习上往往言过其实;同时又很自卑,总是过多过高地要求别人,但从来不信任别人的动机和愿望,认为别人存心不良;不能正确、客观地分析形势,有问题易从个人感情出发,主观片面性大;如果建立家庭,常怀疑自己的配偶不忠;等等。持这种人格的人在家不能和家人和睦相处,在外不能与朋友、同事融洽相处,别人只好对他敬而远之。

(8) 依赖型人格障碍

对亲近与归属有过分的渴求,这种渴求是强迫的、盲目的、非理性的,与真实的感情无关。依赖型人格的人宁愿放弃自己的个人趣味、人生观,只要能找到一座靠山,时刻得到别人对他的温情就心满意足了。依赖型人格的这种处世方式使得他越来越懒惰、脆弱,缺乏自主性和创造性。由于处处委曲求全,依赖型人格障碍患者会产生越来越多的压抑感,这种压抑感阻止着他为自己干点什么或有什么个人爱好。

(9) 反社会型人格障碍

其最明显的行为特征是行为不符合社会规范,妨碍了公众利益,不负责任,撒谎、欺骗、伤害他人习以为常,在做了违法乱纪的事情之后,缺乏内疚、罪责感,也无羞耻之心,还强词夺理,为自己的错误辩解。对人冷酷、粗暴、不诚实。有时挑起事端,斗殴、攻击别人。他们不能吸取教训,甚至惩罚都难以令其悔改。他们的智力一般正常,不少人表现得有见识、有才能,能赢得别人的好感和信任。在一个集体中他们人数极少,但危害性极大。

(10) 焦虑型人格障碍

焦虑型人格的特点是懦弱胆怯,这种人一般从童年起就表现得胆小、怕事,易惊恐,敏感怕羞,对任何事都表现得惴惴不安,在新的情况下易发生焦虑反应。这种人易患焦虑症。

(五) 人格魅力

1. 人格魅力的含义

在当今社会中,为人处世的基本点就是要具备人格魅力。何谓人格魅力?首先,要弄清什么是人格和魅力。人格是指人的性格、气质、能力等特征的总和,也指个人的道德品质和人作为权利、义务主体的资格。魅力是指思想感情方面特别吸引人的一种力量。这种力量对人所产生的影响,是不可抗拒的。而人格魅力则指一个人在性格、气质、能力、道德品质等方面具有的很能吸引人的力量。人格魅力就是人格的感召力、吸引力和影响力,是人的心理特征及特有的素质、能力和道德品质在社会生活中的体现而产生的威望、信誉和力量。人格魅力是能够产生吸引力的人的性格、气质和能力,以及思想、道德、情感、学识的有机融合,是能产生吸引力的内在素质及其外在表现。

在今天的社会里,一个人能受到别人的欢迎、容纳,那么他实际上就具备了一定的人格魅力。一个人具有人格魅力,就能增强其亲和力、感召力和凝聚力。一个人在社会上被他人所喜爱,大体上来自于三个方面,或曰三种魅力:一是外貌,包括体格、外表等,这主要来源于先天;二是才智和知识技能,这要靠后天的修炼;三是人格,这完全是一种独立于"貌"和"能"之外思想和精神境界的修炼。貌不惊人,才不超群,但在人格上却可以卓然而立。精神之力,盖超乎外貌之魅和才智之强,别是一种震撼,一种导引与向往。人格魅力有先天形成的部分,但更重要的是后天自身的悟性和修养。具有人格魅力不是一朝一夕的功夫,更非刻意的做作,只有始终如一地用各种知识来丰富自己,用各种道德修养来约束自己,以各种具有优秀人格魅力的人为榜样来改造自己,才能具有这种发自内心世界的气质美。

拓 展 阅 读

小路的"临走交代"

小路大学毕业后被招聘到一家大型家电公司做销售工作。小伙子来自农村,有一股拼劲,而且对销售工作很热衷,所以业绩一直不错。但美中不足的是,小路和主管的关系总是有些不协调。终于有一天,因为一件也许根本就不值一提的事情,两人吵了起来,最后小路一怒之下向老总递交了辞呈。老总对小路的印象一直不错,他考虑了良久,最后说:"把你手中的业务清理一下交给我,我会同意的。"

三个小时后,小路交给老总四份文件。第一份,关于自己本月内需要结算的各种业务上的经济往来;第二份,关于目前已经建立良好合作关系的单位名称,上面有每个负责人的地址和联系电话,甚至包括了各个老板的喜好;第三份,目前正在争取的客户名单,资料中列举了这些单位经理的籍贯和简历,比如谁当过兵,谁下过乡,谁离过婚;第四份,是对于还没有开展业务地区的攻关计划。

面对小路的"临走交代",老总有些吃惊。他最后的批复是:小路留下做主管,而那位主管将被降职调离这个部门。当那位主管向老总讨个说法时,老总说:"像小路这样的人才,你和他处不好关系,这本身就是失职。"一个人对自身品质的坚持,既可以表现在你求职时,也能表现在你辞职时,这就是所谓的人格魅力。

2. 人格魅力产生的基础

(1) 社会基础

一是人们对良好人格的追求是社会交往、人际关系的需要。作为"万物之灵",人既是自然的人,又是社会的人。作为社会的人,无论在什么样的社会形态里,都不可能孤立存在。离开社会、离开人与人之间的交往,人也就不成其人。在社会生活中,人际关系常常表现为一种情感上的联系和心理上的相互吸引。无论是谁,都希望在社会交往中建立起良好的人际关系。一个人的人际关系越好,他的朋友就越多,就越能使自己得到满足感和自信心,增加自己的智慧和力量,从而受到他人的喜爱和尊重,使自己的生存环境得到改善,社会地位得到提高。人们对人格魅力的认知与追求正是源于这种人际关系的需要。

二是个体人格魅力取决于社会的认可与评价。人格魅力是在人与人的交往、相处中实现的。魅力源自于个人，但作用于他人，影响于他人，实现于他人。一个人有没有人格魅力，并没有一个统一的标准，也无法予以量化。谁都渴望自己与周围的人关系和谐融洽，友好相处，获得他人的信任、理解和友谊。然而，良好人际关系的产生取决于交往双方，即一个人不但要接受他人，同时还要能为他人所接受，相互间的关系才会不断发展。如果大家觉得与某人交往并非是一件顺利的事情，或者对他没有好感，即使他乐于同别人交往，人们也未必接受他。一个人的人格魅力如何，衡量的尺度掌握在公众手中，唯一标准只能是他周围大多数人的认可程度、喜爱程度。有人格魅力的人得到尊重、拥护和爱戴，无需要求与强迫，也无需任何功利和诱惑，他人完全由于被其高尚的人格所感动、所征服。没有或缺乏人格魅力的人，也绝不可能用金钱或者别的什么手段买到人格魅力或使自己的人格魅力丰富起来。

三是良好的人格是在人与人互相交往、互相影响的过程中学习而成的。一个人良好人格的形成过程实际上是一个学习的过程。善于学习的人总是能够看到周围每个人身上所具有的优良品质并学为己有，把分散于很多人身上的优秀品质尽可能地集中到自己的身上，从而能够成为一个魅力四射的人。从这个意义上说，人格魅力是社会关系的产品。著名诗人约翰·唐曾经说过："没有别人，你只是一座孤岛。"也许每个人在这个广阔的世界上，都能建立一个属于自己的天地，但可以肯定的是，这些小天地都是相互联系、彼此依靠的。今天，随着人与人之间的交往更加便捷、密切，人际关系在一个更高级的层次和更广阔的层面上被紧密地联系起来，人们相互影响、相互学习的关系得到进一步的强化。

四是人格魅力的意义在于它的社会意义，离开社会意义，人格魅力的意义也就无从谈起。人际关系是一种最基本的关系，也是一种最复杂的关系。主观上，我们常想尽善尽美地处理好各种人际关系，但客观上，我们却常常为各种人际关系间的纠葛与矛盾所烦恼和痛苦。我们探讨表现人格魅力的心理学规律，就是要通过与人沟通心灵，加深理解，从而促进人际关系向理想的方向发展。人格魅力是在人际关系、社会交往中通过相互学习、相互影响形成的，对人格魅力水平的评价取决于社会公众的舆论，人格魅力的实现依赖于公众的认可程度。所有这些都充分表明，人格魅力的意义完全决定于人际关系、社会交往。离开人际关系、社会交往，人格魅力的意义就无从谈起，失去了它存在的意义。个人品质的吸引力，在于一种使人喜爱、仰慕并渴望接近的性格品质。这种反映一个人的精神和品德的内在属性，能以磁石般的吸引力使众人聚集在其周围。

(2) 道德基础

道德是人类社会特有的现象，人类总是在一定的社会关系中生存和发展的。为了维护劳动、生活的正常进行和社会生活的稳定，人们必须对相互之间的关系进行必要的调节，对个人的行为进行必要的约束。道德便是这种调节、约束的重要手段之一。换言之，道德是为人处世的行为准则。

道德是由一定社会的经济关系所决定的特殊意识形态，是以善恶评价为标准，依靠社会舆论、传统习惯和内心信念所维持的，调整人们之间以及个人与社会之间关系的行为规范的总和。

因为道德是由社会经济关系决定的，所以任何超阶级、超政治的道德都是不存在的。道德作为一种特殊的规范调节方式，其特殊性主要表现在三个方面。第一，道德规范是一种非制度化的规范。它不像政治规范、法律规范那样是制度化的规范，而是表现在人们的视听言行上，深藏于人的品格、习性和意向之中。第二，道德规范不使用强制手段迫使人们就范。道德规范的实施主要是借助于传统习惯、社会舆论及内心信念来实现的。传统习惯是一种行为准则，社会舆论的力量是一个"精神法庭"，内心信念是一个无形的"法官"，任何不道德的行为都难逃它的"审判"。第三，道德是一种内化的规范。道德规范只有在为人们真心诚意地接受，并转化为人的情感、意志和信念时，才能得到实施。内化的规范也称为良心，良心是人们思想、言行的标准和尺度。道德必须要有内在的善良的愿望才能加以遵守，那种迫于外界压力而循规蹈矩的人，在法律意义上是好公民，但不一定是道德意义上的君子。道德是一种实践精神。道德是一种以指导行动为目的、以形成人们正确的行为方式为内容的精神，因此它又是实践的。道德作为特殊的实践精神，不同于科学、艺术等其他精神。科学以真假掌握现实世界，艺术以美丑掌握现实世界，道德则以善恶掌握现实世界。

道德是以个人自律和社会舆论评价的方式调节人与人、个人与社会之间相互关系的标准、原则和规范的总和，也指与此相适应的行为与活动。在中国古代，道德含义较广，但主要指行为规范、品行修养、善恶评价等。其作用的方式在于通过传统习惯、社会舆论及内心信念对人们的道德行为进行价值判断。在社会或群体层次上,道德表现为社会或群体的道德理想、道德规范及社会生活各领域中的职业道德、婚姻家庭道德、共同生活准则等。在个人层次上,道德表现为个人在道德方面的意识、修养、情感、意志、品质等。在这两个层次上,道德都是通过人们的舆论和态度上的评价、选择分清善恶而发挥作用的。

  道德评价依据个体自身或一定社会群体的标准,对道德现象做出分析判断和鉴别,常通过好、坏、对、错、善、恶、荣、辱、屈、尊等形容词的描述来实现。道德情感是人们对现实生活中的道德关系和道德行为好与恶、爱与憎等的情绪和态度,是道德意识的重要内容和道德品质的重要构成因素。从道德观念和人们的道德评价、道德情感来看,其与社会对人格的评价、人格的情感是非常一致的。人格虽是人的性格、气质、能力等特征的总和,但人格之本不是性格,不是气质,也不是能力,而是品德。金钱买不来品德,权力换不来品德,邪恶压不住品德,越是在金钱和权力面前,越是在邪恶猖獗的时候,越是在浩浩的历史长河之中,品德越是闪光,越是具有不可战胜的伟大力量。人格魅力,是人的性格、气质和能力等特征以及人的思想、道德、情感、学识、素质的内在结构与行为表现的有机融合。从人格魅力的主要构成来看,尽管良好的人格包含了人的性格、气质、能力和道德品质,但最具魅力的无疑是个人的道德水准。一位德国的哲学家说过:"人格的魅力价值来自于他个人所具备的优秀品质。"贝多芬也说过:"把'德性'教给你们的孩子,使人幸福的是德性而非金钱。这是我的经验之谈。在患难中支持我的是道德,使我不曾自杀的,除了艺术以外也是道德。"古罗马奥维德言道:"使一个人伟大,并不在于富裕和门第,而在于可贵的行为和高尚的品德。"

  在构成人格的要素中,德性是人格的核心,是人之为人的根本所在。人格是评价人们道德行为的尺度,高尚人格是以高尚道德品质为核心的行为特征的总和。人们往往以道德的标准来综合评价一个人的人格。这种评价一般包括三个方面:为人的态度是否正直诚实;待人的态度是否忠实信义;处事的态度是否主持公道。人们平常说某领导人格高尚,也主要是从道德方面给人的评价。领导干部高尚人格的影响力,是指由领导干部的职务、地位、权力以外的东西所形成的影响力,即是由其道德品质、思想觉悟、能力素质等多方面因素所组成的,但其中处于主导地位的还是道德品质方面。这种人格越是高尚,越是具有不可战胜的力量,越会受到追捧与崇敬。中国哲人说:"立人之道,曰仁与义。"西方哲人斯宾诺莎说:"德性是人的最人性化的状态,是人的真正本性的实现。"可见,人格的要义是道德意味上的,即道德人格。作为人身上最为持久、最为稳定的东西,德性是人与其他动物相区别的内在规定性,它标志着一个人在任何情境中都能表现出来的尊严、价值和品质,确定了人的自律道德主体地位,表明其具有履行道德义务和承担责任的能力。

(3) 性格基础

人格魅力的基础还在于人的性格特征。

第一,在对待现实的态度或处理社会关系上,表现为对他人和对集体真诚热情、友善、富于同情心,乐于助人,喜欢与人交往,关心和积极参加集体活动;对待自己严格要求,有进取精神,自励而不自大,自谦而不自卑;对待学习、工作和事业,表现勤奋认真。

第二,在理智上,表现为感知敏锐,具有丰富的想象力,在思维上有较强的逻辑性,尤其是富有创新意识和创造能力。

第三,在情绪上,表现为善于控制和支配自己的情绪,保持乐观开朗、振奋豁达的心境,情绪稳定而平衡,与人相处时能给人带来欢乐的笑声,令人精神舒畅。

第四,在意志上,表现出目标明确、行为自觉、善于自制、勇敢果断、坚韧不拔、积极主动等一系列积极品质。

具有上述这些良好性格特征的人,往往是在群体中易受欢迎和受倾慕的人,可称为"人缘型"的人。

3. 人格魅力的表现

(1) 沉稳

沉稳是一个人人格魅力的重要体现。在人际交往中,我们不要随便显露自己的情绪,也不要逢人就诉说自己的困难和遭遇。在征询别人的意见之前,自己先思考,不要先喋喋不休。讲话时要保持沉稳的状态,不要一有机会就唠叨自己的不满。微笑也是保持沉稳的一个好办法。

(2) 细心

细心的人一般会受到人们的赞赏。我们对身边发生的事情,要常常思考它们之间的因果关系。无论做什么事情,都要养成有条不紊和井然有序的习惯。对习以为常的做事方法,要能够提出改进或优化的建议。同时,自己要随时随地对有所不足的地方进行改正。

(3) 胆识

有胆识,是人格魅力的又一体现。胆识的锤炼和提升是多方面的。例如,不要常用缺乏自信的词句;不要常常反悔,轻易推翻已经决定的事;在众人争执不休时,要有自己的主见;整体氛围低落时,要乐观、阳光等。

(4) 大度

不要刻意把有可能是伙伴的人变成对手。对别人的小过失、小错误,不要斤斤计较。在金钱上要大方。不要有权力的傲慢和知识的偏见。任何成果和成就都应和别人分享。

(5) 担当

检讨任何过失的时候,应先从自身或自己人开始反省。事项结束后,先审查过错,再列述功劳。认错从上级开始,表功从下级启动。着手一个计划,先将权责界定清楚,分配得当。

(6) 诚信

诚信是立国之本、立身之本、立业之本,是彰显人格魅力的根本。个人以诚立身,就会做到公正无私、不偏不倚,讲究信用,就能守法、守约、取信于人,就能妥善处理好人与人、个人与社会的关系。

在我们的工作和生活中,做不到的事情不要轻易承诺,承诺了就要努力做到。停止一切违反诚信的不道德手段。不妨计算一下产品或服务的诚信代价,那就是品牌成本。

> **案例分析**
>
> **诚信做人**
>
> 张军大学毕业后应聘到一家民营企业做研发工作,经过一年多的努力,他成功地开发出一种新型软件,企业因此获得良好利润,但张军工资却没有增加。这时,张军的一个同学劝他到另一家大企业就职,并说工资可以提高五倍。张军认为自己和企业所签订的协议还没有到期,礼貌地拒绝了这一提议。
>
> 从这个案例中,我们可以发现主人公张军是一个诚实守信的人。诚实守信在工作中具有十分重要的作用,诚实守信的人更容易赢得他人的信任与尊重,体现出自身的人格魅力。

(7) 智慧

知人知己,大智若愚,智慧已成为这个世界的主宰。国际未来学研究所儒佛内尔博士说过:"明天的资本,就是智慧。"智慧的力量是无限的。运用智慧办事时,你会感到左右逢源、得心应手,乃至精力始终充沛,创造的欲望和灵感始终在身心中流淌。所以,智慧是修身、治国、齐家的力量,也是人格魅力的源泉。

(8) 博爱

博爱是一种特殊的爱,为仁者之爱,其对象是全人类。博爱强调人与人之间平等,强调互相帮助。博爱以爱为基础,包括爱集体、爱祖国、爱人民、爱生命、爱人类的生存环境、爱大自然、爱人类的劳动创造、爱文明进步、爱一切真善美的事物。

4. 人格魅力的提升方法

(1) 明确自己的方向和理想,培养积极乐观的生活态度

有很多人生活不够积极,主要原因在于其并不明确自己的方向和理想。如果你有自己的理想,就会积极地去实现自己的理想,充满激情地前进。拥有乐观积极的生活态度,秉持努力进取的精神,无论是在学习、工作还是生活中,都有着重要作用。具有明确的方向和理想,生活态度积极乐观的人,能充分展现自我的人格魅力,更容易给他人留下深刻印象。

(2) 有自知之明,不断地学习

古人云:"人贵有自知之明。"就是说,一个人最难得的是知道自己的优点和缺点。只有真正了解自己,才能知道如何发扬自身优势和从何处改进自己。

学习不是指找专门的"人格魅力"的书籍去学习,这里所说的学习是指广义的学习,是需要长年累月的积累的学习。学习的内容主要包括四点。第一,学习自己喜欢的所有专业,阅读多种书籍,掌握更多、更全面的知识。如果能掌握更多专业以外的知识,就更能获得人们的"意外的欣赏",从而使他人更能感受到你的人格魅力。第二,从实践中学习解决、处理问题的能力。突出的能力也能展现出自我的人格魅力。比如一个设计水平很高的人在设计师的圈子很有吸引力和影响力,当然,在其他行业的人的眼里,也会因为其在设计领域的成绩而欣赏他、尊重他。总之,在某一领域的突出能力是人格魅力的基础。第三,学习身边高尚的人的品格,努力做个高尚的人,这也能提高自己的人格魅力。第四,学习为人处世的技巧,善于与人交往,处理好人际关系。

(3) 要有宽阔的胸怀,宽容待人,对人厚道谦虚

要心胸开阔,不能得理不饶人,无理占三分,要学会尊重他人的想法和生活,有容人之量的人在被人尊敬的同时也会显示出自己的魅力。输给了对方或对方的进步和收获是你梦寐以求、想得而得不到的时候,要能够真心诚意地恭喜对方,不因嫉妒而怨恨。当自己是胜利的一方时,不可沾沾自喜,过分炫耀。

(4) 有自信心,不怕犯错误,勇于实践

不论在什么领域,怕犯错误的人是永远也不会成功的。要想使自己的魅力登峰造极,就必须在培养自己容貌、仪表魅力以及人格、道德修养魅力的同时,千方百计地提升自己在思想方面的卓越魅力。在单纯修炼人格魅力的问题上,一定要勇于实践。在实践中找出问题,加以改正,在实践中不断总结经验,这也是人格修炼中必不可少的量变过程,实现从量变到质变的升华,这就是人格魅力的修炼。

二、职业人格

(一) 职业人格的含义

职业人格是一个人为适应社会职业所需要的稳定的态度,以及与之相适应的行为方式的独特结合。职业人格是由个人的生活环境、所受的教育以及所从事的实践活动的性质所决定的。良好的职业人格一经形成,往往能使职业观成为一种自觉的行为表现,反映在行动上就是表现出有自制力、创造力、坚定、果断、自信、守信等优良品质。健全的职业人格是人们在求职和就业后顺利完成工作任务,适应工作环境的重要心理基础。

职业人格的培养是一个人的综合素质与外界社会环境对人们职业规范要求的有机统一过程,是一个复杂的系统工作,需要全社会的共同努力。

(二) 职业人格的类型

1. 霍兰德职业人格类型

霍兰德认为人的人格类型、兴趣与职业密切相关,兴趣是人们活动的巨大动力,凡是具有职业兴趣的职业,都可以提高人们的积极性,促使人们积极地、愉快地从事该职业,且职业兴趣与人格之间存在很高的相关性。霍兰德

认为人格可分为社会型、企业型、常规型、实际型、调研型和艺术型六种类型。

(1) 社会型

这种类型的共同特征是：喜欢与人交往、不断结交新的朋友、善言谈、愿意教导别人；关心社会问题、渴望发挥自己的社会作用；寻求广泛的人际关系，比较看重社会义务和社会道德。

典型职业：喜欢与人打交道的工作，能够不断结交新的朋友，从事提供信息、启迪、帮助、培训、开发或治疗等事务，并具备相应能力。如教育工作者（教师、教育行政人员）、社会工作者（咨询人员、公关人员）。

(2) 企业型

这种类型的共同特征是：追求权力、权威和物质财富，具有领导才能；喜欢竞争、敢冒风险、有野心、抱负；为人务实，习惯以利益得失、权力、地位、金钱等来衡量做事的价值，做事有较强的目的性。

典型职业：喜欢要求具备经营、管理、劝服、监督和领导才能，以实现机构、政治、社会及经济目标的工作，并具备相应的能力。如项目经理、销售人员、营销管理人员、政府官员、企业领导、法官、律师。

(3) 常规型

这种类型的共同特征是：尊重权威和规章制度，喜欢按计划办事，细心、有条理，习惯接受他人的指挥和领导，自己不谋求领导职务；喜欢关注实际和细节情况，通常较为谨慎和保守，缺乏创造性，不喜欢冒险和竞争，富有自我牺牲精神。

典型职业：喜欢要求注意细节、精确度、有系统、有条理，记录、归档、据特定要求或程序组织数据和文字信息的职业，并具备相应能力。如秘书、办公室人员、记事员、会计、行政助理、图书馆管理员、出纳员、打字员、投资分析员。

(4) 实际型

这种类型的共同特征是：愿意使用工具从事操作性工作，动手能力强，做事手脚灵活，动作协调；偏好于具体任务，不善言辞，做事保守，较为谦虚。缺乏社交能力，通常喜欢独立做事。

典型职业：喜欢使用工具、机器，需要基本操作技能的工作；对要求具备机械方面的才能、体力或与物件、机器、工具、运动器材、植物、动物相关的职业有兴趣，并具备相应能力。如技术性职业（计算机硬件人员、摄影师、制图员、机械装配工）、技能性职业（木匠、厨师、技工、修理工、农民）。

(5) 调研型

这种类型的共同特征是：思想家而非实干家，抽象思维能力强，求知欲强，肯动脑，善思考，不愿动手；喜欢独立的和富有创造性的工作；知识渊博，有学识才能，不善于领导他人；考虑问题理性，做事喜欢精确，喜欢逻辑分析和推理，不断探讨未知的领域。

典型职业：喜欢智力的、抽象的、分析的、独立的定向任务，喜欢要求具备智力或分析才能，并将其用于观察、估测、衡量、形成理论、最终解决问题的工作，并具备相应的能力。如科学研究人员、教师、工程师、电脑编程人员、医生、系统分析员。

(6) 艺术型

这种类型的共同特征是：有创造力，乐于创造新颖、与众不同的成果，渴望表现自己的个性，实现自身的价值；做事理想化，追求完美，不重实际；具有一定的艺术才能和个性；善于表达、怀旧、心态较为复杂。

典型职业：喜欢的工作要求具备艺术修养、创造力、表达能力和直觉，并将其用于语言、行为、声音、颜色和形式的审美、思索和感受，具备相应的能力，不善于事务性工作。如演员、导演、艺术设计师、雕刻家、建筑师、摄影家、广告制作人、歌唱家、作曲家、乐队指挥、小说家、诗人、剧作家。

然而，大多数人都并非只有一种类型（比如，一个人的类型中很可能是同时包含着社会型、实际型和调研型这三种）。霍兰德认为，这些类型越相似，相容性越强，则一个人在选择职业时所面临的内在冲突和犹豫就会越少。为了帮助描述这种情况，霍兰德建议将这六种类型分别放在一个正六边形的每一角上（如图2-1）。

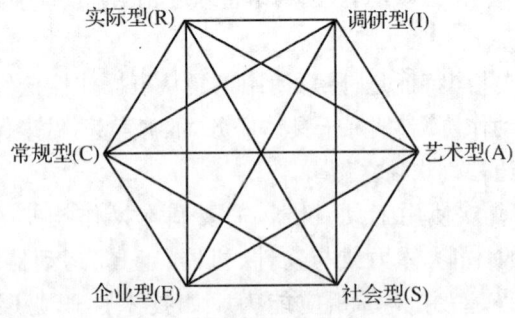

图2-1 霍兰德职业人格类型

2. 其他职业人格类型

杜君立在《找准你的职场定位》一书中,将职业人格分为个体型职业人格与社会型职业人格两大类。前者包括工具型、技术型和专家型三种职业人格,后者包括管理型和权力型两种职业人格。

(1) 工具型职业人格

工具型职业人格的特点是思想单纯,思维简单,情绪反应低,善于从事枯燥、重复、技术含量低的工作。工具型职业人格指那些技术要求不高、不需要创造性发挥、循规蹈矩、墨守成规的一种职业人格。工具型职业人格的人思想单纯,思维简单,情绪反应低,可接受枯燥、重复或繁重的工作;这种人普遍缺乏和不需要专门的职业技术。工具型职业人格最为普遍,众多劳动强度大、技术含量低的工作都需要由具备这种职业人格的人承担。他们是第三产业的主力劳动者,比如杂工、投递员、门卫、清洁工、售货员、收银员和搬运工等。

(2) 技术型职业人格

技术型职业人格的特点是具备相当的思维变通能力和专业性,可以完善地处理专项事物。技术型职业人格是技术型人才的典型人格,具备技术型职业人格的人最擅长的是通过他们的劳动将设计、规划、决策等转化为产品、工程,他们大都处于生产一线或工作现场。技术型职业人格的人具备相当的思维变通能力,可以完善地、创造性地处理专项事物,也就是说,具有专门的技术能力。我国的大学教育目前已经构成技术型职业人格教育的主体,培养具备技术型职业人格的人才是中国当下无数大学的奋斗目标,对社会组织来说,其主要需求的也是具备完善的技术型职业人格的人。比如电工、工程师、设计师、会计师、导游、技术员等,他们都具备技术型职业人格。

(3) 专家型职业人格

专家型职业人格是指在一定领域内达到相当高的专业水准,甚至具备一定的权威性。专家型职业人格的人拥有最出色的智商,他们具有"研究者"的性格特征。专家型职业人格一般注意力非常集中,执着专注,持之以恒,因此在一定领域内能够达到相当高的专业水准,具备一定的权威性。专家型职业人格是技术型职业人格的升级版,但更多的技术型职业人格永远也不可能成为专家型职业人格。具备专家型职业人格的人有相当坚强和执着的毅力,这样才有可能在专业领域达到他人所不及的高度。专家型职业人格是一个人依靠专业能力所能达到的顶点。一般情况下,许多对专业持之以恒、不懈钻研和提高的职业人往往具备典型的专家型职业人格,比如科学家、高级工程师、高级顾问、学术权威、特级艺术家等。

(4) 管理型职业人格

管理型职业人格是指擅长从事管理工作的一种职业人格。这种职业人格是工具型、技术型、专家型三种职业人格的管理者和整合者,因此完全不同于这三种个体型职业人格。管理型职业人格的人的特点是情高商,一般性格精细,富于耐心,善交际,自制力强,善于决策和处理错综复杂、烦琐的事物。具备管理型职业人格的人是经济社会的中坚力量,他们构成庞大的经理人群体,使社会效益实现最大化。管理型职业人格的人也是社会资源的实际整合者,他们使社会效率大幅度提高,社会资源得到最佳配置,人尽其才,物尽其用。他们是一群真正的实干家和实践者。

(5) 权力型职业人格

具备权力型职业人格的人属于那种最善于捕捉权力的顶尖高手,他们对权力有着超乎寻常的兴趣和热情,为了权力可以倾尽全力,权力是其最大的人生理想。权力型职业人格的特点是一般性格外向、社交技巧强、成功欲高、勇敢果断、特立独行、精于世故、人情练达、工于心计、擅长权谋、意志坚强、野心勃勃。在职业层面上,权力型职业人格的人往往构成一个社会的精英阶层,他们不仅是意见领袖,而且扮演着各类型职业人格的最终整合者的重要角色。

一个初出茅庐、身无长物的年轻人只能体现出工具型职业人格的一面,在与社会的交流中,他将发现自己的管理型职业人格和权力型职业人格,前者可以使其成长为一个管理者,后者可以支持其创业成为老板。如果这两种社会型职业人格都不显著,那么他可以通过学习积累提高专业技能,从而提升自己的个体型职业人格,发展技术型职业人格乃至专家型职业人格,同样会赢得社会的尊重,这实际也是一种权力型职业人格(人格权力)。

上述五种职业人格类型并没有孰优孰劣之分,因为人生的终极追求是幸福,而每个人的幸福观是不同的。就职业人格而言,每个人都是复合型人格,即集合了两种甚至两种以上的人格特征。特别是管理型职业人格和权力型职业人格在我们每个人身上都有所体现。管理型职业人格使我们善于管理事物,权力型职业人格使我们倾向于独立。

（三）职业人格的基本构成

1. 职业需要与职业动机

职业需要是影响职业选择的一个重要因素，因此，一些研究者把职业需要视为选择职业的基本动力。所谓职业需要，是指一个人对某种职业的渴求和欲望。这种渴求和欲望，成为一个人职业行为的积极性的源泉。自从出现了社会分工，就出现了职业需求。原始的职业需求，实际上只是一个人的一种简单的生存需要。随着社会的发展，职业不断分化和产生，不断赋予职业需求以新的内容。职业是多种多样的，人们对职业的需求也不尽相同。

根据职业需要的发生过程，主要有以下三种相对应的需要。

第一，自然性职业需要与社会性职业需要。

自然性职业需要，就是为了谋求那些保持或维持自己的生命以及延续后代的条件而从事一定的职业的要求，这种自然性职业需要是人类生存的基本需求。

但是，任何人都不是独立于社会之外的，其职业行为或职业活动不是也不可能是一种孤立的存在。所以，人们在自然性职业需要之外，在自己的社会职业活动中形成的对人类文化的渴求、对政治的渴求以及对人们之间交往活动的渴求，就是一种社会性职业需要。

人们在择业时，既要考虑到自然性职业需要，也要考虑到社会性职业需要，要从生活的全方位来满足自己的需要。

第二，物质性职业需要和精神性职业需要。

物质性职业需要表现为对职业活动中物质方面的渴求，包括衣、食、住、行等诸多方面，是人们最基本的、最重要的欲求，也是其他一切需求的基础。精神性职业需要则是一个人在职业活动中对精神文化方面的渴求。比如，掌握知识、对美的享受、创造的欲望等；再比如，职业活动促进了同事、朋友之间的感情交流，使人们看到了自己的力量和智慧，这将使你的精神更加愉悦。

第三，合理的职业需要与不合理的职业需要。

合理的职业需要与不合理的职业需要，主要是根据职业需要的可能性来区别的。认识这一点很重要。人们的职业需要是复杂多样的，现实中不是每一个人的所有职业需要都能变成现实。有的需要经过努力可以实现，有的需要无论你怎样努力也是实现不了的。

任何一个正常人的任何行为,都是由动机支配的,而动机又是由需求引起的。同样的道理,人们的职业行为也是在一定的职业动机的策划下,为了达到某一个职业目标而发生的。

职业动机是实现一定的职业目标的内部动力,在职业选择定向中起指导作用,职业动机是职业观中的动力成分,在职业活动中起发起、维持、推动作用,并强化人们在职业活动中的积极性和创造性。

2. 职业兴趣

兴趣在职业选择中起重要作用,一个人从事自己感兴趣的工作,这会成为他事业成功的强大动力。职业兴趣是兴趣在职业方面的表现,是指人们对某种职业活动具有的比较稳定而持久的心理倾向,使人们对某种职业给予优先注意,并向往之,一经形成,便具有相对的稳定性。

职业兴趣对职业活动有着重要的影响作用,主要表现在:第一,职业兴趣影响人们的职业选择。人们在选择职业的过程中,会将兴趣作为选择职业的一个重要参考因素。一般来说,如果对某个职业感兴趣的话,在从业的过程中会有更高的工作积极性。反之,则会消极懈怠地对待工作。第二,职业兴趣影响才能发挥,职业兴趣对引起和维持注意力有着非常重要的作用,可以使人高度集中注意力,以极大的热情和深刻的思维及丰富的想象投入工作,从而有助于工作绩效的提高和能力的发挥。

职业兴趣是以一定的素质为前提,在职业生涯实践过程中逐渐发生和发展起来的。它的形成与个人的个性、自身能力、实践活动、客观环境和所处的历史条件有着密切的关系,因此,职业规划对兴趣的探讨不能孤立进行,应当结合个人的、家庭的、社会的因素来考虑。了解这些因素,有利于深入认识自己,进行职业规划。

3. 职业价值观

职业价值观是指人生目标和人生态度在职业选择方面的具体表现,也就是一个人对职业的认识和态度以及他对职业目标的追求和向往。理想、信念、世界观对于职业的影响,集中体现在职业价值观上。

由于个人的身心条件、年龄阅历、教育状况、家庭影响、兴趣爱好等方面各不相同,人们对各种职业也就有着不同的主观评价。由于社会分工和生产力的发展,各种职业在劳动性质的内容上,在劳动难度和强度上,在劳动条件和待遇上,在所有制形式和稳定性等诸多问题上,都存在着差别。再加上传统的思想观念等的影响,各类职业在人们心目中的声望、地位便也有好坏高低之见，这些评价都形成了人的职业价值观，并影响着人们对就业方向和具体职业岗位的选择。

每种职业都有各自的特性，不同的人对职业意义的认识不同，对职业好坏有不同的评价和取向，这就是职业价值观。职业价值观决定了人们的职业期望，影响着人们对职业方向和职业目标的选择，决定着人们就业后的工作态度和劳动绩效水平，从而决定了人们的职业发展情况。哪个职业好？哪个岗位适合自己？从事某一项具体工作的目的是什么？这些问题都是职业价值观的具体表现。

4. 职业性格

由于性格是个人对现实的稳定的态度和习惯化了的行为方式，所以，不同性格的人，就会有不同的态度和不同的行为方式。在一件事情面前，一个人将采取什么行动，根据个人的性格就可以事先做出预测，这将有助于合理地安排和分配工作任务。对员工性格的预测还有助于在工作中采取必要的预防性措施，使工作免于遭受损失，得以顺利进行。

由于具有不同性格的人的行为方式不同，因此他们所适宜从事的工作也不一样，从事同一工作所获得的效益也有很大差别。一般来说，意志坚强、有坚定的信念、积极向上、活泼外向、善于独立思考和解决问题的人，适合从事管理岗位，独立地负责一个部门的工作，或从事外事接待、公共关系方面的业务；而性格内向、做事深思熟虑、办事谨慎、自我控制能力强的人适合当参谋人员，或从事研究、产品开发、内部管理工作；至于独立性差、易受暗示、遇事无主见的顺从型人员适合从事一般的具体的工作（表2-1）。

表2-1 职业与性格的匹配

职　　业	最佳性格特征
教师	善于主动进行人际交往、随机应变
医生	恒心、毅力和钻研精神
研究人员	临危不乱、当机立断
公关人员	说服能力
导游	对人热情、有爱心、严于律己
心理咨询师	细致认真、有极大的责任心
管理者	人际协调能力

(四) 健康的职业人格的培养

1. 健康的职业人格的标准

(1) 正确的职业观

职业是人们由于特定的社会分工而形成的具有专门业务和特定职责的社会活动。所谓职业观,就是人们对这一特定的社会活动的认识、态度、看法和观点,是一个人的世界观、人生观及价值观在职业生活中的反映。大学生应树立正确的职业观,理性地选择职业,科学地做好职业规划。

(2) 良好的职业性格

性格是指人对客观现实的态度以及与之相适应的行为方式所表现出的比较稳定的个性心理特征。职业性格是一定的职业对从业者在性格上的要求。

高度的责任心、团结协作、勇于创新、认真细致、勤奋好学、坚毅自信、严于律己等特点,是现代社会要求每一个从业人员必须具备的基本性格特征。而每一种特定的职业又要求从业者具有适应职业特点的职业性格。比如,服务行业要求从业者具有耐心、礼貌、热情大方等性格特征,如果缺少了这些性格特征,或与这些性格格格不入,就很难胜任这项工作。所以,良好的职业性格对从业者综合职业能力的形成与提高有着极大的推动作用。

(3) 积极的创新意识

创新原本是人的基本特征,人类就是在不断地"首创前所未有"的过程中前进的。创新强调的是个性的发展,从某种程度上说,没有个性就没有创新,没有特色。积极主动的创新意识、创新精神和创新能力是健康的职业人格不可缺少的一部分。

(4) 较强的实践能力

实践能力可以概括地分为职业能力和社会能力。职业能力指从事行业工作必备的专业技能,是上岗后能胜任工作的保证。社会能力则指从事职业活动所需要的社会行为能力,如环境适应能力、人际交往能力、团结协作能力等,是一个人生存与发展的必备条件。

2. 如何培养健康的职业人格

(1) 培养正确的世界观、人生观、价值观和职业观

世界观是人对整个世界的根本看法和态度。它一旦形成,会影响人的整个面貌。人生观是人对人生目的和意义的根本看法和态度,是世界观在

人生问题上的具体表现。它决定着人们实践活动的目标、人生道路的方向和对待生活的态度。价值观是指人对客观事物的需求所表现出来的评价，它包括对人的生存和生活意义即人生观的看法，它属于个性倾向性的范畴。一个人的世界观是否正确，将直接影响其价值观和人生观。

　　世界观、人生观和价值观三者是统一的：有什么样的世界观就有什么样的人生观，有什么样的人生观就有什么样的价值观。作为一个人来说，世界观又总是和他的理想、信念有机联系起来的，世界观总是处于最高层次，对理想和信念起支配作用和导向作用，同时世界观也是个性倾向性的最高层次，它是人的行为的最高调节器，制约着人的整个心理面貌，直接影响人的个性品质。可以讲，世界观决定一个人的价值观和人生观。

　　一个人的职业观必定与他的世界观、人生观和价值观有着内在的联系。崇高的职业信念和职业理想，归根结底来自于科学的世界观、人生观和价值观，只有树立正确的职业观，才能使自己自觉地调整那些与职业要求不一致的性格特征，最终使自己的职业性格特征与职业要求能够一致起来。

　　（2）主动参与职业实践活动，培养切实的职业兴趣

　　积极主动地参与到社会实践活动中，从活动中获得亲身体验，这是职业兴趣形成的一个重要途径。只有真正地参与到职业实践活动中，才能更好地了解所学专业的重要性和岗位技能要求，才能提高对即将从事的职业的兴趣。另外，要对自己的能力等有客观而准确的认识，在职业兴趣的培养过程中，既要重视社会环境因素的影响，也要结合自身实际，切实有效地培养对未来职业的兴趣。

　　（3）树立开拓创新的观念，培养创新意识与精神

　　创新观念是敢做敢想的创新意识的心理状态，是人在社会实践过程中积极探索、开拓进取的个性品质。无数事实证明，许许多多的发明创造、技术革新成果是广大劳动者在自己的工作实践中探索出来的。创新意识是人的一种勇于并善于发现问题，同时积极探索寻找解决问题的方法，以求不断改变环境和不断改善自己的心理趋向。对于即将从事工作的人来说，要能树立开拓创新的观念及创新意识，善于运用开拓创新的方法，养成开拓创新的意志品质，如勤奋、严谨、自信、坚毅、恒心等，这样才能真正地在工作中有所作为。

【活动与测试】

活动：说出你工作的目的

活动目的：能认识到工作的真正目的，促使自己为了自身和事业而工作。

活动过程：准备一些写有"你为什么而工作？"的卡片，要求每人在卡片上如实填写，然后进行交流讨论。

```
你为什么而工作？
1. _____
2. _____
3. _____
```

活动卡片（正面）

测试一：职业态度测评

请从给出的 A、B、C、D 四个选项中选出最符合你实际的一项。

1. 如果要你在生活愉快和富有之间选择，你总是选择生活愉快，因为你认为它最重要。（   ）

  A. 非常赞同 B. 比较赞同 C. 不太赞同 D. 不赞同

2. 如果某项工作非完成不可，不管压力和困难有多大，你都会努力去完成它。（   ）

  A. 非常赞同 B. 比较赞同 C. 不太赞同 D. 不赞同

3. 成败论英雄有时确实存在。（   ）

  A. 非常赞同 B. 比较赞同 C. 不太赞同 D. 不赞同

4. 你容不得他人或自己犯错误，一旦犯了错，你会严厉批评或惩罚。（   ）

  A. 非常赞同 B. 比较赞同 C. 不太赞同 D. 不赞同

5. 你非常看重名誉。（   ）

  A. 非常赞同 B. 比较赞同 C. 不太赞同 D. 不赞同

6. 你的适应能力非常强。（   ）
   A. 非常赞同   B. 比较赞同   C. 不太赞同   D. 不赞同
7. 只要是你决心做的事情，就会坚持到底。（   ）
   A. 非常赞同   B. 比较赞同   C. 不太赞同   D. 不赞同
8. 如果别人把你看成身负重任的人，你会感到非常高兴。（   ）
   A. 非常赞同   B. 比较赞同   C. 不太赞同   D. 不赞同
9. 你有一些高消费的嗜好，并且你有能力承受和乐意承受这份消费。（   ）
   A. 非常赞同   B. 比较赞同   C. 不太赞同   D. 不赞同
10. 如果你知道某个项目会有好的结果，你就会很小心地将时间和精力花在这个项目上。（   ）
    A. 非常赞同   B. 比较赞同   C. 不太赞同   D. 不赞同
11. 在一个团队里，你认为团队的成功比你个人的成功更重要。（   ）
    A. 非常赞同   B. 比较赞同   C. 不太赞同   D. 不赞同
12. 你是一个认真的人，即使眼看赶不上进度了，你也不愿草率工作。（   ）
    A. 非常赞同   B. 比较赞同   C. 不太赞同   D. 不赞同
13. 能够正确地表达你的意思，你会很高兴，但你必须确定别人是否能正确了解你。（   ）
    A. 非常赞同   B. 比较赞同   C. 不太赞同   D. 不赞同
14. 你的工作情绪总是很高，精力充沛。（   ）
    A. 非常赞同   B. 比较赞同   C. 不太赞同   D. 不赞同
15. 你并不看重所谓的"金点子"，而更看重良好的判断和整体策划。（   ）
    A. 非常赞同   B. 比较赞同   C. 不太赞同   D. 不赞同

评分标准：

题号	答案	分值	答案	分值	答案	分值	答案	分值
1	A	0	B	1	C	2	D	3
2	A	3	B	2	C	1	D	0
3	A	2	B	3	C	1	D	0
4	A	1	B	3	C	2	D	0

续表

题号	答案	分值	答案	分值	答案	分值	答案	分值
5	A	3	B	2	C	1	D	0
6	A	3	B	2	C	1	D	0
7	A	3	B	2	C	1	D	0
8	A	3	B	2	C	1	D	0
9	A	3	B	2	C	1	D	0
10	A	3	B	2	C	1	D	0
11	A	3	B	2	C	1	D	0
12	A	3	B	2	C	1	D	0
13	A	3	B	2	C	1	D	0
14	A	3	B	2	C	1	D	0
15	A	3	B	2	C	1	D	0

评分说明：

总分为0—15分：说明你成就欲望不强，你更看重家庭生活的美满与精神生活的充实。

总分为16—30分：说明你成就欲望较强，在事业与家庭之间，你会权衡利弊后做决定。

总分为31—45分：说明你成就欲望强烈，对名利、金钱、权力很看重。

测试二：你的心态会如何影响你的成败？

1. 你是个容易冲动的人吗？（　　）

   A. 不，我很克制　　　B. 偶尔会冲动　　　C. 我总是如此

2. 你对自己过去的人生感到后悔吗？（　　）

   A. 我已经尽力了，不后悔

   B. 有些遗憾也可以接受

   C. 经常会后悔

3. 你如何看待命运？（　　）

   A. 相信命运掌握在自己手中，努力就有好运

   B. 相信命运是可以改变的

C. 听天由命

4. 你一般会如何对待地位比自己低的人？（　　）

A. 微笑面对，能帮则帮

B. 尊重他们，但尽量保持距离

C. 颐指气使

5. 面对你的领导，你的态度如何？（　　）

A. 内心尊敬，不卑不亢

B. 尽量讨好

C. 表面讨好，背后议论

6. 你尊重自己吗？（　　）

A. 我总是坚持原则，尊重自己内心的意见

B. 一般情况下会

C. 谈不上

7. 你觉得这个世界会主动为你改变吗？（　　）

A. 不会，我会自己去努力

B. 或许会吧，看运气

C. 明知道不会，但仍然幻想

8. 如果你特别想达到一个目的，你会怎么样？（　　）

A. 努力去做

B. 和平常一样，只是想想罢了

C. 每天都想得要命，但不肯行动

9. 你如何看待社会上的成功人士？（　　）

A. 大多是靠自己的努力而成功的

B. 一半实力，一半运气

C. 天生的好运

10. 说实话，你觉得自己是一个什么样的人？（　　）

A. 肯主动改变世界的人

B. 改变自己以适应世界的人

C. 等着世界为我改变的人

11. 在你看来，幸福是什么？（　　）

A. 能心平气和地享受生活

B. 有钱有权，好吃好喝

C. 随心所欲

12. 你觉得幸福为什么会眷顾你？（　　）

　　A. 我的努力　　　　B. 幸运、缘分　　　　C. 绝不可能

13. 工作中,你感到快乐吗？（　　）

　　A. 是的,我很享受工作

　　B. 一般般,我习惯了

　　C. 一进公司,我就闷闷不乐

14. 你觉得幸福会青睐于什么样的人？（　　）

　　A. 积极乐观、努力工作的人

　　B. 做事踏实的人

　　C. 消极悲观、无所事事的人

评分说明：

　　选 A 得 3 分,选 B 得 2 分,选 C 得 1 分。

　　总分为 32 分（包括 32 分）以上：你在追求成功的道路上拥有良好的心态。你开朗乐观,积极努力,既看重自己,也尊重别人,无论是工作还是生活,你都能处理得井井有条。

　　总分为 24—31 分：你的心态注定你是一个平凡的人,你愿意工作但不肯努力,祈求幸福但不自信,过着平凡的生活。

　　总分为 23 分以下（包括 23 分）：由于你心态不好,命运总显得对你不公。你爱幻想,不爱行动,心情容易浮动,由于这些不好的习惯,成功和幸福总不肯来到你的身边,这反过来又使你变得更加消极。

测试三：霍兰德职业倾向测验量表

　　本测验量表将帮助你发现和确定自己的职业兴趣和能力特长,从而更好地做出求职择业的决策。如果你已经考虑好或选择好了自己的职业,本测验将使你的这种考虑或选择具有理论基础,或向你展示其他合适的职业；如果你至今尚未确定职业方向,本测验将帮助你根据自己的情况选择一个恰当的职业目标。

　　本测验共有七个部分,每部分测验都没有时间限制,但请你尽快按要求完成。

第一部分　你心目中的理想职业（专业）

对于未来的职业（或升学进修的专业），你得早有考虑，它可能很抽象、很朦胧，也可能很具体、很清晰。不论是哪种情况，现在都请你把自己最想做的三种工作或最想读的三种专业，按顺序写下来。

1. _____
2. _____
3. _____

第二部分　你所感兴趣的活动

下面列举了若干种活动，请就这些活动判断你的好恶。喜欢的，请在"是"栏方框里打✓；反之，请在"否"栏方框里打✗。请按顺序回答全部问题。

R：实际型活动

1. 装配修理电器或玩具　　　　　　　　是☐　否☐
2. 修理自行车　　　　　　　　　　　　是☐　否☐
3. 用木头做东西　　　　　　　　　　　是☐　否☐
4. 开汽车或摩托车　　　　　　　　　　是☐　否☐
5. 用机器做东西　　　　　　　　　　　是☐　否☐
6. 参加木工技术学习班　　　　　　　　是☐　否☐
7. 参加制图描图学习班　　　　　　　　是☐　否☐
8. 驾驶卡车或拖拉机　　　　　　　　　是☐　否☐
9. 参加机械和电气学习班　　　　　　　是☐　否☐
10. 装配修理机器　　　　　　　　　　 是☐　否☐

统计"是"一栏得分计_____

A：艺术型活动

1. 素描/制图或绘画　　　　　　　　　是☐　否☐
2. 参加话剧/戏剧　　　　　　　　　　是☐　否☐
3. 设计家具/布置室内　　　　　　　　是☐　否☐
4. 练习乐器/参加乐队　　　　　　　　是☐　否☐
5. 欣赏音乐或戏剧　　　　　　　　　　是☐　否☐
6. 看小说/读剧本　　　　　　　　　　是☐　否☐
7. 从事摄影创作　　　　　　　　　　　是☐　否☐

8. 写诗或吟诗 是□ 否□
9. 艺术（美术/音乐）培训 是□ 否□
10. 练习书法 是□ 否□

统计"是"一栏得分计_____

I：调研型活动

1. 读科技图书和杂志 是□ 否□
2. 在实验室工作 是□ 否□
3. 改良水果品种，培育新的水果 是□ 否□
4. 调查了解土和金属等物质的成分 是□ 否□
5. 研究自己选择的特殊问题 是□ 否□
6. 解算术题或玩数学游戏 是□ 否□
7. 物理课 是□ 否□
8. 化学课 是□ 否□
9. 几何课 是□ 否□
10. 生物课 是□ 否□

统计"是"一栏得分计_____

S：社会型活动

1. 学校或单位组织的正式活动 是□ 否□
2. 参加某个社会团体或俱乐部活动 是□ 否□
3. 帮助别人解决困难 是□ 否□
4. 照顾儿童 是□ 否□
5. 出席晚会、联欢会、茶话会 是□ 否□
6. 和大家一起出去郊游 是□ 否□
7. 想获得关于心理方面的知识 是□ 否□
8. 参加讲座会或辩论会 是□ 否□
9. 观看或参加体育比赛和运动会 是□ 否□
10. 结交新朋友 是□ 否□

统计"是"一栏得分计_____

E：事业型活动

1. 说服鼓动他人 是□ 否□
2. 卖东西 是□ 否□
3. 谈论政治 是□ 否□

4. 制订计划、参加会议　　　　　　　　　　是□　否□

5. 以自己的意志影响别人的行为　　　　　是□　否□

6. 在社会团体中担任职务　　　　　　　　是□　否□

7. 检查与评价别人的工作　　　　　　　　是□　否□

8. 结交名流　　　　　　　　　　　　　　是□　否□

9. 指导有某种目标的团体　　　　　　　　是□　否□

10. 参与政治活动　　　　　　　　　　　是□　否□

统计"是"一栏得分计_____

C：常规型（传统型）活动

1. 整理好桌面和房间　　　　　　　　　　是□　否□

2. 抄写文件和信件　　　　　　　　　　　是□　否□

3. 为领导写报告或公务信函　　　　　　　是□　否□

4. 检查个人收支情况　　　　　　　　　　是□　否□

5. 打字培训班　　　　　　　　　　　　　是□　否□

6. 参加算盘、文秘等实务培训　　　　　　是□　否□

7. 参加商业会计培训班　　　　　　　　　是□　否□

8. 参加情报处理培训班　　　　　　　　　是□　否□

9. 整理信件、报告、记录等　　　　　　　是□　否□

10. 写商业贸易信　　　　　　　　　　　是□　否□

统计"是"一栏得分计_____

第三部分　你所擅长的活动

下面列举了若干种活动，其中你能做或大概能做的事，请在"是"栏方框里打√；反之，请在"否"栏方框里打×。请按顺序回答全部问题。

R：实际型活动

1. 能使用电锯、电钻和锉刀等木工工具　　是□　否□

2. 知道万用表的使用方法　　　　　　　　是□　否□

3. 能够修理自行车或其他机械　　　　　　是□　否□

4. 能够使用电钻床、磨床或缝纫机　　　　是□　否□

5. 能给家具和木制品刷漆　　　　　　　　是□　否□

6. 能看建筑设计图　　　　　　　　　　　是□　否□

7. 能够修理简单的电器用品　　　　　　　是□　否□

8. 能修理家具　　　　　　　　　　　　　　是☐　否☐
9. 能修理收录机　　　　　　　　　　　　　是☐　否☐
10. 能简单地修理水管　　　　　　　　　　　是☐　否☐

统计"是"一栏得分计_____

A：艺术型活动

1. 能演奏乐器　　　　　　　　　　　　　　是☐　否☐
2. 能参加二声部或四声部合唱　　　　　　　是☐　否☐
3. 独唱或独奏　　　　　　　　　　　　　　是☐　否☐
4. 扮演剧中角色　　　　　　　　　　　　　是☐　否☐
5. 能创作简单的乐曲　　　　　　　　　　　是☐　否☐
6. 会跳舞　　　　　　　　　　　　　　　　是☐　否☐
7. 能绘画、素描或书法　　　　　　　　　　是☐　否☐
8. 能雕刻、剪纸或泥塑　　　　　　　　　　是☐　否☐
9. 能设计板报、服装或家具　　　　　　　　是☐　否☐
10. 写得一手好文章　　　　　　　　　　　　是☐　否☐

统计"是"一栏得分计_____

I：调研型活动

1. 懂得真空管或晶体管的作用　　　　　　　是☐　否☐
2. 能够列举三种蛋白质多的食品　　　　　　是☐　否☐
3. 理解铀的裂变　　　　　　　　　　　　　是☐　否☐
4. 能用计算尺、计算器、对数表　　　　　　是☐　否☐
5. 会使用显微镜　　　　　　　　　　　　　是☐　否☐
6. 能找到三个星座　　　　　　　　　　　　是☐　否☐
7. 能独立进行调查研究　　　　　　　　　　是☐　否☐
8. 能解释简单的化学现象　　　　　　　　　是☐　否☐
9. 理解人造卫星为什么不落地　　　　　　　是☐　否☐
10. 经常参加学术会议　　　　　　　　　　　是☐　否☐

统计"是"一栏得分计_____

S：社会型活动

1. 有向各种人说明解释的能力　　　　　　　是☐　否☐
2. 常参加社会福利活动　　　　　　　　　　是☐　否☐
3. 能和大家一起友好相处地工作　　　　　　是☐　否☐

4. 善于与年长者相处 　　　　　　　　　　是□　否□
5. 会邀请人、招待人 　　　　　　　　　　是□　否□
6. 能简单易懂地教育儿童 　　　　　　　　是□　否□
7. 能安排会议等活动顺序 　　　　　　　　是□　否□
8. 善于体察人心和帮助他人 　　　　　　　是□　否□
9. 帮助护理病人和伤员 　　　　　　　　　是□　否□
10. 安排社团组织的各种事务 　　　　　　是□　否□

统计"是"一栏得分计_____

E:事业型活动

1. 担任过学生干部并且干得不错 　　　　　是□　否□
2. 工作上能指导和监督他人 　　　　　　　是□　否□
3. 做事充满活力和热情 　　　　　　　　　是□　否□
4. 有效利用自身的做法调动他人 　　　　　是□　否□
5. 销售能力强 　　　　　　　　　　　　　是□　否□
6. 曾作为俱乐部或社团的负责人 　　　　　是□　否□
7. 向领导提出建议或反映意见 　　　　　　是□　否□
8. 有开创事业的能力 　　　　　　　　　　是□　否□
9. 知道怎样做能成为一个优秀的领导者 　　是□　否□
10. 健谈善辩 　　　　　　　　　　　　　是□　否□

统计"是"一栏得分计_____

C:常规型(传统型)活动

1. 会熟练地打印中文 　　　　　　　　　　是□　否□
2. 会用外文打字机或复印机 　　　　　　　是□　否□
3. 能快速记笔记和抄写文章 　　　　　　　是□　否□
4. 善于整理保管文件和资料 　　　　　　　是□　否□
5. 善于从事事务性的工作 　　　　　　　　是□　否□
6. 会用算盘 　　　　　　　　　　　　　　是□　否□
7. 能在短时间内分类和处理大量文件 　　　是□　否□
8. 能使用计算机 　　　　　　　　　　　　是□　否□
9. 能搜集数据 　　　　　　　　　　　　　是□　否□
10. 善于为自己或集体做财务预算表 　　　是□　否□

统计"是"一栏得分计_____

第四部分 你所喜欢的职业

下面列举了多种职业，请逐一认真地看，如果是你感兴趣的工作，请在"是"栏方框里打√；如果是你不太喜欢、不关心的工作，请在"否"栏方框里打×。请按顺序回答全部问题。

R：实际型职业

1. 飞机机械师　　　　　　　　　　是□　否□
2. 野生动物专家　　　　　　　　　是□　否□
3. 汽车维修工　　　　　　　　　　是□　否□
4. 木匠　　　　　　　　　　　　　是□　否□
5. 测量工程师　　　　　　　　　　是□　否□
6. 无线电报务员　　　　　　　　　是□　否□
7. 园艺师　　　　　　　　　　　　是□　否□
8. 长途公共汽车司机　　　　　　　是□　否□
10. 电工　　　　　　　　　　　　　是□　否□

统计"是"一栏得分_____

S：社会型职业

1. 街道、工会或妇联干部　　　　　是□　否□
2. 小学、中学教师　　　　　　　　是□　否□
3. 精神病医生　　　　　　　　　　是□　否□
4. 婚姻介绍所工作人员　　　　　　是□　否□
5. 体育教练　　　　　　　　　　　是□　否□
6. 福利机构负责人　　　　　　　　是□　否□
7. 心理咨询员　　　　　　　　　　是□　否□
8. 共青团干部　　　　　　　　　　是□　否□
9. 导游　　　　　　　　　　　　　是□　否□
10. 国家机关工作人员　　　　　　　是□　否□

统计"是"一栏得分计_____

I：调研型职业

1. 气象学或天文学者　　　　　　　是□　否□
2. 生物学者　　　　　　　　　　　是□　否□
3. 医学实验室的技术人员　　　　　是□　否□

4. 人类学者　　　　　　　　　　　　是□　否□

5. 动物学者　　　　　　　　　　　　是□　否□

6. 化学学者　　　　　　　　　　　　是□　否□

7. 数学学者　　　　　　　　　　　　是□　否□

8. 科学杂志的编辑或作家　　　　　　是□　否□

9. 地质学者　　　　　　　　　　　　是□　否□

10. 物理学者　　　　　　　　　　　是□　否□

统计"是"一栏得分计_____

E：事业型职业

1. 厂长　　　　　　　　　　　　　　是□　否□

2. 电视片编制人　　　　　　　　　　是□　否□

3. 公司经理　　　　　　　　　　　　是□　否□

4. 销售员　　　　　　　　　　　　　是□　否□

5. 不动产推销员　　　　　　　　　　是□　否□

6. 广告部长　　　　　　　　　　　　是□　否□

7. 体育活动主办者　　　　　　　　　是□　否□

8. 销售部长　　　　　　　　　　　　是□　否□

9. 个体工商业者　　　　　　　　　　是□　否□

10. 企业管理咨询人员　　　　　　　是□　否□

统计"是"一栏得分计_____

A：艺术型职业

1. 乐队指挥　　　　　　　　　　　　是□　否□

2. 演奏家　　　　　　　　　　　　　是□　否□

3. 作家　　　　　　　　　　　　　　是□　否□

4. 摄影家　　　　　　　　　　　　　是□　否□

5. 记者　　　　　　　　　　　　　　是□　否□

6. 画家、书法家　　　　　　　　　　是□　否□

7. 歌唱家　　　　　　　　　　　　　是□　否□

8. 作曲家　　　　　　　　　　　　　是□　否□

9. 电影电视演员　　　　　　　　　　是□　否□

统计"是"一栏得分计_____

C: 常规型（传统型）职业

1. 会计师　　　　　　　　　　　　　　　是□　否□
2. 银行出纳员　　　　　　　　　　　　　是□　否□
3. 税收管理员　　　　　　　　　　　　　是□　否□
4. 计算机操作员　　　　　　　　　　　　是□　否□
5. 簿记人员　　　　　　　　　　　　　　是□　否□
6. 成本核算员　　　　　　　　　　　　　是□　否□
7. 文书档案管理员　　　　　　　　　　　是□　否□
8. 打字员　　　　　　　　　　　　　　　是□　否□
9. 法庭书记员　　　　　　　　　　　　　是□　否□
10. 人口普查登记员　　　　　　　　　　　是□　否□

统计"是"一栏得分计_____

第五部分　你的能力类型简评

下面两张表是你在六个职业能力方面的自我评定表。你可以先与同龄者比较出自己在每一方面的能力，然后经斟酌后对自己的能力做评估。请在表中适当的数字上画圈。数字越大，表示你的能力越强。注意请勿全部画同样的数字，因为人的每项能力不可能完全一样。

表 A

R 型	I 型	A 型	S 型	E 型	C 型
机械操作能力	科学研究能力	艺术创作能力	解释表达能力	商业洽谈能力	事务执行能力
7	7	7	7	7	7
6	6	6	6	6	6
5	5	5	5	5	5
4	4	4	4	4	4
3	3	3	3	3	3
2	2	2	2	2	2
1	1	1	1	1	1

表 B

R 型	I 型	A 型	S 型	E 型	C 型
体育技能	数学技能	音乐技能	交际技能	领导技能	办公技能
7	7	7	7	7	7
6	6	6	6	6	6
5	5	5	5	5	5
4	4	4	4	4	4
3	3	3	3	3	3
2	2	2	2	2	2
1	1	1	1	1	1

第六部分　统计和确定你的职业倾向

请将第二部分至第五部分的全部测验分数按前面已统计好的六种职业倾向（R 型、I 型、A 型、S 型、E 型和 C 型）得分填入下表，并做纵向累加。

测　　试	R 型	I 型	A 型	S 型	E 型	C 型
第二部分						
第三部分						
第四部分						
第五部分 A						
第五部分 B						
总分						

请将上表中的六种职业倾向总分按大小顺序依次从左到右排列：
_____型、_____型、_____型、_____型、_____型、_____型

最高分_____　　你的职业倾向性得分_____　　最低分_____

第七部分　你所看重的东西——职业价值观

人们在选择工作时通常会考虑下列九种因素（见所附工作价值标准）。现在请你在其中选出最重要的两项因素，并将序号填入下边相应空格上。

附：工作价值标准

1. 工资高、福利好
2. 工作环境（物质方面）舒适
3. 人际关系良好
4. 工作稳定有保障
5. 能提供较好的受教育机会
6. 有较高的社会地位
7. 工作不太紧张、外部压力少
8. 能充分发挥自己的能力、特长
9. 社会需要与社会贡献大

最重要：_____ 次重要：_____
最不重要：_____ 次不重要：_____

以上全部测验完毕。

现在，将你测验得分居第一位的职业类型找出来，对照下列职业索引，判断一下自己适合的职业类型。

职业索引
（职业兴趣代号与其相应的职业对照）

R（实际型）：木匠、农民、操作X光的技师、工程师、飞机机械师、鱼类和野生动物专家、自动化技师、机械工（车工、钳工等）、电工、无线电报务员、火车司机、长途公共汽车司机、机械制图员、机器或电器修理师。

I（调查型）：气象学者、生物学者、天文学家、药剂师、动物学者、化学家、科学报刊编辑、地质学者、植物学者、物理学者、数学家、实验员、科技作者。

A（艺术型）：室内装饰专家、图书管理专家、摄影师、音乐教师、作家、演员、记者、诗人、作曲家、编剧、雕刻家、漫画家。

S（社会型）：社会学者、导游、福利机构工作者、咨询人员、社会工作者、社会科学教师、学校领导、精神病工作者、公共保健护士。

E（事业型）：推销员、进货员、商品批发员、旅馆经理、饭店经理、广告宣传员、调度员、律师、政治家、零售商。

C（常规型）：记账员、会计、银行出纳、法庭速记员、成本估算员、税务员、核算员、打字员、办公室职员、统计员、计算机操作员、秘书。

接下来,首先,根据你测验得分排在前三位的职业兴趣代号,在下列代号中找出相应的职业。例如,你的职业兴趣代号是 RIA,那么牙科技术员、陶工等是适合你兴趣的职业。然后,寻找与你职业兴趣代号相近的职业。例如,你的职业兴趣代号是 RIA,那么,其他由这三个字母组合成的编号(如 IRA、IAR、ARI 等)对应的职业,也较适合你的兴趣。

RIA:牙科技术员、陶工、建筑设计员、模型工、细木工、制作链条人员。

RIS:厨师、林务员、跳水员、潜水员、染色员、电器修理、眼镜制作、电工、纺织机器装配工、服务员、装玻璃工人、发电厂工人、焊接工。

RIE:建筑和桥梁工程、环境工程、航空工程、公路工程、电力工程、信号工程、电话工程、一般机械工程、自动工程、矿业工程、海洋工程、交通工程技术人员、制图员、家政经济人员、计量员、农民、农场工人、农业机械操作、清洁工、无线电修理、汽车修理、手表修理、管工、线路装配工、工具仓库管理员。

RIC:船上工作人员、接待员、杂志保管员、牙医助手、制帽工、磨坊工、石匠、机器制造、机车(火车头)制造、农业机器装配、汽车装配工、缝纫机装配工、钟表装配和检验、电动器具装配、鞋匠、锁匠、货物检验员、电梯机修工、托儿所所长、钢琴调音员、装配工、印刷工、建筑钢铁工作、卡车司机。

RAI:手工雕刻、玻璃雕刻、制作模型人员、家具木工、制作皮革品、手工绣花、手工钩针纺织、排字工作、印刷工作、图画雕刻、装订工。

RSE:消防员、交通巡警、警察、门卫、理发师、房间清洁工、屠夫、锻工、开凿工人、管道安装工、出租汽车驾驶员、货物搬运工、送报员、勘探员、娱乐场所的服务员、起卸机操作工、灭害虫者、电梯操作工、厨房助手。

RSI:纺织工、编织工、农业学校教师、某些职业课程教师(诸如艺术、商业、技术、工艺课程)、雨衣上胶工。

REC:抄水表员、保姆、实验室动物饲养员、动物管理员。

REI:轮船船长、航海领航员、大副、试管实验员。

RES:旅馆服务员、家畜饲养员、渔民、渔网修补工、水手长、收割机操作工、搬运行李工人、公园服务员、救生员、登山导游、火车工程技术员、建筑工人、铺轨工人。

RCI:测量员、勘测员、仪表操作者、农业工程技师、化学工程技师、民用工程技师、石油工程技师、资料室管理员、探矿工、煅烧工、烧窑工、矿工、保养工、磨床工、取样工、样品检验员、纺纱工、炮手、漂洗工、电焊工、锯木工、刨床工、制帽工、手工缝纫工、油漆工、染色工、按摩工、木匠、农民建筑工、电影放映员、勘测员助手。

RCS: 公共汽车驾驶员、一等水手、游泳池服务员、裁缝、建筑工人、石匠、烟囱修建工、混凝土工、电话修理工、爆炸手、邮递员、矿工、裱糊工人、纺纱工。

RCE: 打井工、吊车驾驶员、农场工人、邮件分类员、铲车司机、拖拉机司机。

IAS: 普通经济学家、农场经济学家、财政经济学家、国际贸易经济学家、实验心理学家、工程心理学家、心理学家、哲学家、内科医生、数学家。

IAR: 人类学家、天文学家、化学家、物理学家、医学病理学家、动物标本剥制者、化石修复者、艺术品管理者。

ISE: 营养学家、饮食顾问、火灾检查员、邮政服务检查员。

ISC: 侦察员、电视播音室修理员、电视修理服务员、验尸室人员、编目录者、医学实验室技师、调查研究者。

ISR: 水生生物学者、昆虫学者、微生物学家、配镜师、矫正视力者、细菌学家、牙科医生、骨科医生。

ISA: 实验心理学家、普通心理学家、发展心理学家、教育心理学家、社会心理学家、临床心理学家、目标学家、皮肤病学家、精神病学家、妇产科医师、眼科医生、五官科医生、医学实验室技术专家、民航医务人员、护士。

IES: 细菌学家、生理学家、化学专家、地质专家、地理物理学专家、纺织技术专家、医院药剂师、工业药剂师、药房营业员。

IEC: 档案保管员、保险统计员。

ICR: 质量检验技术员、地质学技师、工程师、法官、图书馆技术辅导员、计算机操作员、医院听诊员、家禽检查员。

IRA: 地理学家、地质学家、声学物理学家、矿物学家、古生物学家、石油学家、地震学家、原子和分子物理学家、电学和磁学物理学家、气象学家、设计审核员、人口统计学家、数学统计学家、外科医生、城市规划家、气象员。

IRS: 流体物理学家、物理海洋学家、等离子体物理学家、农业科学家、动物学家、食品科学家、园艺学家、植物学家、细菌学家、解剖学家、动物病理学家、作物病理学家、药物学家、生物化学家、生物物理学家、细胞生物学家、临床化学家、遗传学家、分子生物学家、质量控制工程师、地理学家、兽医、放射性治疗技师。

IRE：化验员、化学工程师、纺织工程师、食品技师、渔业技术专家、材料和测试工程师、电气工程师、土木工程师、航空工程师、行政官员、冶金专家、原子核工程师、陶瓷工程师、地质工程师、电力工程师、口腔科医生和牙科医生。

IRC：飞机领航员、飞行员、物理实验室技师、文献检查员、农业技术专家、动植物技术专家、生物技师、油管检查员、工商业规划者、矿藏安全检查员、纺织品检验员、照相机修理者、工程技术员、编计算程序者、工具设计者、仪器维修工。

CRI：簿记员、会计、记时员、铸造机操作工、打字员、按键操作工、复印机操作工。

CRS：仓库保管员、档案管理员、缝纫工、讲述员、收款人。

CRE：标价员、实验室工作者、广告管理员、自动打字机操作员、电动机装配工、缝纫机操作工。

CIS：记账员、顾客服务员、报刊发行员、土地测量员、保险公司职员、会计师、估价员、邮政检查员、外贸检查员。

CIE：打字员、统计员、支票记录员、订货员、校对员、办公室工作人员。

CIR：校对员、工程职员、海底电报员、检修计划员、发报员。

CSE：接待员、通讯员、电话接线员、卖票员、旅馆服务员、私人职员、商学教师、旅游办事员。

CSR：运货代理商、铁路职员、交通检查员、办公室通信员、簿记员、出纳员、银行财务职员。

CSA：秘书、图书管理员、办公室办事员。

CER：邮递员、数据处理员、办公室办事员。

CEI：推销员、经济分析家。

CES：银行会计、记账员、法人秘书、速记员、法院报告人。

ECI：银行行长、审计员、信用管理员、地产管理员、商业管理员。

ECS：信用办事员、保险人员、各类进货员、海关服务经理、售货员、购买员、会计。

ERI：建筑物管理员、工业工程师、农场管理员、护士长、农业经营管理人员。

ERS：仓库管理员、房屋管理员、货栈监督管理员。

ERC：邮政局长、渔船船长、机械操作领班、木工领班、瓦工领班、驾驶员领班。

EIR：科学、技术和有关周期出版物的管理员。

EIC：专利代理人、鉴定人、运输服务检查员、安全检查员、废品收购人员。

EIS：警官、侦察员、交通检验员、安全咨询员、合同管理者、商人。

EAS：法官、律师、公证人。

EAR：展览室管理员、舞台管理员、播音员、驯兽员。

ESC：理发师、裁判员、政府行政管理员、财政管理员、工程管理员、职业病防治人员、售货员、商业经理、办公室主任、人事负责人、调度员。

ESR：家具售货员、书店售货员、公共汽车的驾驶员、日用品售货员、护士长、自然科学和工程的行政领导。

ESI：博物馆管理员、图书馆管理员、古迹管理员、饮食业经理、地区安全服务管理员、技术服务咨询者、超级市场管理员、零售商品店店员、批发商、出租汽车服务站调度。

ESA：博物馆馆长、报刊管理员、音乐器材售货员、广告商、售货员、导游、轮船或班机上的事务长、飞机上的服务员、船员、法官、律师。

ASE：戏剧导演、舞蹈教师、广告撰稿人、报刊专栏作者、记者、演员、英语翻译。

ASI：音乐教师、乐器教师、美术教师、管弦乐指挥、合唱队指挥、歌星、演奏家、哲学家、作家、广告经理、时装模特。

AER：新闻摄影师、电视摄影师、艺术指导、录音指导、丑角演员、魔术师、木偶戏演员、骑士、跳水员。

AEI：音乐指挥、舞台指导、电影导演。

AES：流行歌手、舞蹈演员、电影导演、广播节目主持人、舞蹈教师、口技表演者、喜剧演员、模特。

AIS：画家、剧作家、编辑、评论家、时装艺术大师、新闻摄影师、男演员、文学作者。

AIE：花匠、皮衣设计师、工业产品设计师、剪影艺术家、复制雕刻品大师。

AIR：建筑师、画家、摄影师、绘图员、环境美化工、雕刻家、包装设计师、陶器设计师、绣花工、漫画工。

SEC：社会活动家、退伍军人服务官员、工商会事务代表、教育咨询者、宿舍管理员、旅馆经理、饮食服务管理员。

SER：体育教练、游泳指导。

SEI：大学校长、学院院长、医院行政管理员、历史学家、家政经济学家、职业学校教师、资料员。

SEA：娱乐活动管理员、国外服务办事员、社会服务助理、一般咨询者、宗教教育工作者。

SCE：部长助理、福利机构职员、生产协调人、环境卫生管理人员、戏院经理、餐馆经理、售票员。

SRI：外科医师助手、医院服务员。

SRE：体育教师、职业病治疗者、体育教练、专业运动员、房管员、儿童家庭教师、警察、引座员、传达员、保姆。

SRC：护理员、护理助理、医院勤杂工、理发师、学校儿童服务人员。

SIA：社会学家，心理咨询者，学校心理学家，政治科学家，大学或学院的系主任，大学或学院的教育学教师，大学农业教师，大学工程和建筑课程的教师，大学法律教师，大学数学、医学、物理、社会科学和生命科学的教师，研究生助教，成人教育教师。

SIE：营养学家、饮食学家、海关检查员、安全检查员、税务稽查员、校长。

SIC：描图员、兽医助手、诊所助理、体检检查员、监督缓刑犯的工作者、娱乐指导者、咨询人员、社会科学教师。

SIR：理疗员、救护队工作人员、手足病医生、职业病治疗助手。

测试四：职业人格自我测试

通过下面的性格测试，可以评价自己的职业人格构成，五种类型中哪个被确定的选项多，说明你偏向于哪种职业人格。

具体内容	完成情况
1. 工具型职业人格	
• 你能用一两个小时坐下来抄写你不感兴趣的材料。	☐
• 你能按上司的要求尽自己的能力做好每一件事。	☐
• 无论什么表格，你都非常认真地填写。	☐
• 在讨论会上如果你的看法与众不同，就保持沉默。	☐
• 你常常觉得周围的人都比你有能力。	☐
• 你喜欢做别人做过的事情，不喜欢自己摸索。	☐

- 你喜欢做那些熟悉的工作，这样比较轻松。 ☐
- 你觉得整理凌乱的事情非常有意思。 ☐

2. 技术型职业人格
- 你喜欢把钢笔之类的东西拆开清洗再装好。 ☐
- 你会用积木搭出许多造型。 ☐
- 你尝试过做木工、电工、剪纸、画画、弹琴。 ☐
- 你会为四季的风景而感动。 ☐
- 你会很快跟着师傅模仿学习。 ☐
- 你觉得身边离不了钳子、起子之类的工具。 ☐
- 中学时期你很喜欢实验课。 ☐
- 家里的家具、地板、窗户出现问题都是自己修理。 ☐

3. 专家型职业人格
- 对智力竞赛很感兴趣。 ☐
- 经常是手不释卷废寝忘食。 ☐
- 主动做一些有趣的练习项目。 ☐
- 对机器和事情的内部原理非常好奇。 ☐
- 很乐意给同学讲解难题。 ☐
- 对自己不了解的事物朝思暮想。 ☐
- 在某一方面有着超人的天赋。 ☐
- 对难题常常充满激情，不达目的不罢休。 ☐

4. 管理型职业人格
- 经常主动给同学、朋友打电话问好。 ☐
- 喜欢参加集体活动。 ☐
- 看到不幸的人你会报以同情。 ☐
- 喜欢结交新朋友。 ☐
- 即使一些人令人讨厌，你仍然没有偏见。 ☐
- 参加一些有益的活动不计报酬。 ☐
- 注重仪表和风度。 ☐
- 乐观幽默富于耐心。 ☐

5. 权力型职业人格
- 列出六个你自认为死党的好朋友。 ☐
- 发现别人的不足就给予指正和帮助。 ☐

- 你坚信自己做老板肯定会发财。 ☐
- 学生时期一直当班干部,而且干得很不错。 ☐
- 你对说服、领导别人充满信心。 ☐
- 对任何困难都不气馁。 ☐
- 对每件事情都要仔细考虑利害。 ☐
- 你不怕与众不同,敢于对抗舆论。 ☐

【作业与思考】

1. 如何理解态度和职业态度?
2. 结合自身经历,谈谈影响职业态度形成的因素。
3. 结合所学专业,谈谈如何培养良好的职业态度。
4. 如何提高自己的人格魅力?
5. 根据霍兰德职业人格测试,分析自己的职业人格特征。

模块三
职业知识与职业能力

人应该进行超越能力的攀登，
否则，天空的存在又有何意义？
　　　　　　　　——罗·勃朗宁
不要祈求你的工作同能力相当，
要祈求你的能力配合工作要求。
　　　　　　　　——布吾克
成功好比一张梯子："机会"是梯子两侧的长柱，
"能力"是插在两根长柱之间的横木。
只有长柱没有横木，梯子没有用处。
　　　　　　　　——狄更斯

【模块导读】

本模块共由三个部分组成,分别是职业知识、职业技能与职业能力。如果将职业道德比喻成个体就业的软件,那么职业知识、职业技能、职业能力即为个体就业的硬件,缺乏它们,个体将无法就业。本模块在对相关概念进行介绍的基础上,重点阐述职业知识的类型与结构、职业能力的分类以及职业核心能力的内涵及职业核心能力培养途径,以帮助学习者更好地了解、建构本专业职业知识,主动培养职业技能,不断提升职业综合能力。

【学习目标】

知识目标:

1. 理解职业知识、职业技能、职业能力的相关概念,了解职业知识的组成、结构和职业能力的分类。

2. 增强对职业知识、职业技能、职业能力以及职业核心能力概念和重要性的理解和认识。

3. 了解本专业必需的职业知识、职业技能和职业能力的内容。

技能目标:

能够具备本专业需要的职业技能、职业能力,尤其是职业核心能力。

情感目标:

愿意在学习中积极主动地建构职业知识、培养职业技能与职业能力。

【知识导图】

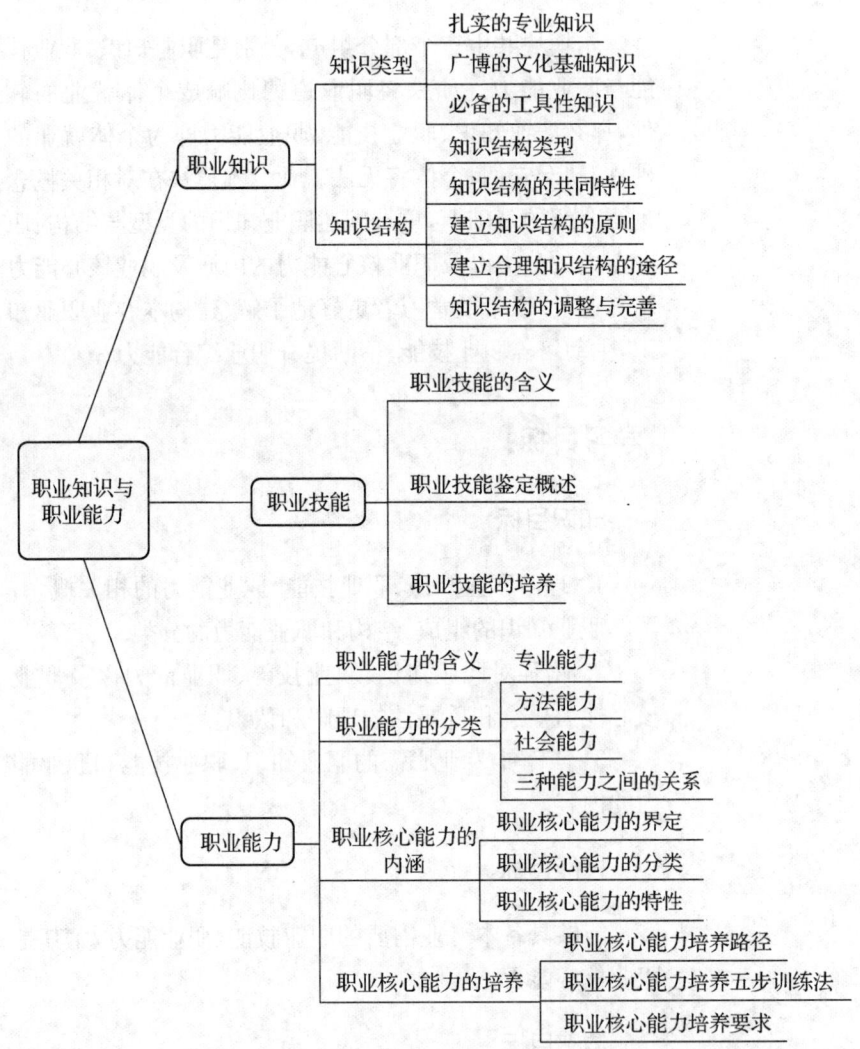

【案例导入】

你有什么样的职业准备?

王平就读于某高职院校的汽车营销与服务专业。在校期间,他主动按照专业要求,利用暑期等业余时间下功夫观察,不断探索,逐步积累实践经验,平时也积极参加校内外各项活动,培养自己的组织能力和沟通能力等,为自己今后的职业生涯奠定了良好的实践基础。毕业时,他去某品牌汽车4S店应聘,参加小组面试时,考官只问了一个问题:"你有什么样的职业准备?"王平清楚地陈述了自己的职业准备,还指出了观察过的其他品牌汽车4S店的特色和不足之处。最终面试官当场拍板录用了他,并说:"一个有职业准备的人,必然会精心培养自己的职业素养,这样的人必然是一个具有较高职业精神的人,这样的人是用人单位最欢迎的。"

随着高校毕业生人数逐年增多,大学生就业难已成为不争的事实。王平从入学伊始,就树立了职业的概念,对自己"想干什么""能干什么""怎么干"的问题进行了思考,并付诸实施。面对日益严峻的就业形势,在不少大学生感慨就业难的情况下,王平做到了"人职匹配",他的准备令人深思,给我们带来了启示。

未来社会要求每一个人都具有面对现实、不怕困难、开拓进取的精神;具有关心他人、家庭、社会、自然的意识和责任感;具有合作、交流能力和创新精神;具有自主、自信、自强的人格品质。健康的心理素质并非先天即拥有,大学时期是培养个体健康职业心理素养的黄金时期,这一时期大学生们如果能够抓紧时间,学习和积累职业知识,形成和掌握相应的职业技能,获得和提升职业能力,会为其健康职业心理的建构打下坚实的基础。

主题一 职业知识

"人往高处走,水往低处流",人的本性决定了人会追求更高层次的发展。接受高等教育是获得职业发展高起点的便捷途径,大学生们要能够在较短的时间内系统地学习适合自己未来发展的知识,然后将这些知识转化为自己的职业能力,从而为将来的职业生涯发展创造一个比较高的起点。

职业知识是个体从事相关职业必须具备的相对稳定且系统的知识。与职业技能和职业能力相比,职业知识是个体从业的基础,个体具备稳定、扎实且系统的职业知识,能帮助形成和提升职业技能和职业能力。联合国教科文组织提出,现代人应有三本"护照":一是文凭类的"教育护照";二是技术类的"职业资格认证护照";三是创业知识和技能类的"创业护照"。大学生职业素养的高低,与其知识结构的优劣有着直接联系。知识是素养的基础,素养是知识内化、积淀而成的相对稳定的品质,大学生的一切素养都是由知识转化而来,知识是其素养的元素和细胞。一个人素养的高低,首先取决于掌握知识的多寡、深浅及其知识结构的完整程度。古语常言,"才成于学,业精于勤",强调了才以学为本;现代高等教育学认为,谁掌握的知识越丰富、越精深,加工和运用这些知识的思想方法越正确、越先进,谁的职业才能就越突出。知识类型和知识结构是个体职业素养提升和发展的基础平台。

一、知识类型

知识素养是个体从业的基础,一名合格职业人的知识素养应包括以下几种类型。

(一)扎实的专业知识

21世纪是知识经济的时代,随着社会、经济和科技的发展,掌握扎实的专业知识是实现职业规划所必需的重要条件。尤其是对大学生来说,专业知识水平是其职业发展历程中的核心要素,即就业过程中的关键因素。因此,获取、掌握专业知识是大学生职业发展规划前期准备和积累的重要组成部分。

专业知识是指一定专业内相对稳定的系统化知识,这是职业人知识结构的核心,是有效履行职责和完成工作任务的基本条件。对于大学生而言,专业知识是指大学生各自所学专业的知识,是大学生以后走上工作岗位的一技之长。专业知识的学习也是高校最终实现育人目标的必然途径,尤其是当基础知识积累到一定程度时,知识专业化发展的要求就显得格外突出,知识的创造过程也就是在这个时期完成的。离开了专业知识的学习,知识体系也就失去了完整的含义和价值。由此可见,专业知识是大学生赖以生存的资本。大学生经过系统的训练与培养而取得一技之长,然后生存于社会,而他们认识社会、改造社会的武器就是自身掌握的专业知识。专业知识具有应用性强的特点,且应用过程的主体是学生本人,可以说,大学生在生存发展中运用自己所学的专业知识,正是专业知识自身特点与社会运作方式的结合。大学生对自己所学专业的知识应有一定深度的了解,要达到质和量的要求,同时还要对其专业邻近领域的知识有所了解和熟悉,为将来专业拓展做好准备。

为此,在校期间,大学生应认真学习,掌握扎实的专业知识,熟悉本专业的基本结构和各学科基础知识之间的内在联系,同时还要跟着时代的节拍,走在时代前沿,充分利用网络等新媒体及时了解专业的发展前景、动向和研究成果,同时注意专博相济、专深博广。只有这样,你无论身处何时何境,都能游刃有余,使自己立于不败之地。

(二) 广博的文化基础知识

这里的文化基础知识可以理解为从事任何职业均必须达到的文化知识水准,是适应职业岗位所必备的文化知识或常规知识,此类知识是知识结构的基础。不管从事哪一行业、哪一职业,除扎实的专业知识之外,拥有广博的文化基础知识也同样非常重要。当前,许多国家在高等教育改革中越来越重视基础知识的教育,实践也向我们证明,基础知识的教育对大学生建立合理的知识结构有着举足轻重的作用,对今后知识的运用与发挥起着基础保证作用。为了适应未来的发展,大学生必须掌握数学、物理、化学、外语、计算机、历史、地理、汉语等方面的基础知识,这是建立合理知识结构的基础。

基础知识是知识大树的躯干,是知识结构的根基。大学毕业生无论选择何种职业,不管将来往哪个专业方向发展,都少不了广博的文化基础知识。万丈高楼平地起,全靠基础来支撑。近年来科技发展加速,知识更新迅猛,文化基础知识是知识更新的原动力。尤其是语文、数学和基本常识,是基础中的基础,是一切职业人必备的知识。对这些基础知识不懂或掌握不牢,是不可能有更大的成就与发展的,这是基础文明的需要。而且,随着科技和经济的高速发展,社会的产业、行业、职业结构调整的速度必然加快,大学生在择业、就业时已不可能再一成不变,职业岗位随时变化的状况不可避免,从业人员会不断遇到转岗或转行的境况,而要适应这种变化,必须靠扎实宽广的基础知识。如果基础知识广博扎实,那么适应过程相对要短、适应得相对要好。著名数学家苏步青教授认为,现在的学生一进大学就分系,分专业,急于求成,急于专业化,学到的仅仅是本专业的基础知识,只能单打一,将来毕业后的适应性就很差,换一个方向(不用说换专业)就晕头转向,不知所措,这样的情形根本不能适应新形势的需要。所以说,即使是在大学阶段,还是要扩大知识面,尽可能地拓宽基础知识,这样将来的发展后劲就会足一些。苏步青教授的看法是很有见地的。

另外,就文化基础知识而言,它不是平面的,而是一个立体结构网络,并且这个网络结构是个动态发展的结构,会不断地编织生成新的"知识纤维"。它的基础有语文、数学、物理、历史、地理、化学、伦理、生理、美术、音乐等自然科学知识和人文社会知识,其中最重要的是语文、数学和基本常识。当然,在基础知识结构中,以上各知识元素之间也存在着一个合理搭配的问题。每位大学生必须有一个文化基础知识服务于专业知识的指导思想,在有利于专业知识积累与发挥的条件下,有选择地扩大文化基础知识的容量,使知识结构趋于合理。

(三)必备的工具性知识

现代社会开放包容且不断发展,进入职场前除了要有扎实的专业知识和广博的文化基础知识之外,工具性知识也非常重要,必不可少。工具性知识包括信息技术知识、方法论知识、外语知识、谈判沟通创业类知识等,此类知识不带有学术色彩,具有鲜明的应用性,是适应现代社会及职场发展必不可少的工具。在高校的课程设置中,不管何种性质的学校、何种性质的专业,都会开设有关此类知识的课程。掌握这类知识能帮助从业人员更好地展现和扩大专业的影响力。例如,信息技术课程的开设,能更好地帮助受教育者深入浅出地理解学习重点,掌握知识,拓宽视野。

现在不少高校在课程结构方面或实行主辅修制度,或通过增设某些课程来弥补本专业知识结构的缺陷,这些补充的知识大多隶属于工具性知识,对这些知识的掌握可以让大学生们在日后的求职中更得心应手。

案例分析

靠工具性知识制胜

一家著名企业招聘会计,在众多慕名前来应聘的毕业生中,一位身材矮小的男生脱颖而出。原因是他除了专业成绩优秀之外,既能熟练操作计算机和会计软件,又具有较强的写作和表达能力,完全满足用人单位的迫切需要。而在当时的面试中,许多考生能对传统和现代的记账方式有问必答,能对会计工作的常规要求做到应知应会,但在写作和文字表达方面,表现突出者寥寥,而这位求职者早在大二时就开始辅修文秘专业,在

> 应用写作和沟通表达方面日积月累、勤学苦练。他认为良好的写作和表达能力是对外提供信息、进行交流和发挥会计信息作用不可或缺的条件。一个称职的会计人员,不仅需要处理好会计账簿以及会计报表事宜,更需要对会计资料和会计信息加以说明以及进行财务分析、出具相关说明或分析报告等,必要时还需要对财务决策加以论证。现代社会需要的是具有包括写作和表达能力在内的综合素质的会计人才,而不是只会算账的账房先生。这位求职者正是由于在课余时间抓紧学习,辅修文秘专业,最终使他在求职中独占鳌头,顺利走上理想的工作岗位。

另外,现代各类职业还要求从业者所具有的知识程度高、内容新、实用性强。程度高是指知识层次高,知识面广;内容新是指从业者的知识结构中应以反映当今科学技术发展状况的新知识、新信息为主;实用性强是指从业者的知识在生产、工作中有很高的实用价值。这些方面都是必须注意的。

二、知识结构

知识结构是指一个人经过专门学习培训后所拥有的知识体系的构成情况与结合方式,它是一个由诸多要素组合而成的有序列、有层次的整体信息系统。合理的知识结构是良好文化素质的基础,它与知识程度有机结合,形成一个人的文化素质。当今世界,各种知识浩如烟海,各门学科交叉渗透,随着现代科学技术的飞速发展,社会生产发生了翻天覆地的变化,与此同时,现代各种职业对就业者的文化素质和知识结构的要求也越来越高。一个人要想百事皆通,掌握所有的知识是不可能的,现代社会的职业岗位所需要的是知识结构合理,能根据当今社会发展和职业的具体要求,将自己所学到的各类知识科学地组合起来,适应社会要求的人才。合理的知识结构是能够胜任现代社会职业岗位的必要条件,是人才成长的基础。面临求职择业的大学生应充分认识知识结构在选择职业和就业中的重要作用,根据社会的需要塑造自己,既要注意用丰富的知识来充实自己,又要注意建立自己合理的知识结构。合理的知识结构,应体现职业目标优先、专业与博学兼容、知识体系全面完整的特点,因此,合理的知识结构应由扎实的专业知识、广博的文化基础知识和必备的工具性知识三种类型的知识组成,这样的知识体系是事业发展实际需要的最合理、最优化的知识体系,能帮助从业人员较好地适应将来在社会上所从事的职业的要求。

专业知识所形成的结构框架并非单一的平面,而应是多维的立体结构,起码要有几门以上的专业基础知识当底座或底盘,在此基础上再建构普通专业知识和专业拓展知识以及学科前沿知识,同时还要注意专业知识之间的比例是否协调、恰当,这样的框架才能比较稳定。当然,专业不同,知识结构之间的比例也会不同,这在文科、理科、工科间有着明显差异,这种差异能反映不同职业或岗位对个体适应社会的客观要求。总体而言,专业知识结构越系统,知识的层次越多,知识面越广,将来成功的概率就越高。

当今学术界对职业人才的知识结构主要提出了以下几种类型,学科不同,专业知识的结构也应有所不同。

(一)知识结构类型

1. 宝塔型知识结构

顾名思义,这种知识结构形如宝塔,包括基本理论、基础知识、专业知识、学科知识、学科前沿知识等。基本理论、基础知识为宝塔底部,专业知识、学科知识为塔身,学科前沿知识为塔顶。特点是强调基本理论、基础知识的宽厚扎实,强调专业知识的精深,容易把所具备的知识集中于主攻目标上,有利于迅速接通学科前沿。现今我国学校大多是培养宝塔型知识结构的人才,尤以科技类专业为典型。

虽然科技类知识千差万别,但就其共性而言,都呈现出宝塔型知识结构的特点。目前科技人才综合发展的特征决定了此类专业人才的知识结构不能只限于本专业,知识面既要有深度又要有广度,广度是宽阔的塔基,深度是高大的塔身,塔越高,塔的地基应该越宽广厚实。专深需要广博的基础,在这样一个宝塔型知识结构中,其顶端是将来主攻或从事的专业目标,可以想象,若基础狭窄,将来的发展必然受阻。

与科技类知识不同,经济类、管理类专业知识结构更多呈现横向的联结,比较有代表性的是蛛网型、帷幕型和飞机型知识结构。

2. 蛛网型知识结构

蛛网型知识结构的特点是以专业方向目标为中心点,将其他与本专业相近或相关的知识作为衔接点相互联结,形成一个相对完整、适应性较强且能够在一定范围内扩展的知识网络系统,就像一张蜘蛛网,所以称为蛛网型知识结构。这一结构将专业方向目标置于网络中心,注重发挥与专业相关联的系统知识的辅助作用,注重从相关领域吸取营养,这样便于在运用知识时能充分发挥整体知识的协调作用。蛛网型知识结构具有综合性、广泛性、层次性、开放性和动态性的特点,呈现出小核心与大外围的结构关系。这种知识结构能很好地体现知识广度与深度的统一,这种人才知识结构呈复合型状态。随着社会生产的高速发展,这种知识结构的人才非常受用人单位的欢迎,进入中国的外资机构尤其重视此类人才。

3. 帷幕型知识结构

帷幕型知识结构由法国管理专家法约尔所提出,他着重进行知识、能力、素质与高素质人才成长模式的研究,提出个体知识结构与组织整体知识结构的有机结合。他认为对一个企业而言,除了需要专业方面的知识之外,还要不断根据新的科技动态构建技术、管理、财政、商业、会计和安全等六个方面的知识。由于工作岗位不同,职责范围不同,对上述六类知识的依赖程度不同,所要求的知识比重也不同。越在基层,需要硬科学的比例越大,越在高层,需要软科学的比例愈大,整个构图就像一个拉开的帷幕。帷幕型知识结构提醒我们,任何一个社会组织都会对其组织成员的知识结构有一个总体的要求,而作为该组织的个体,依其在组织中所处的层次,在知识结构的要求上又存在着一些差异。择业时,不但要注意所选职业类型在整体上对求职者知识结构的要求,还要了解所选职业岗位在社会组织中的位置及层次性,以此来调整自己的知识结构,增强就业后的适应性。比如,不管是文科还是理科的学生,都可以选修些心理学和管理学的知识,增强"专才"基础上的"通才"意识,以促进日后工作快速适应。古代社会中,各科知识处于萌芽时期,人才以"通才"为主;近代社会随着科学的分化,人才以"专才"为主;现代社会则因为科学呈现高度分化和高度综合,人才以"专才"基础上的"通才"取胜。

4. 飞机型知识结构

飞机型知识结构由我国企业管理人员翟新华提出,他认为优秀的企业管理人员的知识结构应该像飞机结构一样由三部分组成——机头、机身以及机尾。机头部分是宏观理论,起主导作用;机尾部分是微观理论,起平衡作用;机身部分是微观与宏观理论同实践结合的经验,起稳固作用。比如,以经济管理专业的知识结构为例,翟新华认为应由以下几个部分组成:机头部分是宏观经济理论,包括政治经济学、经济管理概论、财政学、商业学、银行货币学知识等;机身部分是丰富的宏观经济和微观经济的实践经验;机尾部分是微观经济论,包括计划管理、生产管理、物资管理、技术管理等。除此以外，外语及数学是飞机的两翼。如果将这一结构进行拓展和演绎，不仅仅局限于经济管理专业，不难发现，拥有必备的基础理论知识作为机头，专业知识作为机尾，实践经验部分作为机身，使机头、机身、机尾这三部分有机地结合起来，再加上外语和数学为两翼，这样"飞机"才能高速、稳妥地起飞。

（二）知识结构的共同特性

知识结构没有绝对的统一模式，却具有共同特性，具体表现在以下几个方面。

1. 整体性

一切事物都是有机的整体，知识结构与其他事物一样，也是一个有机的整体，组成整体的各部分之间，相互依赖、相互联系、相互作用、相互制约。现代科学发展趋势显示出知识结构整体性和综合性的特点，它要求知识结构中无论各个组成部分多么复杂，其构成都不应是各个部分的简单堆积，而应是多个部分相互联系、相互作用的有机整体，从而能够在整体中发挥出最优化的功能。知识结构本身就是发展变化的，它是动态的，而不是静止的，是随着社会的发展而发展变化的。在社会不发达的阶段，知识结构相对而言较为简单，随着社会的进步，科学技术的日新月异，人们根据社会的需要，对知识结构应经常进行调整、充实、提高。如不更新知识，就难以适应现代社会的要求。所以说，如果知识结构只有数量的优势，而没有相互协调、配合融通，就很难产生知识结构的整体优势。掌握广博的知识并能融会贯通，就能在纷繁复杂的知识中发现其内在联系，既能迸发出新的思想火花，又能产生出大于各部分知识简单叠加的整体效应。由于现代科学高度分化的同时又兼具高度综合的发展趋势，合理的知识结构的整体统一性特点也就越来越明显。

2. 有序性

一般知识结构是按从低到高、从核心到外围的层次组成的。从低到高是指从基础知识到专业技术知识，直至前沿科技知识，要求知识由浅入深地积累，并逐步提高。从核心到外围是指在核心知识或目标确立的情况下，将那些与核心知识或目标有关的知识紧密地联系在一起，构成一个合理的知识结构，突出核心知识的中心作用。否则知识结构杂乱无章，主次不分，很容易眉毛胡子一把抓，不清不楚，发挥不了知识结构的整体作用。当然，强调知识搭配主次有序，并不是否定外围知识的作用。在具备专业特长的同时,需要多涉猎一些相关领域的知识,形成精深、广博的知识结构。

现代社会职业岗位对求职择业者的知识结构、文化素质的要求越来越高,用人单位为适应现代社会发展的需要,为在市场经济的激烈竞争中求得生存和发展,就必须合理配置企业的人力资源。因此,就知识结构而言,一方面,社会和企业对知识结构的多样性的要求越来越多;另一方面,对知识结构的实用性的要求也越来越强。

诺贝尔物理学奖获得者李政道博士曾说:"我是学物理的,不过我不专看物理书,还喜欢看杂七杂八的书。人们认为,在年轻的时候,杂七杂八的书多看一些,头脑就能比较灵活。"大学生建立知识结构时,不妨从这段话中有所借鉴,一定要防止知识面过窄的单打一偏向。

3. 可调性

人们的知识结构应该是动态的、可变的,能够根据需要经常进行定向调整,以保持最佳状态。所谓定向调整,就是要紧紧围绕选定的目标充实和积累知识,调整知识结构。爱因斯坦上大学的时候,常常让同学帮助他记数学笔记草率应付过去,没料到,他攻克广义相对论时发现自己所缺的正是数学这个武器。于是,他下苦功学习了7年数学,对自己的知识结构进行了一系列的调整,才取得了辉煌的成就。实践证明,合理的知识结构本身应该有一种转换能力,它能够根据变化了的客观世界和实际需要,从一个目标转向另一个目标,不断对自身进行充实和调整。

(三)建立知识结构的原则

建立合理的知识结构是一个复杂、长期的过程,必须注意如下原则。

1. 整体性原则

即专博相济,一专多通,广采百家为我所用。所谓"博"是指广博,现代科学技术的发展日新月异,边缘学科和横向学科不断出现,技术上的高度综合、学科间的互相渗透,要求人们具有相当宽广的知识面。知识面过窄,则难以适应科学技术发展的需要,也很难在事业上有所建树。目前我国生产力的总体水平还不算高,不少单位常常要求一个人能够懂得较多的知识,胜任多方面的工作。所谓"专"是指精深,成功的人往往都是在宽广的知识面基础上对专业知识精益求精,从而成为某一学科、某一方面颇有造诣的专家。尤其是对大学生而言,掌握精深的专业知识是胜任未来工作的前提条件。要建立合理的专业知识结构,就要把知识的广博和精深有机地结合起来，把精深的专业知识建立在广博的基础之上，并且尽可能地围绕专业目标扩大自己的知识面，这样才能为建立合理的知识结构奠定良好的基础。

2. 层次性原则

即合理的知识结构的建立，必须从低到高，在纵向联系中，划分基础层次、中间层次和最高层次。没有基础层次，较高层次就会成为空中楼阁，没有高层次，则显示不出水平。因此，任何层次都不能忽视。

3. 比例性原则

即各种知识数量和质量之间合理配比。比例的原则应根据培养目标来定，成才方向不同，知识结构的组成就不一样。

4. 动态性原则

即所追求的知识结构不应处于僵化状态。一方面，要更新知识，防止知识老化；另一方面，要增强实用性，防止与自己专业方向无关的知识所占比例过大，以致不适应职业岗位的要求，甚至降低一个人的能力。同时，所追求的知识结构须是能够不断进行自我调节的动态结构。这是为适应科技发展、知识更新、研究探索新的课题和领域、职业和工作变动等因素的需要，不然跟不上飞速发展的时代步伐。

5. 积累性原则

合理的知识结构既需要大量的知识积累，也需要适宜的知识调节。大量相关学科知识的积累，有利于强化知识的整体效应，适应当代科学技术相互渗透、不断分化综合的发展趋势。

6. 理实结合性原则

合理的知识结构不仅是理论知识的有效积累，而且是实践经验的结晶。在理论与实践的天平上，忽视或缺乏任何一个方面，都会导致知识结构的倾斜。缺乏实践的理论是空洞的，没有实践，理论就会枯萎；而没有理论，实践就会缺乏指南。所以说，建立合理的知识结构，要能处理好理论与实践的关系。一方面向书本学习，另一方面向实践学习，这是建立合理知识结构的正确途径。

（四）建立合理知识结构的途径

大学生完善自身的知识结构是一项全方位的任务。它既是一个群体行为，因为每一位大学生都需要完善知识结构；同时，它又是一个个体行为，因为每一位大学生的知识结构都有其自身的特点和要求，不可能千篇一律。

知识结构的完善很难有一个可供每一位大学生具体操作的方案。因此,个人行为的要求显得格外重要。一般来讲,建立合理的知识结构可参考以下程序。

第一,根据准备选择的职业目标确定自己的知识结构类型。

第二,根据拟建立的知识结构类型,将所具备的知识按系统、层次进行优化组合。

第三,根据组合后的知识结构的情况,决定需要补充的学习内容,进一步使之完善。

第四,在就业前根据社会与科学技术的发展,按照将从事的职业在其所属的社会组织中的具体层次,进一步调整知识结构。

建立合理的知识结构没有捷径可走,其基本途径只能是学习和积累。建立合理的知识结构绝非一劳永逸,必须持续不断地付出艰辛的劳动。每一位求职者只要采取适合自己的科学方法,并且不断努力、刻苦耕耘,就一定能建立和完善自己的知识结构,为顺利择业、成才打下良好的基础。

拓 展 阅 读

不同职业或行业所要求的知识结构

1. 国家机关、单位人员的知识结构要求

在国家机关任职的公务员、党的机构从事党务工作的人员、事业单位从事机关工作的人员,一般根据不同的职业岗位层次,要求具备不同的知识结构。现阶段,最低职位的文化水平要求是大专以上。随着现代化社会进程加快,对上述人员的文化水平的要求将越来越高。对上述人员还要求有相关的业务知识,主要是与本职岗位有密切关系的业务知识,要掌握有关法律、经济、行政、管理等的基础知识;还必须具备适应本职岗位需要的各种能力,即理解能力、判断能力、决断能力、创造能力、开发能力、表现能力、协调能力、涉外能力、指导能力、统率能力、调查研究能力及语言文字表达能力等。

2. 工程技术人员的知识结构要求

我国现阶段对从事工程技术工作人员的知识结构要求主要有:牢固掌握专业基础知识;掌握现代专业知识;有解决极其复杂技术的能力;对问题判断能够做到完整、客观;有系统的思维和抽象概括能力;能够选择最有效的方法以及最新的设备和材料来解决问题;能够提出改进材料和设备的方法;有全面、周密的计划和组织能力;有具体分析困难和解决困难的能力等。

3. 社会科学工作者的知识结构要求

作为一名社会科学工作者,应该有一个比较完善的知识结构体系。无论研究什么学科,都应该具有三个层次的知识结构。一是具有本学科的专门知识,包括本学科的概念、体系、研究工具、基础资料,了解本学科的历史演变,研究本学科的现状和未来发展前景。二是要有相关学科知识。以经济学为例,哲学、政治学、法学、历史学、数学和有关的技术科学等,这些都是相关学科。在一个学科中,由于研究的问题不同,相关学科也不一样,如经济学中,研究生产力布局的一定要掌握经济地理知识,而研究货币政策的就不一定要掌握经济地理知识。三是一般知识不一定要求过多,但是必要的知识应该具备,如语法修辞知识、逻辑学知识等。专门知识是从事科学研究的基础,相关学科知识是专门知识的必要延伸,一般知识决定一个人的知识面。专门知识不牢固,似懂非懂,搞研究工作是不行的;相关学科知识不够,会限制专门知识的引申和发挥;一般知识太少,则难以开阔思路,启迪创造思维。

4. 经营管理人员的知识结构要求

对从事经营管理人员的知识结构要求是:能够深刻领会党和国家的各项方针、政策,并能够适应改革开放的经济形势;具备创新意识和精神;有高度的事业心和责任感;是本行业的生产技术骨干,且有比较宽广的知识面;具有较强的综合能力、果断的指挥能力、较强的控制能力;能及时发现问题,善于捕捉信息、沟通信息;具有良好的决策能力;具有较强的公关、社交、谈判能力;处理问题灵活机动、随机应变。

5. 自然科学研究人员的知识结构要求

对从事自然科学研究人员的知识结构要求是:有雄厚的基础理论知识和较深的专业知识;有较强的逻辑思维能力和判断能力;善于发现问题,有较强的科研定向能力和创造能力;有较强的表达能力;有较强的计算机应用能力和科技鉴别能力;有较高的外语水平及掌握国外信息的能力。

6. 军事人才的知识结构要求

军事工作是流血的政治职业,相对于其他行业来说,军事人才的知识结构有其特殊性。首先,要有高度的政治素质,随时准备以生命和鲜血捍卫祖国的领土安全,反对侵略,保卫和平。其次,要有高度的组织纪律,必须做到有令必行,有禁必止,保持高度的集中统一,才能完成各项战斗任务。再者,由于现代科学技术的高度发展,很多当代的高科技技术都首先运用到军事上。因此,军事人才必须要有较高水平的科学技术知识,才能驾驭当今高科技军事技术装备。

7. 财会人员的知识结构要求

随着我国社会主义市场经济制度的逐渐建立和完善,社会对财会人员基本素质的要求越来越高,一般都要求其既具备熟练的专业知识,又要有较宽的知识面,熟悉与本职工作有关的政策、规章制度、法律,同时还要有一定的经济学、营销学和采购学等方面的知识,要诚实可靠,不得以权谋私、营私舞弊,并且要有较强的公关社交能力。

8. 文艺人才的知识结构要求

从事文学艺术的工作人员,是指从事文学创作、文艺表演、文艺理论研究等方面的专门人才。对这一类人的知识结构要求是:要有良好的道德品质,用马列主义的世界观和文艺观,正确地观察社会、反映社会,全心全意为人民大众创作,以优秀的作品鼓舞人民、教育人民、引导人民;同时,还应具备一定的文艺表演技能,必须掌握广博的社会知识、文艺史、文艺理论等,以及有较丰富的生活阅历。

9. 涉外工作人员的知识结构要求

涉外工作主要包括对外政治、对外经济、对外科技、对外贸易和对外文化交流与往来。对从事这些工作的人员的知识结构要求是:具有较高的政治素质,热爱祖国,掌握外交政策,自觉地维护祖国的利益和尊严,严格遵守外事纪律、保守国家和企业的机密;要有广博的知识,精通古今中外的政治、经济、文化、风土人情、风俗习惯等;要有较高的外语水平;熟练掌握从事对外政治、对外经济、对外科技、对外贸易、对外文化交流与往来工作的具体涉外业务;在对外交往中,要有较好的礼仪仪表,注意对外礼仪、社交礼节,自我形象要整洁美观、朴素大方、彬彬有礼、落落大方等。

10. 公关工作人员的知识结构要求

在社会主义市场经济环境下,公关工作越来越引起人们的重视,而且从事此项工作的人员也越来越多。对公关工作人员的知识结构要求主要有:要以自己的人格魅力征服公众,在公关活动中,要给人们留下真诚、热情、可信的好感;靠自己高尚的人格去赢得社会公众的了解和支持;必须把本单位的形象放在第一位,要善于学习、善于分析判断、善于把握机遇,为领导提供高质量的决策信息;要有广泛的社交能力、干练的办事能力;善于与各种人员打交道;要能写会说,"能写"就是有较高的文字写作表达能力,"会说"就是要有较好的口才。

11. 教育工作人员的知识结构要求

教育工作人员的知识结构应由三部分组成:精深的专业知识、广博的文化修养和丰富的教育理论知识。精深的专业知识是指教师对自己所教的学科应有扎实的专业基础知识,熟悉学科的基本结构及其和各部分知识之间的内在联系,了解学科的发展动向和最新研究成果。教师只有具备了扎实的专业基础知识,才能透彻理解教材,深入浅出地讲解教材,不断引导学生向知识的广度和深度进军。对各种教学艺术和丰富的知识的熟练运用是一名成功的教师不可缺少的素养。青少年学生正处在长知识、长身体的年龄阶段,他们思想活跃、兴趣广泛、爱好多样,有强烈的求知欲望和好奇心,他们的提问会涉及各个学科领域,加之现代科学知识出现了高度分化又高度综合的趋势,数、理、化之间,文、史、地之间,自然科学与社会科学之间的联系日趋紧密,教师必须适应这一趋势,拥有广博的文化素养才能胜任教学工作。另外,教师还必须懂得教育规律,以教育规律为指导,这样才能少走弯路,少碰钉子。不掌握教育理论知识,势必导致教育教学工作的高消耗、低效率。

(五) 知识结构的调整与完善

人的知识结构是相应的客观事物在头脑中的储存与反应,是在动态的吸收和调整下形成的。由于主客观原因的影响,个体会跳槽或转行,新的岗位和职务要求人的知识结构不断调整与变化,人也只有不断学习,努力实践,才能学会适应。总体而言,个体知识结构的调整有以下三种情形。

1. 小范围调整

这是指不改变专业方向的知识调整。随着科学技术的迅速发展,任何职业和岗位都要求从业人员不断充实、更新自己的知识。对自己已有的知识而言,可能这种充实和更新是大面积的,但就知识总量而言,因为专业方向没有变化,所以又是小范围的。

2. 中范围调整

这是指在原行业内,主攻方向改变后知识的调整。比如,研究固体物理的人改为去研究光学,这样的调整对大局无碍,原有的基础知识和基本理论都用得上,只需在专业知识上下功夫。学生从高校毕业后,从事的工作与所学专业不太对口的知识调整也属于中范围的调整。当然对口是相对的,一个人在学校所学的专业与毕业后从事的工作很难完全吻合,这就要求个体在校期间要有意识主动构建基础较宽、别具一格、有利于攻关的知识结构。

3. 大范围调整

这是指专业不对口或完全改行后的知识调整。因主客观因素的影响,一个人改变了专业的方向,那就必须重新组合自己的知识结构,以更好地适应新的工作岗位,这样的调整就属于大范围调整,通常所说的转行或转专业就属于此。比如,体育人才和军事人才的退役,因伤残疾病和原有行业单位的倒闭被迫离开或转行,这些都属于大范围调整。这种调整有时是痛苦的,需要有信心、意志和勇气。

在现代社会中,个体总是动态地调整自己的知识结构,在调整时,一定要注意知识总量与有用知识量的比例关系。一般情况下,一个人的知识总量多寡并不任意决定其贡献大小,这涉及知识的有用性问题。有的人虽知识渊博,但因为与主攻方向关系不大,发展一般。而有的人虽知识总量不多,但有用部分比例较大,更易得到好的发展,也更易成才。当然,量变影响质变,现代科学技术的发展是相互联系又相互渗透的,学科的发展往往需要借助于相邻学科的发展。所以,在组建与调整自己知识结构的时候,还要主动考虑社会的需要和适应性,充分了解各种职业对求职者知识结构的特殊要求,知识面不能过窄,要注意各种知识的有机结合,努力建构最佳的知识结构,就像沙子、水泥和水的恰当搭配,融为一体,才能发挥效益。

主题二　职业技能

一、职业技能的含义

职业技能,是指在职业分类基础上,根据职业活动内容,对从业人员工作能力水平的规范性要求,即学生将来就业所需的技术水平。它是从业人员从事职业活动,接受职业教育培训和职业技能鉴定的主要依据,也是衡量劳动者从业资格和能力的重要尺度。学生是否具备良好的职业技能是其能否顺利就业的前提。根据《国务院关于大力推进职业教育改革与发展的决定》中关于"加强职业指导和就业服务,拓宽毕业生就业渠道"的要求,调动学生学习职业技能的积极性,帮助学生提高职业技能就显得尤为重要。根据我国的具体情况,提高学生职业技能的一条重要途径,是让学生通过有针对性的学习和培训,达到职业技能鉴定的要求。职业技能的鉴定表现为按照国家规定的职业标准,通过政府授权的考核鉴定机构,对劳动者的专业知识和技能水平进行客观公正、科学规范的评价与认证。职业技能的教育与相应的鉴定,在提高劳动者素质、促进就业、实现经济增长方式转变和延迟就业、缓减就业压力、促进地方经济社会发展、增进社会和谐稳定中所起的作用日益明显。

掌握一门专业技能是就业的根本，也是顺利就业的途径之一。职业技能的掌握熟练度是决定职业发展好坏的一个重要因素，可以称为专业人士的一个主要考核标准。不少教育界人士认为，掌握相关的职业技能既是就业的根本，也是顺利就业的途径之一。与大学本科专业相比，虽然专业技能学校的学生学习期限短，但掌握的技能却是本科大学生难以学到的，这是因为高职类院校均在专业内开设了大量的专业技能课，在了解市场需求的基础上有针对性地开设了相关的职业技能培训，它能提高学生的专业技能与动手能力，从而大大开拓了学生的就业市场。目前而言，相关课程大致可分为技工类技能、餐饮类技能、工程机械类技能、服装设计类技能、美容化妆类技能、汽修类技能等，可以说有多少种行业就有多少种职业技能，同时任何行业的职业技能都有高级、中级和初级之分。例如，学机电、数控一类的专业一般可以考电工证、焊工证、钳工证、数控车床证、CAD证等。

拓 展 阅 读

常用职业资格证书介绍

职业资格证书作为职业技能的重要凭证，目前已成为很多职场人士在职提升和职位晋升的重要依据。

1. 工商管理类证书

企业培训师、客户服务管理师、国家注册物业管理师、物流管理师、项目管理师、人力资源管理师、物业管理师等。

2. 心理保健类证书

心理咨询师、催眠保健师、婚姻家庭分析指导师、儿童青少年心理辅导师、社会工作师等。

3. 旅游、酒店类证书

导游、按摩师、调酒师、茶艺师、酒店管理师等。

4. 饮食烹饪类证书

公共营养师、营养咨询师、营养配餐员、全国餐饮职业经理等。

5. 营销、设计类证书

营销师、网店工程师、电子商务师、工业设计师、网页设计师、室内设计师、平面设计师、广告设计师、网络工程师、电源工程师、智能楼宇管理师、3G技术工程师、产品结构设计师、磨具工程师等。

6. 建筑类证书

一级建造师、二级建造师、土建预算师、安装预算师、园林预算师、施工员、安全员、资料员、质检员、注册安全工程师等。

二、职业技能鉴定概述

（一）职业技能鉴定的主要内容

职业技能鉴定是一项基于职业技能水平的考核活动，属于标准参照型考试。它是由考试考核机构对劳动者从事某种职业所应掌握的技术理论知识和实际操作能力做出客观的测量和评价。职业资格证书是表明劳动者具有从事某一职业所必备的学识和技能的证明。它是劳动者求职、任职、开业的资格凭证，是用人单位招聘、录用劳动者的主要依据，也是境外就业、对外劳务合作人员办理技能水平公证的有效证件。职业资格证书与职业劳动活动密切相连，反映特定职业的实际工作标准和规范。1994年起，我国开始实施国家职业资格证书制度，以职业活动为导向，以职业能力为核心，大力开展职业技能鉴定工作，初步建立了由初级、中级、高级、技师、高级技师等五个等级构成的国家职业资格体系，构建了技术工人技能成长通道。

职业技能鉴定是国家职业资格证书制度的重要组成部分。它是指按照国家制定的职业技能标准或任职资格条件，通过政府认定的考核鉴定机构，对劳动者的技能水平或职业资格进行客观公正、科学规范的评价和鉴定，对合格者授予相应的国家职业技能证书。国家实施职业技能鉴定的主要内容包括职业知识、操作技能和职业道德三个方面。这些内容是依据国家职业（技能）标准、职业技能鉴定规范（即考试大纲）和相应教材来确定的，并通过编制试卷来进行鉴定考核。

在人才培养方面，推行职业资格证书制度不但有助于克服教育培训工作中脱离生产、脱离实际的缺陷，更重要的是，这对于解决我国人力技能型人才严重短缺的问题有着重要作用。人力资源和社会保障部职业技能鉴定中心（各省、市职业技能鉴定中心）结合企业职工、院校学生及其他群体的不同特点和需求，在广泛开展社会化职业技能鉴定工作的同时，开展了企业内技能人才评价、职业院校学生资格认证以及专项职业能力考核工作。近年来,不少高等职业院校高度重视学生职业能力的培养和训练,以使学生更好地适应职业岗位的要求。劳动者的基本素质既要看文化程度的高低,又要看职业适应能力,所以为了全面反映劳动者的素质状况,应该采取学历文凭和职业资格证书两者并重的制度。许多职业院校明确提出要坚持学历证书与职业资格证书并重,提高职业院校毕业生"双证"的持有率,让学生的职业技能和专业知识都得到提高,全方位地促进学生的发展。

(二)职业技能申报要求

参加行业职业不同级别鉴定的人员,其申报条件不尽相同,考生要根据鉴定公告的要求,确定申报的级别。一般来讲,不同等级的申报条件为:参加初级鉴定的人员必须是学徒期满的在职职工或职业学校的毕业生;参加中级鉴定的人员必须是取得初级技能证书并连续工作5年以上,或是经劳动行政部门审定的以中级技能为培养目标的技工学校以及其他学校毕业生;参加高级鉴定的人员必须是取得中级技能证书5年以上、连续从事本职业(工种)生产作业不少于10年,或是经过正规的高级技工培训并取得了结业证书的人员;参加技师鉴定的人员必须是取得高级技能证书,具有丰富的生产实践经验和操作技能特长,能解决本工种关键操作技术和生产工艺难题,具有传授技艺能力和培养中级技能人员能力的人员;参加高级技师鉴定的人员必须是任技师3年以上,具有高超精湛技艺和综合操作技能,能解决本工种专业高难度生产工艺问题,在技术改造、技术革新以及排除事故隐患等方面有显著成绩,而且具有培养高级工和组织带领技师进行技术革新和技术攻关能力的人员。

(三)职业技能鉴定报名

开展职业技能鉴定,推行职业技能证书制度,是落实党中央、国务院提出的"科教兴国"战略方针的重要举措,也是我国人力资源开发的一项战略措施。这对于提高劳动者素质,促进劳动力市场的建设以及深化国有企业改革,促进经济发展具有重要意义。

申请职业技能鉴定的人员,可向当地职业技能鉴定所(站)提出申请,填写职业技能鉴定申请表。报名时应出示本人身份证、培训毕(结)业证书、技术等级证书或工作单位劳资部门出具的工作年限证明等。申报技师、高级技师任职资格的人员,还须出具本人的技术成果和工作业绩证明,并提交本人的技术总结和论文资料等。

(四)职业技能鉴定方式

职业技能鉴定分为知识要求考试和操作技能考核两部分。知识要求考试一般采用笔试,技能要求考核一般采用现场操作加工典型工件、生产作业项目、模拟操作等方式进行。计分一般采用百分制,两部分成绩均在60分以上为合格,80分以上为良好,95分以上为优秀。我国职业技能证书分为五个等级:初级(五级)、中级(四级)、高级(三级)、技师(二级)和高级技师(一级)。

(五)职业技能鉴定机构

我国职业技能鉴定实行政府指导下的社会化管理体制,即按照国家法律政策,在政府劳动保障行政部门领导下,由职业技能鉴定指导中心组织实施,职业技能鉴定所(站)对劳动者技能水平实施鉴定。整个鉴定的实施步骤分为四步,分别是鉴定前的组织准备、鉴定前的技术准备、鉴定实测、鉴定后的结果处理。职业技能鉴定所(站)是经劳动保障行政部门批准设立的实施职业技能鉴定的场所,它是职业技能鉴定的基层组织,承担规定范围内的职业技能鉴定活动。具体工作任务包括:受理职业技能鉴定的申请,对申报人的资格条件进行审查,经鉴定指导中心核准后,签发准考证;组织申报人员按规定的时间、地点和方式进行考核或考评;协调鉴定过程中的有关事务;汇总鉴定成绩,并负责报送鉴定指导中心;向鉴定指导中心提供鉴定报告,对考评小组的工作提出评价意见;协助鉴定指导中心办理证书手续,并负责向鉴定合格者发放职业资格证书;负责鉴定的咨询服务和信息统计等工作。

(六)职业技能鉴定考评员

职业技能鉴定考评员必须具有高级工、技师或中级专业技术职务以上的资格;鉴定技师资格的考评员必须具有高级技师、高级专业技术职务的资格。

考评员由职业技能鉴定指导中心进行资格考核,由劳动行政部门核准并颁发考评员资格证书和带有本人照片的职业技能鉴定资格胸卡。

鉴定技术等级的考评员资格认定和合格证书的核发权限,由省、自治区、直辖市劳动行政部门具体规定;鉴定技师资格的考评员资格认定和合格证书的颁发,由省、自治区、直辖市劳动行政部门核准。

职业技能鉴定站(所)要在取得考评员资格证书的人员中聘任相应工种、等级或类别的考评员,聘期3年,并应采取不定期轮换、调整考评员的方式组成专业考评小组。

考评员要严格遵守考评员工作守则和执行考场规则。

(七) 职业技能鉴定注意事项

申报职业技能鉴定,首先要根据所申报职业的资格条件,确定自己申报鉴定的等级。如果需要培训,要到经政府有关部门批准的培训机构参加培训。申报职业资格鉴定时要准备好照片、身份证以及证明自己资历的材料,参加正规培训的须有培训机构证明,工作年限须有本人所在单位证明,经鉴定机构审查符合要求的,由鉴定所(站)颁发准考证。参加考试时必须携带准考证,否则不能参加考试。

附:

我国职业资格分类

类别号	类别名称	类别编码	中类	小类	细类(职业)
第一大类	国家机关、党群组织、企业、事业单位负责人	1(GBM0)	5	16	25+0
第二大类	专业技术人员	2(GBM1/2)	14	115	379+21
第三大类	办事人员和有关人员	3(GBM3)	4	12	45+1
第四大类	商业、服务业人员	4(GBM4)	8	43	147+22
第五大类	农、林、牧、渔、水利业生产人员	5(GBM5)	6	30	121+8
第六大类	生产、运输设备操作人员及有关人员	6(GBM6/7/8/9)	27	195	1 119+22
第七大类	军人	7(GBM X)	1	1	1+0
第八大类	不便分类的其他从业人员	8(GBM Y)	1	1	1+0

需要注意的是,中类是大类的子类,是对大类的分解;小类是中类的子类,是对中类的分解;细类是最基本的分类,即职业。

以第四大类"商业、服务业人员"为例,它的中类分为:

4-01(GBM 4-1)购销人员

4-02(GBM 4-2)仓储人员

4-03(GBM 4-3)餐饮服务人员

4-04(GBM 4-4)饭店、旅游及健身娱乐场所服务人员

4-05(GBM 4-5)运输服务人员

4-06(GBM 4-6)医疗卫生辅助服务人员

4-07(GBM 4-7/4-8)社会服务和居民生活服务人员

4-99(GBM 4-9)其他商业、服务业人员

以第三中类"餐饮服务人员"为例,它的细类可分为:

4-03-01(GBM 4-31)中餐烹饪人员

4-03-02(GBM 4-32)西餐烹饪人员

4-03-03(GBM 4-33)调酒和茶艺人员

4-03-04(GBM 4-34)营养配餐人员

4-03-05(GBM 4-35)餐厅服务人员

4-03-99(GBM 4-39)其他餐饮服务人员

拓 展 阅 读

最难考的十大顶级资格认证

1. 同声传译(AIIC)

国际会议口译员协会(International Association of Conference Interpreters,简称 AIIC),是会议口译这一专门职业唯一的全球性专业协会,AIIC 的会员身份被广泛认为是会议口译员的最高专业认证。

2. 北美精算师(FSA)

精算师的职业生涯被喻为"金领中的金领"。因为在发达国家,精算师既是商业保险界的核心精英,又可在金融投资、咨询等众多领域担任要职。因此,精算师代表着财富、权力和专业水准。

一般精算师资格考试分为准精算师考试和精算师考试两部分。目前北美精算协会的资格考试科目有9门,考试时间在三四个小时到六个小时不等。参加资格考试费用最低的一门考试科目也需要100美元,总计需要3 000多美元。

3. 特许金融分析师(CFA)

特许金融分析师的资格认证考试被称为"全球金融第一考"。CFA 采用三级认证制度,第一级考试于每年6月和12月各举行一次,第二级和第三级考试

每年均于6月同时举行一次,一年只能参加一级考试,因此最少要3年才能完成全部3级考试。在此基础上,还需要有3年的金融机构从业经验或3年CFA协会会员经历才可获得CFA特许状。主办CFA考试和授予CFA特许状的权威机构是CFA协会,CFA的注册报考由CFA协会直接负责。考试费用约为1 400美元。

4. 特许理财规划师(CFP)

CFP认证是全球业界专业人士的最高理财资格证书。CFP是从事金融理财,达到国际CFP组织所规定的教育(education)、考试(examination)、从业经验(experience)和职业道德(ethics)标准(简称"4E"标准),并取得资格认证的专业人士。考虑到国内对于具备基本理财技能的金融理财师的需求数量和急迫性均远远超过具备国际水准的CFP,中国金融理财标准委员会决定采用多数国际CFP组织正式成员的做法,在中国实施两级金融理财师认证制度,除了认证国际金融理财师(CFP)以外,还认证金融理财师(AFP)。考试费用约12 000元人民币。

5. 思科认证互联网专家(CCIE)

CCIE的考试分为两大部分:笔试和实验考试。要想获得苛刻的CCIE认证,必须先通过笔试,获取资格后才可以参加实验考试,通过了实验考试才能最终成为CCIE,而且每两年就要进行一次重认证。考试费用约为15 000元人民币。

CCNA(思科认证网络支持工程师)、CCNP(思科认证资深网络支持工程师)、CCIE(思科认证互联网专家)都属于思科认证,是互联网领域的国际权威认证。

6. 国际注册会计师(ACCA)

ACCA资格被认为是"国际财会界的通行证",许多国家立法许可ACCA会员从事审计、投资顾问和破产执行工作。ACCA考试是按现代企业财务人员需要具备的技能和技术的要求而设计的,设有16门课程(学员需通过12门必修科目及2门选修科目,共14门课程)。课程分为三个部分:第一部分涉及基本会计原理;第二部分涵盖专业财会人员应具备的核心专业技能;第三部分培养学员以专业知识对信息进行评估,并提出合理的经营建议和忠告。所有课程必须在报考注册的十年内完成。考试费用约800英镑。

7. 国际注册信息系统审计师(CISA)

申请人首要通过CISA的考试。该考试每年6月举行一次,考试时间为4个小时,题型为单项选择题,共200题。其次,申请人还要遵守信息系统审计与控制协会的《职业道德规范》,此规范已列入《CISA考试申请人指南》。再者,申请人还需要有在信息系统审计、控制或安全领域5年以上的工作经验。考试费用约5 000元人民币。

8. 高级国际财务管理师(SIFM)

SIFM是财经管理专业领域的一项职业资格认证。申报者需要有3—8年相关工作经历,取得相关财经、管理专业的高级职称,由两名专业人士推荐才能报考。通过国际财务管理师(IFM)认证考试的学员,可获得由美国国际管理会计师协会(IMAA)颁发的IFM国际证书,成为IMAA会员。IFM国际证书由正本(英文)和副本(中文)组成,是具有国际专业资格的国际专业认证证书,与中国国家职业资格证书具有同等的效力,并纳入中国国家职业资格证书统一管理体系。考试费用约6 000元人民币。

9. 项目管理专家(PMP)

PMP指项目管理专业人员资格认证。从6月PMP考试开始,报名考生必须具备36小时以上项目管理学习或培训经历,并出示相关证书复印件。

报名考试者必须具备以下两类情况之一。

第一类:具有学士学位或同等的大学学历或以上者,申请者在五大项目管理过程中至少具有4 500小时的项目管理经验,并且在申请之日前6年内,累计项目管理月数至少达36个月。

第二类:不具有学士学位或同等的大学学历或以上者,申请者在五大项目管理过程中至少具有7 500小时的项目管理经验,并且在申请之日前8年内,累计项目管理月数至少达60个月。

10. 美国注册物流师(CTL)

该认证包括五个模块和一个创造性部分。考生必须成功通过所有五门课程模块的考试或免试。每门考试需要约4个小时完成,但也可以在短于4小时的时间内完成。考试分数达70%或以上为通过。申请考试者需要有在本职业中3年以上的工作经历,并在5年内完成全部考试和创造性部分。创造性部分要求考生写篇3 000—5 000字的针对交通、运输、物流、配送管理的原创论文。考试费用约550美元。

目前中国含金量最高的十大职业资格证书

1. 国家司法考试证书

国家司法考试是国家统一组织的从事特定法律职业的资格考试。初任法官、初任检察官和取得律师资格必须通过国家司法考试。国家司法考试前身为律师资格考试，自2002年后，增加了检察官考试和法官考试两类系统内部职业资格考试考核，统称为国家统一司法考试。考试主要测试内容包括理论法学、应用法学、现行法律规定、法律实务和法律职业道德。国家司法考试实行全国统一命题和评卷，成绩由中华人民共和国司法部国家司法考试办公室公布。国家司法考试的考试成绩一次有效。通过国家司法考试的人员，由司法部统一颁发法律职业资格证书。

2. 注册会计师证

注册会计师简称 CPA（Certified Public Accountant），注册会计师全国统一考试是中华人民共和国国家级职业资格考试。经考试合格后颁发注册会计师证，可以从事审计、统计、经济等专业工作。考试资格：具有高等专科以上学校毕业学历，或者具有会计或相关专业中级以上技术职称的，都可参加注册会计师全国统一考试。我国从1991年开始实行注册会计师全国统一考试制度，现行的考试科目为会计、审计、财务成本管理、经济法、税法、公司战略与风险管理、职业能力综合测试共7门，考试方式从2012年开始改为上机考试，也可选择闭卷笔试。每科考试均实行百分制，60分为成绩合格分数线。

3. 特许金融分析师（CFA）

美国投资管理与研究协会（AIMR）于1963年开始设立特许金融分析师资格证书考试。考试每年举办两次，是世界上规模最大的职业考试之一，是当今世界证券投资与管理界普遍认可的一种职业称号。CFA 的课程以投资行业的实务为基础。要成为一名 CFA，必须经过美国投资管理与研究协会命题、组织的全球统一考试，分初、中、高三个等级，每年每人只能报考一个等级。只有通过全部三个级别的考试，且有3年金融从业经历者才能最终获得资格证书。其考核的知识体系主要由四部分内容组成：伦理和职业道德标准、投资工具（含数量分析方法、经济学、财务报表分析及公司金融）、资产估值（包括权益类证券产品、固定收益产品、金融衍生产品及其他类投资产品）、投资组合管理及投资业绩报告。

4. 中国精算师

精算师是运用精算方法和技术解决经济问题的专业人士，是评估经济活动未来财务风险的专家。精算师的传统工作领域为保险业，在这个行业，精算师主要从事产品开发、责任准备金核算、动态偿付能力测试等重要工作，确保保险监管机关的监管决策、保险公司的经营决策建立在科学的基础上。随着精算科学的发展应用，精算工作的领域逐步扩展到社会保险、投资、社会保障、人口分析、经济预测、金融监管等领域。随着世界各国保险业、社会福利业以及咨询业的迅速发展,精算师在世界各国已成为一种热门的诱人职业。中国精算师考试从1999年开始实施。2000年12月,中国保险监督管理委员会首次面向社会举办了中国精算师资格考试中的6门课程考试,共474人报名参加。中国精算师考试在北京、天津、上海、武汉、广州、成都等城市设有考点。凡具备大学本科以上学历或同等学力的人均可报名参加。遵循国际惯例,中国精算师资格考试分为两个层次:准精算师和精算师。准精算师考试内容为精算人员必须掌握的精算理论和技能;精算师考试要求以精算实务为主,涉及财务会计制度、社会保障制度、保险法规等。准精算师考试课程共有8门,精算师考试课程共有5门。只有准精算师考试、精算师考试课程均全部通过,并有一定工作实践经验,才能拿到精算师资格证书。

5. 注册建筑师

注册建筑师是依法取得注册建筑师资格证书,在一个建筑设计单位内执行注册建筑师业务的人员。国家对从事人类生活与生产服务的各种民用与工业房屋及群体的综合设计、室内外环境设计、建筑装饰装修设计、建筑修复、建筑雕塑、有特殊建筑要求的构筑物的设计,从事建筑设计技术咨询,建筑物调查与鉴定,对本人主持设计的项目进行施工指导和监督等专业技术工作的人员,实施注册建筑师执业资格制度。注册建筑师级别分一级建筑师和二级建筑师。一级建筑师考试内容包括设计前期与场地设计、建筑设计等9种,二级建筑师考试内容包括建筑构造与详图、场地与建筑设计等4种。

6. 注册建造师

注册建造师(National Certified Constructor)是指从事建设工程项目总承包和施工管理关键岗位的执业注册人员。建造师注册受聘后,可以建造师的名义担任建设工程项目施工的项目经理,从事其他施工活动的管理,从事法律、行政法规或国务院建设行政主管部门规定的其他业务。注册建造师的职责是根据企业法定代表人的授权,对工程项目自开工准备至竣工验收,实施全面的组织管理。

注册建造师分为一级建造师和二级建造师,英文分别译为Constructor和Associate Constructor。一级建造师具有较高的标准、较高的素质和管理水平,有利于国际互认。同时,考虑到我国建设工程项目量大面广,工程项目的规模差异悬殊,各地经济、文化和社会发展水平有较大差异,以及不同工程项目对管理人员的要求也不尽相同,我国还设立了二级建造师,以适应施工管理的实际需求。实行建造师执业资格制度后,大中型项目的建筑业企业项目经理须由取得注册建造师资格的人员担任。一级建造师执业资格实行全国统一大纲、统一命题、统一组织的考试制度,由人力资源与社会保障部、建设部共同组织实施,原则上每年举行一次考试;二级建造师执业资格实行全国统一大纲,各省、自治区、直辖市自主命题并组织的考试制度。考试内容分为综合知识与能力和专业知识与能力两部分。报考人员要符合有关文件规定的相应条件。一级、二级建造师执业资格考试合格人员,分别获得中华人民共和国一级建造师执业资格证书、中华人民共和国二级建造师执业资格证书。一级建造师设置10个专业:建筑工程、公路工程、铁路工程、民航机场工程、港口与航道工程、水利水电工程、矿业工程、市政公用工程、通信与广电工程、机电工程。二级建造师设置6个专业:建筑工程、公路工程、水利水电工程、矿业工程、市政公用工程、机电工程。

7. 执业医师资格证

执业医师资格证是通过全国统一的执业医师资格考试和执业助理医师资格考试后,由国家卫计委统一发放的,我国从业医师必须拥有的证书,属于医疗技术方面的认可,证明持证人具有独立从事医疗活动的技术和能力,证书永久有效。具备报考执业医师资格证考试资格的人员,通过每年一次定期举行的执业医师资格证考试获取证书。该证书也是判定医师是否具有从医资质的最重要标准,没有获得执业医师资格证的所谓"医师"属于"非法行医"。

国家实行医师资格考试制度。医师资格考试分为执业医师资格考试和执业助理医师资格考试。医师资格统一考试的办法,由国务院卫生行政部门制定。医师资格考试由省级以上人民政府卫生行政部门组织实施。

8. 教师资格证

教师资格证是教育行业从业教师的许可证。在我国,师范类大学毕业生须在学期期末考试中通过学校开设的教育学和教育心理学课程考试,并且要在全省统一组织的普通话考试中成绩达到二级乙等(中文专业、学前教育专业为二级甲等)以上,方可在毕业时领取教师资格证。非师范类和其他社会人员需要在社会上参加统一认证考试等一系列测试后才能申请教师资格证。2015年,教师资格证考试改革正式实施,打破教师终身制且教师资格证五年一审,改革后实行国家统一考试,考试内容增加、难度加大。在校专科大二、大三,本科大三、大四才能报考。改革后不再分师范生和非师范生,想要做教师都必须参加国家统一考试,方可申请教师资格证。考试分为四个级别:幼儿、小学、中学和中专(中职)。针对不同级别,考试科目会有所不同,但都分为笔试与面试。

9. 人力资源管理师

人力资源管理师（Human Resources Professional，HRP）指从事人力资源规划、招聘与配置、培训与开发、绩效管理、薪酬福利管理、劳动关系管理等工作的管理人员。考核内容包括人力资源基础知识、职业道德及人力资源管理师工作要求，该认证考试依据国家职业资格认证体系分为四级，分别是人力资源管理员（国家职业资格四级）、助理人力资源管理师（国家职业资格三级）、人力资源管理师（国家职业资格二级）、高级人力资源师（国家职业资格一级）。人力资源管理师在企业内部主要从事员工招聘选拔、绩效考核、薪酬福利管理、劳动关系协调等工作。国家自2003年开始，在全国范围内开展企业人力资源管理人员职业资格认证，该职业已被国家列为实行就业准入制度的职业，规定从业人员必须持证上岗。目前中国大部分企业中的人事部门已转化为人力资源部门，而掌握专业人力资源管理知识，拥有职业资格证书的从业人员极其稀少，据了解，全国HR人才的缺口达50万人以上。凡考核合格者，由人力资源和社会保障部颁发相应等级的职业资格证书，实行统一编号登记管理并能在人力资源和社会保障部官方网站上查询。该证书是相关人员求职、任职、晋升、出国等的法律上的有效证件，可记入档案，全国通用。

10. 心理咨询师

心理咨询师（Psychological Consultant）是运用心理学以及相关知识，遵循心理学原则，通过心理咨询的技术与方法，帮助求助者解除心理问题的专业人员，是健康管家职业之一，主要解决人们的心理健康问题。心理咨询师共设三个等级，分别为：心理咨询师三级（国家职业资格三级）、心理咨询师二级（国家职业资格二级）、心理咨询师一级（国家职业资格一级）。各级别的鉴定都包括理论知识综合考试和实际能力考核两项内容。

三、职业技能的培养

职业技能鉴定与高校学生的职业素养和高校教育之间存在着千丝万缕的联系，在当前企业发展过程中，对高职院校学生也提出了更高的要求，同时也要求高职院校的人才培养目标能够适应相应的岗位，而职业技能的培养就是其中一条重要的途径。职业技能鉴定比普通高等教育拥有更好的职业导向性、职业技能和岗位的针对性，以及职业价值的权威性。

职业技能鉴定多为社会与教育的中介与高等教育之间的关系，作为一个开放式系统,高等职业教育必须要与社会紧密联系,不断地适应经济发展的需求和社会发展的需求。职业技能鉴定本身也含有市场需求信息,它在劳动力市场和高等职业教育间承担着桥梁作用以及交流、反馈的职能,与高等职业教育联系紧密,它们共同作用于学生,都以培养社会各类职业所需人才为自身目标和出发点。

(一)研究国家职业标准,树立职业技能培养要求和途径

高职学生要对《国家职业分类大典》进行详细的分析,了解国家对相关职业制定的标准,熟悉职业技能培训的要求和内容。学校和系科层面还应对相关行业和企业进行实际调查工作,了解相关工作岗位的工作标准和对技能的要求,根据国家职业技能标准和行业企业一线工作要求,对教学内容进行调整和修改,对教学模式和手段进行变革,让学校培养的人才更符合企业与社会的要求;同时,也要对国外的职业培训和技能鉴定制度进行研究和分析,找寻人才培养的最佳方式和途径。

(二)分解岗位职业技能,融入专业核心课程的教学内容

就目前而言,国家已对绝大多数专业制定了职业学习内容和技能标准,不少行业和企业对其工作岗位也设定了相关的技能水平要求,这就需要学校在制定人才培养目标的过程中,以理论和实践两个维度的标准做要求,并将两个标准的要求加以组合,系列化、整合化地融入专业课程和具体教学内容,分学期、分学科、有理论、有实践地循序渐进。这样做,一方面可以防止教学内容落后于技能鉴定的标准,使高校人才培养与社会需求紧密结合;另一方面也能促使学生尽快了解和熟悉未来职业岗位的需求,提升自己的职业实力,有信心也有能力在校期间就通过专业学习和职业学习获得相应的职业资格证书,顺利地毕业、就业。

(三)改革人才培养模式,校企共同完成职业技能培训与鉴定

校企合作是形成学生职业技能的最有效手段之一,由学校提供专业的任职教师,企业提供经验丰富的一线工作者,共同完成高校职业培养和技能鉴定的任务。这样的师资组合全面、立体,具有更强的职业、执教和社会服务能力,体现了国家职业标准与实践教学工作的有机整合。师资中的兼职教师实战经验丰富、能力水平高强,由他们在教学中先对相关的技能进行演

示,可以激发学生的好奇心和兴趣,让学生在学习之初就懂得理论与实践结合的重要性;再通过系统的教学和教学后的实训,实现专业理论与技能培训实践的有效结合。这样的培养模式能使学生的综合素质得到有效提升,适应未来职业岗位的多方面需求。

(四)按照国家职业标准,组织相应的职业技能培训和鉴定考试

拥有职业资格证书意味着从业者掌握的技能已经达到了相关岗位和国家对这个技能规定的标准,这种标准针对性较强,同时又有很强的灵活性。职业技能的培训和鉴定就是将职业活动视为指导方向,按实际工作的要求和标准对从业者进行相关知识与技能培训,引领学生找到职业目标,并且为学生提供未来岗位晋升的可能性。因此,高职院校在对学生职业技能的培养过程中,可以借助于系统的技能培训和鉴定考试来提高学生的职业素养,增强学生的专业技能,促进学生全面发展,拥有更加广阔的职业发展空间。

主题三 职业能力

每种工作都有自己相对独立的能力要求,要用人之所长,避人之所短,做到人尽其才。各行各业的工作既要求一般能力,也需要相符于某种工作或岗位的特殊能力。

案例分析

不要最好的,要最合适的

美国建立第一个农业大工厂时,要雇用一批保安人员,因为当时劳动力过剩,工厂制定雇用保安人员的最低学历标准为高中毕业生,并要求具有三年警察或工厂警卫的经验。但按这个标准雇用的保安人员上岗后,他们感到农业工厂的保安工作(只检查进出门的证件)单调、乏味,表示无法容忍,因而对工作漠不关心、不负责任,而且离职率很高。后来,工厂雇用只受过四五年初等教育的人来担任这个工作,结果他们对工作满意、责任心强、工作负责,缺勤率、离职率都很低,保卫工作做得很出色。

> 这个案例告诉我们，无论从事哪一种工作，都需要具备最起码的能力水平。如果一个人不具备从事一种工作的起码的能力，就不能保持人岗合理配置与协调，他会干得很吃力，而且也难以保证工作质量，这不仅会给个人造成心理压力，使其丧失信心，而且也会影响事业，因此绝不能小材大用。大材小用也是不可取的，当一个人能力远远超过工作要求的能力阈限，即从事某项工作感到很容易、不用费力时，就会造成人才的浪费，而且由于个体感到完成任务太轻松，不满足于已取得的成绩，或感到自己不受重用，有损于自尊心，由此会导致其积极性不高，完成任务的情况也就必然不理想。因此，安排工作人员时一定要合理，即做到"不要最好的，要最合适的"。

如果说兴趣或许能决定一个人的择业方向，以及其在该方面所乐于付出努力的程度，那么职业能力则能说明一个人在既定的职业方面是否能够胜任，也能说明一个人在该职业中取得成功的可能性。任何一个职业岗位都有相应的岗位职责要求，一定的职业能力是胜任某种职业岗位的必要条件。

拓 展 阅 读

美国：雇主们最重视的技能

根据美国"全国大学与雇主协会"调查显示，雇主们最重视的技能包括以下几项。

★ 沟通能力。

★ 积极主动性。

★ 团队合作精神。

★ 领导能力。

★ 学习成绩。

★ 人际交往能力。

★ 灵活性/适应能力。

★ 专业技术。

★ 诚实正直。

★ 工作道德。

★ 分析和解决问题的能力。

我国高等教育实现扩招以来,毛入学率由1999年的10.5%逐年持续上升,实现了精英教育向大众教育的跨越。高校毕业生人数随着大学的扩招也从2000年的107万攀升到2013年的699万,加上国际金融危机所造成的经济发展低迷,大学生就业形势愈发严峻。大学生"就业难"除了与我国高等教育正处于大众化阶段时期、全球化与技术进步加快等时代背景有关外,还与大学生就业市场供求不匹配导致的结构性失业、就业过程中暂时的摩擦性待业等因素密切相关。同时,大学生职业能力不足、就业准备不足等各种因素相互作用,也是造成"就业难"的关键。因此,努力提升大学生自身的职业能力才是解决问题、立于不败之地的根本办法。高职教育主要是为生产、建设、服务、管理第一线培养高素质技能人才,其人才培养具有明显的职业性、应用性、实践性等特征,因此要求学生必须具备与职业活动任务相关的能力,凡与职业活动任务密切相关的能力,都可看作是职业能力。高职学生职业能力的高低在整个职业活动任务中起着决定性作用。因此,高职教育必须加强学生职业能力的培养。

一、职业能力的含义

英国教育与就业部认为,职业能力是获得和保持工作的能力以及在劳动力市场内通过充分的就业机会实现潜能的自信。加拿大会议委员会强调用人单位取向,把职业能力定义为:"个体为满足雇主和客户不断变换的要求,从而实现自己在劳动力市场抱负和潜能而应具备的品质和胜任力。"德国关于职业能力的定义强调针对"以职业形式组织"的工作,指出"学会从事一门职业"。对大学生而言,职业能力不仅体现在毕业后能否顺利获得一份工作,还体现在职业活动中获取该工作后的满意程度以及企业对其职业能力的肯定程度等。虽然不少国家和学者对职业能力的界定不同,但基本共识为:职业能力是指个体将所学的知识、技能和态度在特定的职业活动或情境中进行类化迁移与整合所形成的能完成一定职业任务的能力,可以理解为职业角色从事一定工作岗位所需能力的综合,可分为专业能力、方法能力和社会能力。它的形成很复杂,是在完成一定职业任务中,所需的职业知识、职业技能和职业态度等多种因素借助于一定的职业岗位实践活动而逐步形成的。它不像知识那样可以依靠传递甚至是灌输的方式掌握,而是个体必须通过参与特定的职业活动或模拟相应的职业情境,将已有的知识、技能进行类化迁移,使相关的一般能力得到特殊的整合和发展而形成较为稳定的综合能力。如果用一句话来总结,职业能力是指个体将所学的知识、技能和态度在特定的职业活动或情境中进行类化迁移与整合所形成的完成一定职业任务的能力。

职业能力是人的发展和创造的基础。没有能力或能力低下,就难以达到工作岗位的要求,不能胜任相关工作。个体的职业能力越强,各种能力越是综合发展,就越能促进人在职业活动中的创造和发展,就越能取得较好的工作绩效和业绩,也就越能给个人带来职业成就感。当然,职业能力是在实践的基础上得到发展和提高的,一个人长期从事某一专业劳动,能促使人的能力向高度专业化方向发展。个体的职业能力只有在实际工作中才能不断得到发展、提高和强化。目前,"以职业能力为基础"已成为国内外职业教育界的共识和职业教育的共同指导思想。与普通高校相比,高等职业教育是以培养面向生产、建设、服务、管理第一线的应用型人才为基本目标,所以职业教育意义下的职业能力主要体现在与职业活动的相关性上,直接对应的是与生产、建设、服务或管理密切相关的职业,这些职业对职业能力的要求是能够胜任一定职业任务,并能影响职业活动的效率。

二、职业能力的分类

由于职业能力是多种能力的综合,且作为一个有机的整体综合地发挥作用,其中任何一种要素的缺失都难以完成职业活动。一般而言,我们依据行业、企业的用人标准,把职业能力划分为专业能力、方法能力和社会能力。

(一)专业能力

专业能力主要指职业业务范围内的能力,是在特定方法引导下有目的地、合理地利用专业知识和技能独立解决问题并评价成果的能力。专业能力是建立在拥有该专业相关理论知识的基础上,经过大量的专业实践活动锻炼而获得的、与职业岗位活动相关的能力。一般而言,专业能力要求具有合理的智能结构,强调专业的应用性和针对性。它主要包括与岗位工作相关的知识熟练程度、实践操作技能、相关的工艺流程掌握程度以及新材料、新设备、新工艺和新技术的应用与推广能力等,是劳动者胜任职业工作、赖以生存的核心本领。它不仅指某一专业的知识与技能,也包括多个专业综合的知识与技能;不仅是工具性的,也是对敬业精神层面的理解。在求职过程中,招聘方最关注的就是求职者是否具备胜任岗位工作的专业能力。比如,你去应聘教学工作岗位,招聘方最看重的是你是否具备最基本的教学能力。

(二) 方法能力

方法能力是个体职业能力中的基本能力,是个体对职业发展机遇、要求和限制做出解释、思考和评判并开发自己的智力、设计发展道路的能力,一般指有具体和明确的方式、手段的能力。方法能力是劳动者的基本发展能力,是从业者在职业岗位中不断获取新知识、新技能的重要手段。在职业能力的三种类型中,方法能力是基本的发展源泉,它需要逻辑性、科学性和合理性,是个体在职业生涯中不断获取新的知识、信息、技能和掌握新方法的重要手段,是高素质人才的重要标志,也是提高个体整体素质的重要内容。

(三) 社会能力

与其他两种能力相比,社会能力既是基本的生存能力,又是基本的发展能力。社会能力主要是指一个人的团队协作能力、人际交往和与人沟通的能力,是个体经历与建构社会关系、感受和理解他人的奉献和冲突,并负责任地与他人相处的能力。具体包括人的公共关系(相处能力、批评与自我批评能力、利益和冲突的处理能力)、道德意识、社会责任、合作交流、劳动组织和心理适应等。对社会能力而言,首要的是具有积极的人生态度和对社会的适应性及行为的规范性,是个体价值观和人生态度的综合。它是劳动者在职业活动中,特别是在一个开放的社会生活中必须具备的一种基本能力。

(四) 三种能力之间的关系

职业能力由专业能力、方法能力和社会能力三部分组成:专业能力要求从业者具备经济意识、安全意识、质量意识等;方法能力则强调从业者的逻辑与抽象思维、获得信息的方式、分析与解决问题的手段及创造力等;社会能力主要包括沟通协调、团队合作、社会责任感、自信心、工作积极性等方面的能力。专业能力、方法能力和社会能力具有显著的层次性,专业能力是基础,方法能力处于中间层次,社会能力处于最高层次。随着社会人才观的不断发展,对人才的要求从重学历到重能力、重职业道德和价值观,职业核心能力、专业能力和职业道德、态度及个人的价值观成为人才选择和培养的重要标准。通俗地说,专业能力帮助个体入职,方法能力和社会能力(即关键能力或职业核心能力)促进个体发展,成为个体职业生涯发展的核心要素。

> **案例分析**
>
> ### 有能力 VS 有能耐
>
> 十几年前,张华来到广州闯荡,经过多年的摸爬滚打和勤学苦练,张华已经从一个学徒工成为一名高级技师,是公司为数不多的技术研发骨干,拥有了一份稳定的工作和不错的收入,而且还建立了美满的家庭。
>
> 一年前,张华所在的事业部技术总监离任,他觉得这个总监的位置非己莫属,但出乎意料的是,老总提拔的是另一个能力比他稍逊的同事。失落沮丧的张华请假在家待了两天,最后决定辞职。
>
> 当张华把辞职书递给老总的时候,老总笑了笑,心平气和地说:"如果你是因为对公司的任命不满而辞职,那我只能表示遗憾,虽然你是个很有能力的人。"本以为自己的辞职会让老总大吃一惊或者惊慌失措,而老总的态度倒让张华不解了。
>
> 面对他疑惑的表情,老总诚恳地说:"我知道,你是个有能力的人,到哪个公司里都会成为技术骨干,但是,如果你不改一下你的性格,你只能是个有能力的人,还不是一个有能耐的人。这也是很多有能力的人只能当技术骨干而不能当领导的原因。"
>
> 老总接着解释道:"什么叫能耐?就是有能力而又能忍耐的人,才叫有能耐!你能忍耐吗?你们部门多次技术攻关会,我都参加了。在会上,你发言很积极,思路很敏捷,提出了很多好的建议,这是对的。但是,你不容别人提出相反的意见,别人的意见与你的不一样,你就一脸嘲讽,说话也很尖刻。另外,你不善于和其他同事合作,总喜欢搞个人主义,当英雄,弄得同事关系很紧张。一个有能耐的人,应该既能独立战斗,又能与大家亲密协作、共同攻关。我很欣赏你的能力,希望你能认真考虑一下,看看能不能继续留下来和大家一起工作……"
>
> 听了老总的话,张华的脸一阵阵发烫,他收回了辞职书,老总欣慰地笑了,站起身,亲切地拍了拍他的肩膀:"要相信,一个有能耐的人迟早会得到重用的。"

> 之后,张华决定改变自己。他说话不再尖刻,多了一些柔和与委婉;他的脾气不再急躁,多了一些包容和忍耐;面对不同的意见,他也能够尊重他人,换位思考;而对于同事的成绩和进步,他也少了一些嫉妒,多了一些欣赏和赞美;很多时候,他还耐心地帮助同事,与大家一起完成任务。两年多之后,张华被任命为公司另一个事业部的技术总监。

三、职业核心能力的内涵

职业核心能力与专业能力、方法能力、社会能力既有区别,也有叠合,无直接关系却有内容的关联,它适用于各种职业,是一种伴随终身的、可持续发展的且可以迁移的跨职业能力。当个体的职业发生变更时,或者当劳动组织发生变化时,劳动者的这一职业能力仍然有用,仍然能够帮助个体在新的环境中再次获得新的技能和知识,对个体的职业发展起着关键作用。也正因为如此,这一能力被国内外教育界称为"关键能力"或"职业核心能力"。

目前,职业核心能力已经成为人们就业、再就业和职场升迁所必备的能力,是在校、已就业或即将就业人群核心竞争力的重要标志,也必将成为企事业单位在职人员综合素质提高的重要内容。1998年,我国劳动和社会保障部在《国家技能振兴战略》中把职业核心能力分为八项,称为"八项核心能力",包括与人交流、数字应用、信息处理、与人合作、解决问题、自我学习、创新革新、外语应用等。我国教育部门十分强调职业核心能力的培养,教育部在2006年16号文件《关于全面提高高等职业教育教学质量的若干意见》中指出,要"针对高等职业院校学生的特点,培养学生的社会适应性,教育学生树立终身学习理念,提高学习能力,学会交流沟通和团队协作,提高学生的实践能力、创造能力、就业能力和创业能力,培养德智体美全面发展的社会主义建设者和接班人"。这里所强调的各项"能力"正是职业核心能力。教育部与其他部委的相关文件中也一再强调学生以及职业人士的职业核心能力的重要性。在教育部制订的《高职高专院校人才培养工作水平评估方案(试行)》的指标体系中,列出了评估学生职业能力培养水平的四个方面,包括收集处理信息能力、自学能力、语言文字表达能力、合作协调能力等。江苏省教育厅在学校评估的"办学水平评估"指标体系中,明确要求测评学生的"自我学习、信息处理、语言文字表达和合作协调能力"。我国职业教育的研究专家们也先后提出了职业核心能力培养的基本范畴,邓泽民、陈庆合教授在全国教育科学规划课题和教育部"面向21世纪职业教育课程改革和教材建设规划"课题研究成果《职业教育课程设计》一书中提出:"职业院校的学生应具备交流、数字应用、运用信息技术、团结协作、解决问题、学习与自我管理发展六项关键能力。"目前,国家人力资源和社会保障部、教育部等相关部门都在积极开展关于职业核心能力的培训和认证工作,全面系统地培养学生职业核心能力已成为高职院校培养学生职业综合能力的新重点,这也预示着人才培养方案内容的变革。

(一)职业核心能力的界定

职业核心能力是人们在职业生涯中除专业能力之外应具备的基本能力,它适用于各种职业,适应的岗位不断变换,是伴随人终身的可持续发展能力。这一概念的提出始于20世纪70年代,由德国首提"关键能力",后来英国、美国、澳大利亚、新加坡、日本等发达国家及地区纷纷响应。德国、澳大利亚、新加坡等国家及地区称这一能力为"关键能力";美国称为"基本能力",在全美测评协会的技能测评体系中被称为"软能力";我国香港地区称为"基础能力""共同能力",内地则称为"核心能力"。尽管称法不同,但都是指人们在职业生涯中所必需的基本能力,是每个行业和职业都不可缺少的能力基础,是具体职业、工种、岗位所必备的工作能力。

(二)职业核心能力的分类

职业核心能力可分为两大类:职业方法能力和职业社会能力。

1. 职业方法能力

职业方法能力是基于个人的、具有方法和手段性的能力,包括自我学习、信息处理、数字应用等能力,是个体在职业生涯中不断发展,获取新的知识和技能的基本发展能力。具体内容为:

(1)自我学习能力

自我学习能力是指在工作活动中,能根据工作岗位和个人发展的需要,确定学习目标和计划,灵活运用各种有效的学习方法,并善于调整学习目标和计划,不断提高自我综合素质的能力。它是从事各种职业必备的一种方法能力。自我学习能力以终身学习为主要特点,以各种学习方法和良好的学习习惯为手段,以学会学习为最终目标。

(2) 信息处理能力

信息处理能力是指根据职业活动的需要,运用各种方式和技术,收集、开发和展示信息资源的能力,是日常生活以及从事各种职业必备的方法能力。信息处理能力以文字、数据和音像等多种媒体为基础,以文件处理、计算机、网络通信等技术为手段,以适应工作任务的需要和实际问题的解决为目的。

(3) 数字应用能力

数字应用能力是指根据实际工作任务的需要,通过对数字内容的采集与解读、计算及分析,并在计算结果的基础上发现问题,从而做出一定评价与结论的能力,是日常生活以及从事各种职业必备的方法能力。数字应用能力以数字信息为媒介,通过对数字的把握和数字运算的方式,来说明和解决实际工作中的问题。

2. 职业社会能力

职业社会能力是与他人交往、合作、共同工作和生活的能力,包括与人交流、与人合作、解决问题和创新等能力,是个体在职业生涯中与他人积极交往、合作并实现工作目标的能力。它是个人在职业社会中的基本生存能力,也是个体在职业生涯中的基本发展能力和基本素质。具体内容为:

(1) 与人交流能力

与人交流能力是指在与人交往的活动中,通过交谈讨论、当众讲演、阅读以及书面表达等方式,来表达观点、沟通情感、获取和分享信息资源的能力,是日常生活以及从事各种职业必备的社会能力。与人交流能力是在听、说、读、写技能的基础上,通过对语言文字的运用,以促进与人合作和完成工作任务为目的。

(2) 与人合作能力

与人合作能力是指根据工作任务的需要,协商合作目标,相互配合工作,并调整合作方式,不断改善合作关系的能力,它是从事各种职业必备的社会能力。与人合作能力是在个人与他人、个人与群体的条件下,通过与人交流的方式,并结合其他有关方式或手段,以促进工作任务的完成和实际问题的解决为目的。

(3) 解决问题能力

解决问题能力是指能够准确地把握事物的本质,有效地利用资源,通过提出解决问题的意见,制订并实施解决问题的方案,适时进行调整和改进,使问题得到解决的能力。它是从事各种职业活动都需要的一种社会能力。解决问题能力所采用的技术和方法没有特别的限定,以最终解决实际问题为目的。

(4) 创新能力

创新能力是指在工作过程中,为改变事物现状,以创新思维和技法为主要手段,通过提出改进或革新的方案,勇于实践并能调整和评估创新方案,以推动事物不断发展的能力。它是从事各种职业特别需要的一种职业社会能力。创新能力需要有积极创新的精神和专门的创新技法,同时又不限定任何可采用的技术和方法,创新能力的运用范畴没有极限,以不断推动事物的发展为宗旨。

(三) 职业核心能力的特性

1. 普适性

职业核心能力是从所有职业活动中抽象出来的一种最基本的能力,可适用于所有职业。比如,沟通无处不在,任何问题的有效解决都与充分沟通有直接的关系,话讲明了,得到对方理解,隔阂将不存在,症结也就迎刃而解。另外,在一个人无法独立完成某个任务时,团队协作就显得尤为重要,集聚大家的智慧,就一定能够按时按点、保质保量地把工作任务完成好。

2. 迁移性

职业核心能力是可伴随劳动者终身的、可携带的技能,具有广泛的迁移性。现今社会,变化日新月异,新职业层出不穷,技术更新换代加快,人们已经逐步适应创新和创业的大环境。从大的层面讲,大多数人不再抱有终身从事某个固定职业的观点;从具体工作特征讲,工作流动的不断加快,工作岗位的不断调整,需要及时改变职业。职业核心能力的迁移性可以帮助人们不断适应新的工作岗位,将技能应用于不同岗位。

3. 可持续性

职业核心能力具有发展可持续性,可以帮助劳动者在变化的环境里重新获得新的职业知识和技能,可以帮助劳动者更好地发展自己,适应更高层次的职业和岗位要求。职业核心能力的培养,可以帮助人们在职场变化过程中,始终保持一个可持续发展的前景,为职位晋升或在新环境中生存与发展,提供有力的支撑。

4. 整体性

职业核心能力虽可分为职业方法能力和职业社会能力,但从体系上来看,职业核心能力自身便是一个完整的系统,各能力之间彼此联系,紧密关联,联结后能发挥出整体大于部分之和的优势,体现出整体性效能。

四、职业核心能力的培养

(一)职业核心能力培养路径

职业核心能力的培养既有历练的养成教育,也有点拨提高的专题教育。它的培养不是一蹴而就的,而是需要一个过程。职业核心能力培养课程可以分为显性和隐性两种,显性课程主要为专题性的必修和选修课,隐性课程主要渗透在专业课程的教学和第二课堂、社团活动、主题教育和社会实践、实训实习之中。只有两种课程有机结合,才能共同促成职业核心能力的培养。

1. 在理论教学和实践教学中培养职业核心能力

人的核心能力是一个长期和多方面学习历练的结果。在职业核心能力的培养过程中,要将专题性的显性课程与渗透性的隐性课程相结合,进行全过程培养。如在公共课程中融入培养,在专业课程中渗透培养,在实践课程中嵌入培养,在选修课程中集中培养。

拓 展 阅 读

"网页设计与制作"课程中的职业能力培养

专业课"网页设计与制作"中,通过项目"编写网站策划书",设计职业能力一体化培养。

专业能力	社会能力	方法能力
1. 能分析用户需求,准确定位网站类型 2. 能根据网站目的确定网站栏目 3. 有较强的色彩运用能力,能完成网站的配色方案 4. 能完成规范的网站策划书	1. 良好的职业素养,遵纪守时,积极参与 2. 良好的客户沟通技巧和语言表达能力 3. 良好的团队合作精神与创新意识	1. 能制订工作计划 2. 能借助网络、工具书等手段查阅资料,学习新技术、新知识 3. 善于发现问题和解决问题 4. 评价总结能力

在此项目完成过程中,以任务作为考核的基本单位,从专业能力、社会能力、方法能力三方面进行考核评价。每个小组在完成任务的过程中,其信息搜

索能力、团队合作能力、沟通协调能力、创新能力等都将得到充分运用和提高。

2. 在校园实践和社会实践中养成职业核心能力

职业核心能力是非技术能力，它是渗透职业精神、工作态度和价值观的综合素质的外显，因而要构建一个有利于学生职业核心能力养成的教育环境，进行全方位教育。例如，在职业技能竞赛中提高学生职业能力；在社团活动中展示学生职业能力；在创新创业中锻炼学生职业能力；在社会实践中展示学生职业能力。

> **案例分析**
>
> **"金色港湾"老年高级会所创业计划**
>
> 医学院学生参加职业核心能力选修专题培训后，有个团队针对目前社会老年人基数越来越大，社会养老问题越来越突出的现状，经过充分讨论，选定"金色港湾"老年高级会所项目。随后，团队成员开展社区和敬老院的市场调研，收集资料，征求意见，制订方案，并利用现代网络技术，以"关爱老人，造福社会"为理念，构建了"医疗服务，娱乐服务，教育服务，生活服务"为一体的现代居家养老服务模式。一学期里，大家分工协作，沟通协调，撰写了创业计划书，开发了健康生活APP。该项目既切合国家创新创业精神要求，又能充分发挥医学院学生护理、医药专业优势。2016年，团队成立了爱在家居家养老服务公司，获得了校创业计划比赛特等奖，现已入驻学校创业孵化园。

（二）职业核心能力培养五步训练法

能力的训练需要有科学的方法，要通过有效的程序达到既定的目标。职业核心能力训练根据行动导向教学法的理念，实施"目标（object）—示范（demonstration）—准备（preparation）—行动（action）—评估（evaluation）"五步训练法，即"ODPAE"科学训练程序。

第一步——目标确立：树立能力训练应达到的行为目标，即以职业核心能力标准为依据，明确接受能力训练的最基本能力点。

第二步——活动示范：提供典型任务或职业活动案例，分析或示范其中能力行为目标的具体表现，在头脑中树立可模仿的映象。

第三步——训练准备：做好能力训练前应知方面的准备，熟悉基本的要领或程序，掌握必要的知识和方法。

第四步——行为引导：组织实施训练活动，用任务驱动和工作实例的方式，在大量的行为活动训练中养成规范的习惯。

第五步——效果评估：在学习和训练过程中，对照第一步行为目标的能力点，评估是否达到规范要求，强化训练效果。

五步训练法采用行动导向教学法，以能力本位为教育目标，它是养成职业能力的唯一途径。这是一个职业核心能力养成的过程，通过目标来明确各个模块的学习活动，掌握学习计划编制、自我学习的方法，评估学习效果等，使个体能够真实地提升自己的能力。

（三）职业核心能力培养要求

1. 职业核心能力的培养重在行为的改变

职业核心能力的培养需要掌握一定的知识，但掌握知识不是目的而是手段。通过将职业核心能力的培养渗入各种技能培训、专业课程的学习及各种工作、生活的活动之中，让一个好的行为习惯在一个好的环境和教化中逐步形成，从而改变以往行为上的某些不足，使自己适应社会、企业发展的用人要求。

2. 职业核心能力的培养是一种行为能力的训练

职业核心能力不是一门课程，虽然能力知识点也需要在课堂上讲，但这只是学生能力训练前的一种认知上的准备，最终养成要通过反复地训练，在技能变成一种熟练动作和习惯后，才能自如地应对各种生活环境，处理好各种社会问题。

3. 职业核心能力的培养重在过程

职业核心能力的养成不在于结果，而在于工作和学习的过程。职业核心能力本身没有专门的技术，是在学习某种专业或技术时，体现于其中，同步训练出来的。这也就是说，不要拘泥于某个知识点，也不要追求最新的理论，只要能最合理地解决问题，也就达到了目的。所以，在训练过程中，一定要注意一些必要的技能细节，要积极、主动地参与，在行动中获得感悟。

与普通高等学校相比，我国高等职业院校普遍重视操作技能训练，忽视职业核心能力提升，因此，高职毕业生表现出"就业容易，后劲不足"的特点。高职教育的目的是培养全面发展的"职业人"，而不是只懂技术、片面发展的"工具人"。"职业人"除了相应的职业技能之外,最重要的就是具备职业核心能力。在形成职业核心能力的过程中,会同时形成个体价值观和人生态度,从而促进学生身心和谐发展,丰富学生的职业情感和精神世界,形成与其职业相适应的职业品质与职业人格,而这些都是职业心理素养的内涵。

拓 展 阅 读

国家职业核心能力培训测评标准能力点汇总

（一）自我学习（ZX）能力点

活动要素	能力点（概括）	能力点结构分布		
		初级 C	中级 Z	高级 G
一、制订学习目标和计划	1. 明确目标途径	ZXC1. 能明确学习动机和学习目标;	ZXZ1. 能提出短期内可实现的多个目标,了解影响其取得成功的各种因素;	ZXG1. 能根据各种信息和资源确定要实现的目标与途径,明确可能影响计划实施的因素;
	2. 计划运筹时间	ZXC2. 能制订相应的可执行的学习计划,能清楚地列出完成每一个学习目标的行动要点及期限;	ZXZ2. 能根据经验确定实现的时间,明确列出实现每一个目标的行动要点,为每一个行动要点规定期限;	ZXG2. 能与他人合作共同确定能够实现的目标,制定每一个目标的行动要点时间表;列出需要支持、合作和进度安排以及检查的措施;
	3. 获取支持指导	ZXC3. 能寻求学习上的支持和测评。	ZXZ3. 能根据需要寻求支持。	ZXG3. 能预计可能发生的困难以及行动中可能发生的变化。

续表

活动要素	能力点（概括）	能力点结构分布		
		初级 C	中级 Z	高级 G
二、实施学习计划	1. 按时落实任务	ZXC4. 能按行动要点开展工作并按时完成任务；	ZXZ4. 能利用行动要点管理时间，定期检查实行的情况和提前考虑计划的工作；	ZXG4. 能重点保证并采取有利于实现目标的行动；
	2. 积极寻求支持	ZXC5. 能通过他人的支持实现目标；	ZXZ5. 能利用他人的支持实现目标；	ZXG5. 能积极寻求和利用他人的反馈和配合实现目标，果断地处理面临的任何困难，按时完成任务；
	3. 自主选择方式	ZXC6. 能使用适合自己的不同的方法学习；	ZXZ6. 能主动选择不同的学习和工作方式；	ZXG6. 能创造性地学习；
	4. 善用有效方法	ZXC7. 能选择并运用与学习内容相适应的学习方法（机械式学习法、理解式学习法——倾听记笔记、阅读摘要）学习；	ZXZ7. 能选择并运用与学习内容相适应的学习方法（发现式学习法——疑问法、分析）学习；	ZXG7. 能选择并运用与复杂的学习内容相适应的学习方法（创造式学习法——归纳总结，尝试，迁移）学习；
	5. 善用先进手段	ZXC8. 能用先进的媒体技术学习；	ZXZ8. 能运用先进的媒体技术（学习软件、CD-ROM）学习；	ZXG8. 能运用先进的媒体技术（网络、在线服务）学习，提高学习效率；
	6. 及时调整计划	ZXC9. 能听取他人建议及时调整学习计划。	ZXZ9. 能随时修订学习计划。	ZXG9. 能根据环境条件的变化及时修订学习计划。
三、反馈与评估学习效果	1. 自我评估总结	ZXC10. 能自我评估自己学习的内容，自述自己的学习方法，能按照行动要点请测评人员检测；	ZXZ10. 能展示自己的学习结果，自述自己的学习方式和成功的经验，通过行动要点的审核或考试能自述实现的目标；	ZXG10. 能展示自己的学习结果，自述自己的学习方式和成功的经验，能指出已经实现了的学习目标；
	2. 分析原因现状	ZXC11. 能分析影响学习效果的原因；	ZXZ11. 能分析影响学习效果的因素；	ZXG11. 能分析影响学习效果的因素，以及对学习的兴趣和面临的困难；
	3. 运用学习成果	ZXC12. 能证明自己取得的学习成果；	ZXZ12. 能证明学习的东西在工作或生活中的应用；	ZXG12. 能证明新学到的东西能应用于新选择的职业或工作任务；
	4. 不断改进学习	ZXC13. 能提出进一步改进和提高的设想。	ZXZ13. 能提出进一步提高工作质量的学习方式。	ZXG13. 能提出自己的观点并听取他人的意见，促进工作和学习。

（二）信息处理(XX)能力点

活动要素	能力点（概括）	能力点结构分布		
		初级 C	中级 Z	高级 G
一、收集选择信息	1. 定义信息任务	XXC1. 明确所需的信息；	XXZ1. 明确所需的信息；	XXG1. 明确定义信息任务；
	2. 确定搜寻策略	XXC2. 确定信息搜寻范围；	XXZ2. 确定信息搜寻的可能范围，列出信息资源的优先顺序；	XXG2. 列出所需信息重要性的先后顺序，比较不同信息来源的优势和限制条件；做出工作计划，分解搜寻任务；
	3. 使用搜寻手段	XXC3. 通过阅读法查找信息资源；能在计算机上和网络上查找信息资源；	XXZ3. 通过阅读法、观察法、询访法查找资源；能通过网络搜索引擎查找信息资源；	XXG3. 使用阅读、观察、询访、问卷和检索等多种方法搜索信息；在计算机上选择数据库查询、互联网搜索引擎、运算符等技术查找信息；
	4. 选择所需信息	XXC4. 掌握不同信息类型（文本、图表、数字）的用途。	XXZ4. 从信息资源中发现重要信息。	XXG4. 搜集与任务有关的动态图像信息。
二、整理开发信息	1. 选择收集信息	XXC5. 确定与用途有关的信息，使用裁剪、复印、摘记、标记说明，在计算机上用下载等方法选择收集信息；	XXZ5. 确定与用途有关的信息，在计算机上使用复制、粘贴或插入文本、图像和数据等手段收集信息；	XXG5. 选择自己所需要的信息，并能判断信息内容是否准确、可靠；
	2. 进行信息分类	XXC6. 进行信息分类，按对象、主题、形式、来源、内容以及通用方式进行归类，形成剪报、汇编等资料；	XXZ6. 进行信息分类，能筛选信息，并通过定量把握，形成目录、索引、文摘、简介类信息；	XXG6. 进行信息分类，并能筛选信息，进行定性校核，形成简讯、综述、述评、调查报告类信息；
	3. 辨别错误信息	XXC7. 辨别错误信息；	XXZ7. 辨别错误信息及其原因；	XXG7. 辨别错误信息及其原因；
	4. 整理生成信息	XXC8. 用一定的格式对文本、数字、表格、图形信息进行编辑，在计算机上以文本、图像和数字的方式扩展生成信息并保存。	XXZ8. 以文本文件、图像和数字格式加工整理信息；在计算机上生成新的信息。	XXG8. 规范地输入收集的信息，生成文本、表格、框架结构图、流程图、各种图像和影视资料；使用自动例程进行操作，使用电子表格等软件分析和解读数据资料，生成新信息。

续表

活动要素	能力点（概括）	能力点结构分布		
		初级 C	中级 Z	高级 G
三、展示应用信息	1. 传递所获信息	XXC9. 将整理的信息通过口头汇报、交谈等口语形式、书面形式传递；使用简单电子手段（传真、电子邮件等）传递；	XXZ9. 将整理的信息通过讲座、会议等口语形式传递和使用多媒体手段辅助传递；	XXG9. 将整理的信息通过新闻发布会形式传递；制作展示板、电子公告板、网页发布信息；
	2. 展示多种信息	XXC10. 选择规范的方式、合适的版面编排展示不同类型信息；	XXZ10. 选择规范的方式、合适的版面编排展示组合的信息；	XXG10. 选择最适合自己和任务需要的形式，并利用优化和完善的文本、图像和数字的形式强化展示效果；
	3. 有效应用信息	XXC11. 所展示的信息准确、清楚，重点突出；	XXZ11. 根据任务和信息类型显示相关信息，确保展示的信息清晰和明白，并妥善保存信息；	XXG11. 集合不同渠道的信息，预测发展，进行新的设计；
	4. 评估处理效果	XXC12. 遵守版权和保密规定。	XXZ12. 遵守版权和保密规定。	XXG12. 遵守版权和保密规定，收集反馈信息，评估信息应用效果。

（三）数字应用（SZ）能力点

活动要素	能力点（概括）	能力点结构分布		
		初级 C	中级 Z	高级 G
一、数字信息解读	1. 测量获取数字信息	SZC1. 按精度要求测量，用常用单位记录测量结果；	SZZ1. 从不同信息源获取相关信息；做出准确观测与统计；	SZG1. 组织一个大型的数据信息采集活动，并分解为一系列工作任务；从不同信息源获取相关信息，包括一个大规模（超过 50 个单项）的数据组；进行多次准确可靠的观测，用合适的仪器、恰当的单位进行测量；

续表

活动要素	能力点（概括）	能力点结构分布		
		初级 C	中级 Z	高级 G
一、数字信息解读	2. 解读各种数据信息	SZC2. 解读简单图表；读懂各种不同形式的数字；	SZZ2. 读懂并能编制坐标图、表格、直方图及示意图；读懂各种形式的数字；按要求精度读出一些测量设备的刻度；	SZG2. 读懂有标度的制图、图表和复杂的表格；读懂非常大和非常小数字的书写方法；
	3. 简单统计获取结果	SZC3. 准确统计数目；简单计算，获取新数据；	SZZ3. 估计总量及部分量的比例；选择合适的方式来获得需要的结果；	SZG3. 用估计法来制订计划，获得有效的约数；理解并会用复合单位；
	4. 汇总数据，解答问题	SZC4. 汇总数据，解答问题。	SZZ4. 将解读数据图表并经过简单计算后得到的数据分类、汇总，按任务要求解答问题。	SZG4. 选择恰当的计算方法，以获得所需的结果，说明所用方法的合理性。
二、数字运算	1. 多种方法进行运算	SZC5. 按要求的精度进行计算；进行整数和简单小数的四则运算；理解简单分数、百分数的意义，并找出一个数（量）的几分之几；计算长方形和长方体的面积；使用图表上简单的比例尺；使用比例、比率算出某些量的最大变幅；	SZZ5. 进行两步或两步以上任何大小数字间的运算；在分数、小数、百分数间相互转换；在不同制式间换算；算出面积和体积；根据制图的比例，算出图上的实际尺度；在恰当的地方用比率进行计算；比较 20 项及以上数目的大小；用排列的方法描述几组数的分布；	SZG5. 对任意大小的数字进行多平台的运算；使用乘方和根运算方式；求出比率的变化；从制图的标度求出实际的度量并标出数量的增长；使用大规模的数据，测量平均数和发布范围，并估计平均数、中位数和数据组的发布区域；使用公式、等式和表达式；
	2. 明确方法检查结果	SZC6. 用不同的方法验算结果。	SZZ6. 理解并使用给定公式；清楚地表明计算过程所用的方法并给出运算结果的精确度。	SZG6. 清楚表明所用的方法并给出运算结果的恰当精确度；使用检查程序找出方法及结果的错误。

续表

活动要素	能力点（概括）	能力点结构分布		
		初级 C	中级 Z	高级 G
三、运算结果的展示和应用	1. 适当方法展示结果	SZC7. 用适当方法展示数据信息；正确使用单位；	SZZ7. 用适当方法展示数据信息和计算出来的结果；设计并使用图表，并采用公认的换算来做标识；	SZG7. 选择合适的方法阐明计算得出的结论，表明发展趋势并比较结果；设计并绘出一个图表或表格，并使用公认的换算公式做出制图的标识；
	2. 检查结果说明任务	SZC8. 用计算出来的结果准确说明你的工作任务或状态；判断计算结果是否与工作任务的要求一致。	SZZ8. 用计算出来的结果准确地说明你的工作任务或状态；判断计算结果是否与工作任务的要求一致。	SZG8. 正确地检查所用的方法，并论证其合理性；根据你的调查结果做出推论。

（四）与人交流（JL）能力点

活动要素	能力点（概括）	能力点结构分布		
		初级 C	中级 Z	高级 G
一、交谈讨论	1. 把握交谈主题	JLC1. 能围绕主题参与交谈和讨论；	JLZ1. 能主持小规模的讨论，始终围绕主题参与交谈和讨论；	JLG1. 能主持较大规模的会议，能代表单位对外会谈；
	2. 把握交谈时机	JLC2. 把握讲话的时机、内容与长短；	JLZ2. 主动把握交谈的时机、方式和内容；参与讨论时回应提问，主持讨论时能推进讨论进行，对讨论做出评论；	JLG2. 始终把握会议主题，参与交谈或讨论；主持会议时，兼顾讨论各方的意见，围绕重点提出论题，提示和鼓励他人发言，推进讨论深入，对讨论做总结；
	3. 倾听他人讲话	JLC3. 用身体语言、提问及记笔记等方式倾听他人讲话	JLZ3. 理解对方谈话的内容，准确辨明态度和意图，予以相应回应；	JLG3. 能根据对方谈话的方式和内容领会言外之意，做出敏锐反应。
	4. 表达自己观点	JLC4. 使用规范语言、恰当语调和表情连贯清楚地表达自己的意思。	JLZ4. 全面准确传达一个信息和观点，能使用图表和其他辅助手段说明主题。	JLG4. 全面准确地表达一个复杂的事件或观点；表达简练，层次清楚，能使用图表和其他辅助手段说明主题。

续表

活动要素	能力点（概括）	能力点结构分布		
		初级 C	中级 Z	高级 G
二、当众发言（演讲）	1. 当众发言演讲		JLZ5. 做好书面、图表或其他方面的准备，在较正式的场合按预定的主题完整地发表简短意见；	JLG5. 做好演讲的准备，就一个复杂的论题当众演讲；
	2. 把握发言内容		JLZ6. 发言主题突出，层次清楚，用语得当，通俗易懂；	JLG6. 演讲主题突出，逻辑层次分明，语汇简明，例证丰富，思路要点清晰；
	3. 把握发言方式	—	JLZ7. 使用规范语言、恰当语调和身态语得体表达；	JLG7. 使用规范语言、恰当语调和身态语，自信应对复杂话题，得体演讲；
	4. 借助辅助手段		JLZ8. 利用图表和黑板等辅助手段帮助说明主题。	JLG8. 利用多媒体等手段帮助演讲，强化主题内容，吸引听众。
三、阅读获取资料	1. 获取阅读资料	JLC5. 按照程序和他人指导从各种途径找到相关文字资料；	JLZ9. 从不同类型的文字资料中找到或筛选有用的资料；	JLG9. 查找各种文字资料，获取需要的论据、观点；
	2. 收集资料信息	JLC6. 从各种类型的文字资料，包括图片、图表中识别、归纳主要内容和要点；	JLZ10. 从较长的资料中找到所需的信息，看懂资料所表达的观点和写作目的，归纳文章要点；	JLG10. 使用参考资料或请教专家，看懂资料包含的内容和复杂的推理思路；确定资料本身的价值或存在的问题；
	3. 整理需要资料	JLC7. 为某种需要从收集的资料中整理出需要的资料，或做简单的笔记，确认资料的内容。	JLZ11. 根据需要归纳汇总出自己的文字资料。	JLG11. 综合分析筛选，利用资料表达自己的观点。

续表

活动要素	能力点（概括）	能力点结构分布		
		初级 C	中级 Z	高级 G
四、书面表达	1. 选择恰当文体	JLC8. 根据工作需要,选择基本文体,撰写简单应用文,并能利用图表说明要点;	JLZ12. 根据工作任务要求,选择基本文体,撰写较长的文稿;利用图表和各种编排形式突出内容;	JLG12. 选择恰当的文体,撰写较长的文章;并辅以图表说明观点,利用各种编排形式突出内容;
	2. 组织写作素材	JLC9. 从相关的材料中选取素材说明文章要点;	JLZ13. 利用和组织素材,充实内容,说明要点;	JLG13. 有机组织素材,说明文章的内容和要点;
	3. 掌握基本技巧	JLC10. 通过起草、修改,清楚地表达主题,层次清晰,语句通顺,用词规范,标点恰当,书写工整,格式正确。	JLZ14. 通过起草、修改,清楚地表达主题,层次清晰,逻辑概念清楚,语句通顺,用词规范,标点恰当,书写工整,版面编排符合要求;	JLG14. 通过起草、修改,清楚地表达主题,逻辑思路清晰,语句精练,用词准确,版面编排和装订符合要求;
	4. 采用适当风格		JLZ15. 根据文章主题采用适当的写作风格,提高文章的说服力。	JLG15. 根据文章的写作目的,采用适当的写作风格,突出专业特点,提高文章的说服力。

（五）与人合作（HZ）能力点

活动要素	能力点（概括）	能力点结构分布		
		初级 C	中级 Z	高级 G
一、协商合作目标	1. 明确基础,理解利益点	HZC1. 明确个人与他人、团队合作的基础,理解合作的利益共同点;	HZZ1. 明确个人与他人、团队合作的基础,理解合作的利益共同点;	HZG1. 判断各方的利益关系,把握合作各方的利益底线;
	2. 掌握要点,认识目标	HZC2. 掌握合作目标的要点,清晰认识到合作要达成的目标和合作的标准;	HZZ2. 提出工作任务、工作进度表、合作者、合作地点、所需的资料、工具、设备等;	HZG2. 发现目标、计划的相关问题及根源;

续表

活动要素	能力点（概括）	能力点结构分布		
		初级 C	中级 Z	高级 G
一、协商合作目标	3. 了解定位，明确资源	HZC3. 明确个人的角色定位，了解合作者的数量、职位、合作关系，确定起关键作用的人。	HZZ3. 明确自身和他人的合作优势及作用，知道相关部门的合作资源，充分利用优势和资源；	HZG3. 主导合作过程，与合作各方进行有效沟通；
	4. 调整目标，制订计划		HZZ4. 明确合作的基本规则及异常情况下的应急措施。	HZG4. 在合作关系变化时，充分利用组织赋予的权限调整合作目标与计划，控制合作过程的时间要素。
二、互相配合工作	1. 理解任务，保证目标	HZC4. 理解自己的任务和作用，快速理清责任关系；	HZZ5. 及时沟通合作进程，及时处理障碍，避免延误、失误，整体推进；	HZG5. 整合调动合作各方的资源，妥善处理利益关系，保证合作目标的实现；
	2. 执行指令，取得信赖	HZC5. 按照工作时间和质量的指令迅速进入工作状态，执行计划，取得上级和同事信赖；	HZZ6. 取得上级信任和同事信赖，发挥自身优势，及时调整工作状态；	HZG6. 判断合作关系中关键人物的影响力，积极引导其发挥作用；
	3. 处理矛盾，团结他人	HZC6. 能对多个指令下达时排列优先顺序，及时处理遇到的障碍和困难，避免延误；	HZZ7. 能与不同文化背景的人相处，理解他人的个性差异和在性格、能力上的缺陷及过程中的过失，及时弥补工作损失；	HZG7. 能将性格差异大、矛盾关系复杂的多方面员工团结在一起；
	4. 及时求助，激励促进	HZC7. 遇到困难时能够向各方面的人求助，及时有效帮助他人。	HZZ8. 处理影响工作进程的例外事件，包括个人事情对于工作进程的影响。	HZG8. 展现乐观态度，进行情绪激励，缓解工作压力，消除合作各方的消极工作状态，采用非命令的方式促进合作的达成。

续表

活动要素	能力点（概括）	能力点结构分布		
		初级 C	中级 Z	高级 G
三、调整合作方式	1. 检查成效，分析原因	HZC8. 了解合作进行中的顺利或不利的正反因素；	HZZ9. 及时、得体地检讨自己的不足和过失；	HZG9. 及时检查合作成效，分享建设性的反馈意见，分析研究合作计划的完成情况和已经实现的目标；
	2. 检查进展，评估合作	HZC9. 检查进展状况，随时调整计划；	HZZ10. 适宜地表达不同意见，提出自己的建议和批评；	HZG10. 评估合作者的能力和工作状况，发现合作者的问题和不足；
	3. 集中意见，协同努力	HZC10. 查遗补缺，随时跟进，确保合作顺利；	HZZ11. 接受他人的不同意见，集中、融合各方意见；	HZG11. 共同分析掌握解决问题的条件和能力，运用适度的压力，促进团队协同努力；
	4. 共同分析，改善方式	HZC11. 报告进程及问题和困难，提出改进措施。	HZZ12. 及时发现和弥补他人的过失和不足。	HZG12. 共同分析研究进一步改善合作的方式。

（六）解决问题（JJ）能力点

活动要素	能力点（概括）	能力点结构分布		
		初级 C	中级 Z	高级 G
一、提出解决问题的意见或方案	1. 准确定义问题	JJC1. 能准确理解与问题有关的各种因素；	JJZ1. 能指出问题出现的时间和主要特征；	JJG1. 能预测问题发生，揭示问题的性质、特点、原因；
	2. 明确解决目标	JJC2. 能掌握解决问题的目标并能说明目标的状态；	JJZ2. 能掌握解决问题的目标并能说明目标的状态；	JJG2. 能确定成功解决问题的程度；
	3. 形成和比较思路	JJC3. 能跟踪事态发展，指出解决问题的条件限制；	JJZ3. 能采取不同方法形成 2 个以上解决问题的思路并加以比较；	JJG3. 能选择和利用各种方式提出解决的办法并比较其特点和可行性；
	4. 选择最佳方案	JJC4. 能选定最佳方案。	JJZ4. 能确定一个最有效的解决对策。	JJG4. 能确定解决问题的最优方案并判断和说明其选择的合理性。

续表

活动要素	能力点（概括）	能力点结构分布		
		初级 C	中级 Z	高级 G
二、实施解决问题的方案	1. 获取上级支持 2. 设计实施方案 3. 寻求利用支持 4. 有效利用资源 5. 及时调整方案	JJC5. 能获得方案的批准； JJC6. 能制订解决问题的实施计划； JJC7. 能利用他人的支持； JJC8. 能有效利用资源。	JJZ5. 能获得方案的批准； JJZ6. 能制订较详细的解决问题的实施计划； JJZ7. 能较充分获取和利用所需要的支持条件； JJZ8. 能较充分利用各种资源完成各项计划。	JJG5. 能够提前获得上级认可； JJG6. 能制订详细的解决问题的实施计划并得到上级对实施详案的认可； JJG7. 能保持进度，及时获取信息与反馈； JJG8. 能充分利用资源； JJG9. 能评估进度，应对变化，及时调整。
三、调整或改进解决问题的方案	1. 掌握检查方法 2. 实施有效检查 3. 准确做出结论 4. 反馈评估提高	JJC9. 能掌握检查问题解决的方法； JJC10. 能按照检查方法进行评估； JJC11. 能做出问题解决的结论； JJC12. 能提出进一步改进的办法。	JJZ9. 能较清楚地检查问题解决的过程和结果状况； JJZ10. 能准确实施检查； JJZ11. 能具体做出问题解决（包括每个步骤）的结论，并能说明问题解决的原因； JJZ12. 能总结经验并提出其他的解决问题的思路。	JJG10. 能说明用于检查问题的方法； JJG11. 能与专家或主管商议有效方法检查； JJG12. 能做出检查结论，并能比较类似问题解决的案例及结果； JJG13. 能评估每一阶段的步骤和效果，总结提高，提出更佳方案。

(七)创新(CX)能力点

活动要素	能力点（概括）	能力点结构分布		
		初级 C	中级 Z	高级 G
一、提出创新意见	1. 客观全面分析 2. 提出新的需求 3. 提出改进意见 4. 提出改进方法	CXC1. 全面客观分析现状； CXC2. 针对或跟踪发展，提出新的需求和不足之处； CXC3. 提出改进的创新点和意见。	CXZ1. 清楚认识创新可利用的资源及限制； CXZ2. 针对事物不同方面提出新需求和事物的不足之处； CXZ3. 提出几个方面的创新点和意见； CXZ4. 提出改进的具体方法。	CXG1. 分析改进的预期效果和风险； CXG2. 客观分析事物发展与需求之间的矛盾关系； CXG3. 提出独特的改进事物或全面改进的创新点和意见； CXG4. 提出两个方面以上的改进办法。
二、做出并实施创新方案	1. 选择改进方案 2. 确定实施方案 3. 获取需要的资源 4. 努力实施方案	CXC4. 采纳他人或坚持自己的意见，确定改进方法或方案； CXC5. 确定方案的具体目标、方法、步骤、难点和对策； CXC6. 指出方案实施需要具备的各种资源和条件。	CXZ5. 采纳他人或坚持自己的意见，从多种选择中确认最佳方案； CXZ6. 在现有条件下，做出具体实施方案； CXZ7. 获取需要的信息化资源； CXZ8. 利用个人或团队力量将改进的方法付诸实施。	CXG5. 采纳他人或坚持自己的意见，从多种选择中确认最佳方案； CXG6. 根据最佳方案设计具体实施方案； CXG7. 充分利用需要的信息和资源； CXG8. 主持实施创新工作方案；并应对条件变化，坚持实施方案。

续表

活动要素	能力点（概括）	能力点结构分布		
		初级 C	中级 Z	高级 G
三、调整或评估创新方案及效果	1. 了解评估技术	CXC7. 按步骤对方案和实施情况进行检查或测评；	CXZ9. 掌握正确的评估方法，熟悉有关创新的专业技术及政策；	CXG9. 掌握正确的评估方法，熟悉有关创新的专业技术及政策；
	2. 评测方案结果	CXC8. 正确对待反馈信息和意见；	CXZ10. 在专家指导下，按步骤对创新方法及结果进行评测；	CXG10. 按步骤对创新方法及结果进行评测；
	3. 做出评估结论	CXC9. 对方案和实施情况做评估	CXZ11. 在专家指导下，对方法及结果做出客观的评估结论；	CXG11. 对方法及结果做出客观的评估结论，并预测风险和效果；
	4. 调整改进方案	CXC10. 应对问题采取合适的措施，调整方案并促进问题解决。	CXZ12. 应对问题采取合适的措施，调整方案并促进问题解决；	CXG12. 应对问题采取合适的措施，调整方案并促进问题解决；
	5. 总结经验指导他人		CXZ13. 总结经验，调整方法并指导他人的创新活动。	CXG13. 总结经验，调整方法并指导他人的创新活动。

【活动与测试】

活动一：帮想跳槽的王红支着

新人王红刚进一家市场调研公司工作半年就想跳槽。究其原因，不是工作不适应，经理曾表扬她很适合做市场调研工作；她对工资也较满意，缴完"五险一金"，税后可以拿到 3 000 多元。但王红觉得自己跟同事越熟越有隔阂。譬如，同事刘丽喜欢在她面前说三道四，为此她心里很纠结；下班后同事们喜欢一起出去吃吃喝喝，次数一多，她觉得很无聊；第一次新员工评分，部门主管却只给她"良好"的测评结果，为此她与主管论了一番，最后，主管询问经理后给她调了等级，但双方产生了心理距离。王红觉得很郁闷，思考再三，决定跳槽。

讨论：王红应怎样做，才能在最短的时间内融入集体，避免受到排挤和孤立,与大家和谐相处,享受到融入集体的快乐?

活动二:帮小李制订一份自我提高的学习计划

小李是应届生,在一家大型物流公司应聘了一份总裁秘书的工作。刚进入公司后,小李感到很兴奋,每一位同事都是仪表得体、精神焕发,他和同事之间的交流也很融洽。但半个月以后,小李的部门经理找他严肃地谈了一次话。部门经理说,小李的文字处理能力不错,工作也挺认真,但对网络营销方面的知识很欠缺,如果这种状况不能很快得到改善的话,他可能试用期都过不了。小李听完经理的话后,顿时陷入了一片迷茫之中。他仔细想了一想,觉得这里的环境不错,自己也很喜欢这份工作,应该竭尽全力提高自己,改善这种对自己不利的局面。

讨论:请帮助小李确定学习的目标和具体任务,制订一份行之有效的学习计划。

活动三:如何劝说顾客交付修理费?

某汽车修理厂有几位顾客不肯交付修理费,但他们并没有说这些修理费不该付,而是借口这一项太贵了,那一项弄错了。可事实上,他们事前都是在验货单上签了字的。不明智的收款员非常生气,一次又一次气势汹汹地登门催款,指责顾客违约并企图赖账,结果总是大吵一场,不欢而散。后来,经理改派了一位负责公关的职员前去处理此事。这位职员首先认真、有礼貌地倾听了顾客的牢骚,并对收款员的粗暴态度表示歉疚。最后他说:"你们是汽车的直接使用者,对于汽车最有发言权,我们常打交道,深知各位恪守信用,推迟付款主要是因为各位希望核实费用价格,做到公正、准确,维护我厂信誉。现在我把账单留下,劳驾各位核实一下,欢迎提出宝贵意见。"没多久,欠款就如数交来了。

讨论:(以小组为单位)
1. 收款员处理不当的地方有哪些?
2. 公关人员说服顾客交费的技巧有哪些?

活动四:夸夸我自己

请在3分钟内尽可能多地写下自己所拥有的能力。与你的同伴分享,看谁写得多。

讨论：大家写的一样吗？有什么不同？以小组为单位汇总大家所写的能力。如果将它们分类，能分成几类？

测试一：你的与人交流能力如何？

通过下面的测试，你会对自己的交流能力有所了解。

1. 你刚刚跳槽到一个新单位，面对陌生的环境，你会怎么做？（　　）
   A. 主动向新同事了解单位的情况，并很快与新同事熟悉起来
   B. 先观察一段时间，逐步接近与自己性格合得来的同事
   C. 不在意是否被新同事接受，只在业务上下功夫
2. 你一个人随着旅游团去旅游，一路上你的表现是（　　）
   A. 和所有人说笑、谈论，也参与他们的游戏
   B. 游到兴致处才和别人交谈几句，但也只限于同性
   C. 既不请人帮忙，也不和人搭话，自己照顾自己
3. 因为你在工作中的突出表现，领导想把你调到新岗位，而这个岗位你并不喜欢，你会怎样做？（　　）
   A. 欣然接受，有挑战才更有意义
   B. 表明自己的态度，然后听从领导的安排
   C. 认为自己做不好，拒绝调动
4. 你与同事的性格爱好颇有不同，产生矛盾时，你怎么做？（　　）
   A. 把问题暂且放在一边，寻找你们的共同点
   B. 妥协，假意服从他人
   C. 非弄明白谁是谁非不可
5. 假如你是一个科室主管，你下属中有两人因为不和，常到你面前互说坏话，你怎样处理？（　　）
   A. 列举他们各自的长处，称赞他们，并说明这正是对方说的
   B. 表示你不想听他们说这些，让他们回去做事
   C. 当着一个下属的面批评另一个下属
6. 你认为对于处在青春期的青年，应该用什么样的教育方式？（　　）
   A. 理解他们的叛逆行为，因势利导
   B. 经常发出警告，请长者协助

C. 严加看管,限制交友,监听电话

7. 你有一个依赖性很强的朋友,经常打电话与你聊天,当你没有时间陪他的时候,你会怎样做?(　　)

A. 问他是否有重要的事,告诉他你现在正忙,回头再打给他

B. 马上告诉他你很忙,不能与他聊天

C. 干脆不接电话

8. 因为一次小小的失误,在同事之间产生了不好的影响,你怎么办?(　　)

A. 保持良好心态,寻找机会挽回影响

B. 自怨自艾,与同事疏远

C. 走人,不再看他们的脸色

9. 有人告诉你某某说过你的坏话,你会怎样做?(　　)

A. 有则改之,无则加勉,如果觉得他的能力比你强,则主动与他交往

B. 从此处处提防他,不与他来往

C. 找他理论,同时揭他的短

10. 看到与你同龄的人都已小有成就,而你尚未有骄人业绩,你的心态如何?(　　)

A. 人的能力有限,我已做了最大努力,可以说问心无愧了

B. 我没有那样的机遇,否则……

C. 他们也没有什么真本领,不过是会溜须拍马而已

11. 你虽然只是单位的一名普通员工,但你责任心很强,对单位的工作有些建议,你如何让自己的意见有效传给单位领导?(　　)

A. 利用接送公文的机会,把自己的建议写成报告一起送去

B. 在全体员工大会上提出

C. 写一封匿名信给领导

12. 毕业几年后,在同学聚会上,你发现只有自己还是个"白丁"(平民百姓),你的情绪会怎样?(　　)

A. 并无改变,像来时一样兴致勃勃。自己还年轻,其他同学谈自己的宏伟计划,我也可以谈

B. 表面若无其事,实际心情不佳,兴趣全无

C. 一落千丈,只顾自己喝闷酒

13. 在朋友的生日宴会上,你结识了朋友的同学,当你再次看见他时,

你会怎样做？（   ）

  A. 能张口叫出他的名字,并热情与之交谈

  B. 聊几句,并留下新的联系方式

  C. 是别人的同学,匆匆打个招呼

14. 你刚被聘为某科室的主管,你知道还有几个人关注着这个职位,上班第一天,你会怎样做？（   ）

  A. 把问题记在心上,但立即投入工作,并开始认识每一个人

  B. 忽略这个问题,让它消失在时间中

  C. 与同事个别谈话,以确认关注这个职位的人

15. 你和同事小王一同被领导请去吃饭,回来后你会怎样做？（   ）

  A. 心领神会,埋头工作

  B. 比较隐晦地和小王交流感受

  C. 与小王讨论吃饭时的情景,在其他同事面前嘚瑟一下

评分说明：

选A得2分,选B得1分,选C得0分。

10分以下:说明你的与人交流能力还很欠缺,急需提升。

11—25分:说明你的与人交流能力一般,请努力提升。

26分以上:说明你的与人交流能力很强,请继续保持和提升。

测试二:你的团队合作能力如何？

  在团队中,团队合作能力是指团队成员之间密切配合、相互协助、有效解决问题的能力。请通过下列问题对自己的该项能力进行差距测评。

1. 你如何看待团队成员之间的协作？（   ）

  A. 三个臭皮匠顶个诸葛亮

  B. 可以提高团队绩效

  C. 有时将阻碍个人才能的发挥

2. 你如何看待团队成员的缺点？（   ）

  A. 缺点也可以转化

  B. 缺点不影响优点的发挥

  C. 缺点需要改正

3. 在团队中,管理者如何为团队成员分配工作？（   ）

A. 根据其特长　　　　B. 根据其性格　　　　C. 根据其资历

4. 当你听到他人被认为能力不强时,你如何认为?(　　)

A. 也许没有发现他的特长

B. 也许没有展现他的特长

C. 他应该学习提高

5. 你如何评估团队中每一位成员的价值?(　　)

A. 既然是团队成员,就都有价值

B. 能力不同,价值不同

C. 能力就是价值

6. 管理者如何让你的团队成员之间保持良好的协作关系?(　　)

A. 建立适合发挥特长的协作机制

B. 通过流程加以约束

C. 通过硬性规定实现

7. 如果你的团队中,有成员确实影响了团队绩效,你怎么办?(　　)

A. 加强沟通,及时解决问题

B. 用替补成员进行替换

C. 限期改正,否则清除

8. 你如何理解"人多力量大"这句话?(　　)

A. 只有协作好,力量才能大

B. 可能不是个人力量的简单相加

C. 有时未必这样

9. 当你成为团队中的主要成员时,你如何看待自己?(　　)

A. 我离不开团队

B. 继续发挥自己的作用

C. 团队离不开我

10. 七个和尚分粥,你认为哪种方式使他们能够长期协作下去?(　　)

A. 轮流分粥,分者最后取

B. 一个和尚分,一个和尚监督

C. 对分粥者进行教育

评分说明:

选 A 得 3 分,选 B 得 2 分,选 C 得 1 分。

15 分以下:说明你的团队合作能力很欠缺,急需提升。

15—24分:说明你的团队合作能力一般,请努力提升。

24分以上:说明你的团队合作能力很强,请继续保持和提升。

测试三:你的问题处理能力如何?

问题处理能力关系着一个人工作质量的好坏。本测试为判别一个人问题处理能力的高低提供依据。下面是10个单项选择题,请在每一个题目的备选答案中选择一个符合你的答案。

1. 你书房的书被水管漏水浸坏了(　　)

　A. 你非常不快,不停地抱怨

　B. 你想借此不交物管费,并写了批评信

　C. 你自己擦洗、清理、烤晒图书,并修理水管

2. 因为工作的失误,你将2万元的笔记本电脑以1万元的价格错卖给顾客王先生,这时你应该(　　)

　A. 趁问题没被发现,先辞职

　B. 自认倒霉,自掏腰包赔偿

　C. 向上级汇报此事,并建议由自己主动联系该顾客协商解决

3. 某个朋友要过生日了,如果去参加他的生日聚会,你不可避免地要花钱送礼物,这时(　　)

　A. 事先对对方说你有事不能参加,事实上你并没有什么事情,你只是为了不送礼物

　B. 对那些你认为重要的朋友,比如可以给你带来帮助的人,你才愿意参加其生日聚会并送礼物

　C. 你经常收集一些小的或比较奇特的礼物来应付这类事情

4. 当你感觉身体不舒服时(　　)

　A. 你会拖延着不去就诊,认为慢慢会好的

　B. 自己诊断一下,去药房买药

　C. 把这种情况及时告诉家人,然后去医院检查

5. 生活中的各种压力使你和家人变得容易发怒时(　　)

　A. 你会想法向朋友倾诉

　B. 你设法避免和家人争吵

　C. 你和家人一起讨论,研究解决的办法

6. 你的亲友在事故中受了重伤,你得知消息时(　　)

A. 失声痛哭,不知该如何是好

B. 叫来医生,要求服镇静剂来度以后的几小时

C. 抑制自己的感情,因为你还要告诉其他亲友

7. 你的能力得到承认,并得到了承担一份重要工作的机会(　　)

A. 你会放弃这个机会,因为这项工作的要求太高

B. 你怀疑自己能否承担起这项工作

C. 你仔细分析这项工作的要求,做好准备设法把它做好

8. 一位好朋友将要结婚了,在你看来,他们的结合不会幸福(　　)

A. 你会认真地规劝那位朋友,请他慎重考虑

B. 努力说服你自己,让自己相信时间还允许朋友改变计划

C. 你不着急,因为你相信一切都会好起来

9. 当你和别人发生纠纷,不得不去法庭诉讼时(　　)

A. 你会因为焦虑和不安而失眠

B. 你不去想这件事,出庭时再设法应付

C. 你把这件事看得很平常

10. 当你和邻居发生争执,却没有争出结果时(　　)

A. 你借酒浇愁,想把这件不快的事忘掉

B. 请教律师如何与邻居打官司

C. 外出散步或消遣,以平息心中的愤怒

评分说明:

选择 A 得 1 分,选 B 得 2 分,选 C 得 3 分。

15 分以下:说明你的问题处理能力很欠缺,急需提升。

15—25 分:说明你的问题处理能力一般,请努力提升。

25 分以上:说明你的问题处理能力很强,请继续保持和提升。

【作业与思考】

1. 什么是职业知识、职业技能和职业能力?它们之间有什么关系?

2. 联系所学专业,谈谈自己应具备什么样的职业知识、职业技能和职业能力?你该如何努力?

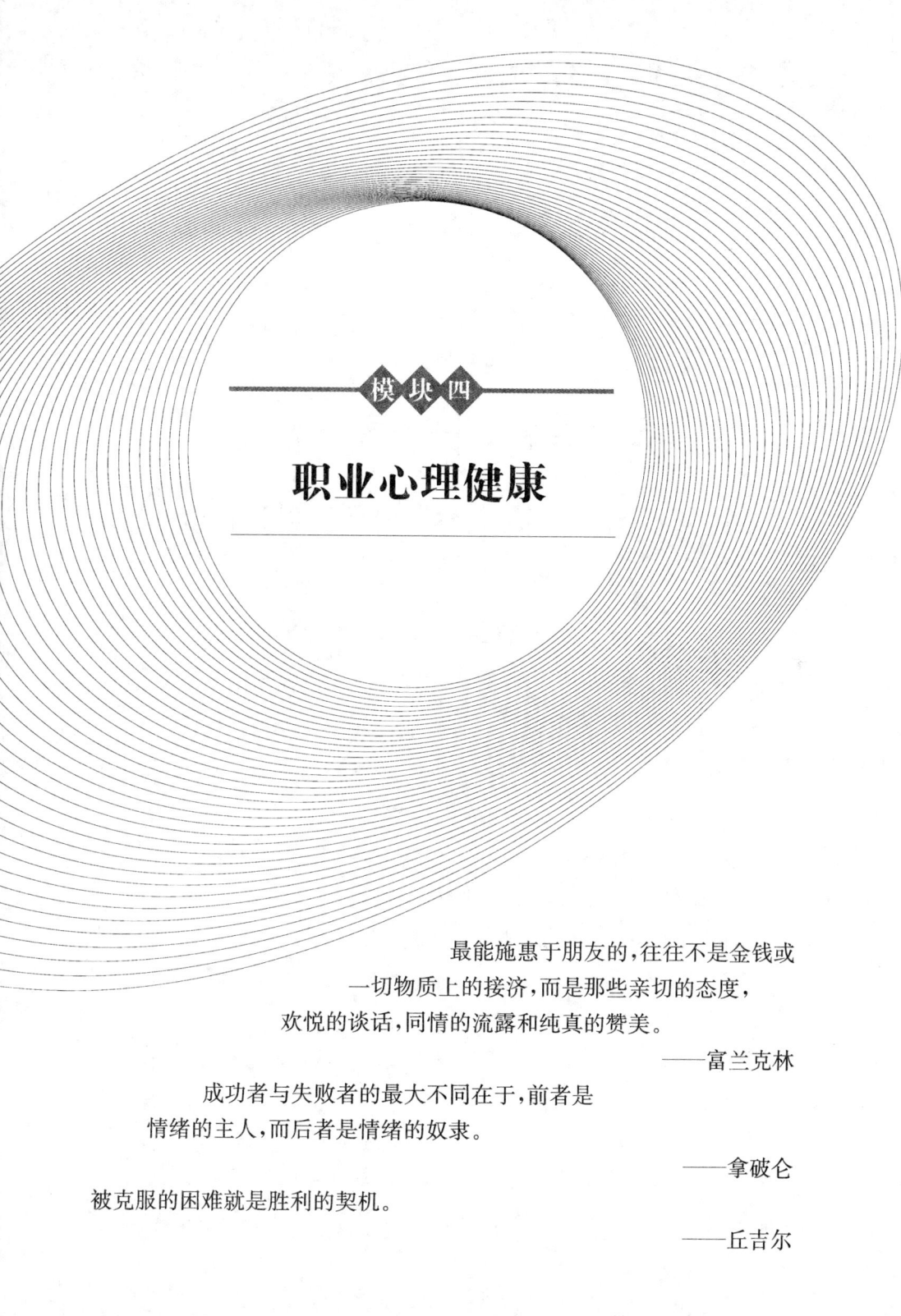

模块四

职业心理健康

最能施惠于朋友的,往往不是金钱或一切物质上的接济,而是那些亲切的态度,欢悦的谈话,同情的流露和纯真的赞美。

——富兰克林

成功者与失败者的最大不同在于,前者是情绪的主人,而后者是情绪的奴隶。

——拿破仑

被克服的困难就是胜利的契机。

——丘吉尔

【模块导读】

本模块由三个部分构成:学会交往,和谐人际关系;管理情绪,做情绪的主人;学会适应,应对职业压力。重点阐述了影响人际交往的心理因素,形成良好人际关系的原则和方法;情绪管理的概念,保持健康情绪的方法;职业适应、职场中的挫折与应对以及压力与应对的方法,以帮助学习者提高职业心理健康水平,提升人际交往、情绪管理、压力应对的能力。

【学习目标】

知识目标:

1. 了解人际交往与人际关系的内容,理解影响人际关系的心理因素以及人际交往原则、交往技巧。

2. 了解情绪、情感的基本概念,掌握情商的概念及内容。理解情绪、情感对身心健康的影响和大学生常见的情绪困扰,知道情绪管理的方法。

3. 了解职业适应、挫折与职业挫折、压力与工作压力的基本概念,理解职业适应不良问题的原因、产生职业挫折的原因以及压力和压力源的分类。

技能目标:

掌握人际交往的技能,提升人际交往能力;能在生活、学习中运用情绪管理的方法管理好自己的情绪;提高职业适应性,具有一定的预防、应对挫折和工作压力的能力。

情感目标:

形成积极的人际交往态度,体验情绪管理的好处,养成面对挫折和压力坦然应对的良好心态。

【知识导图】

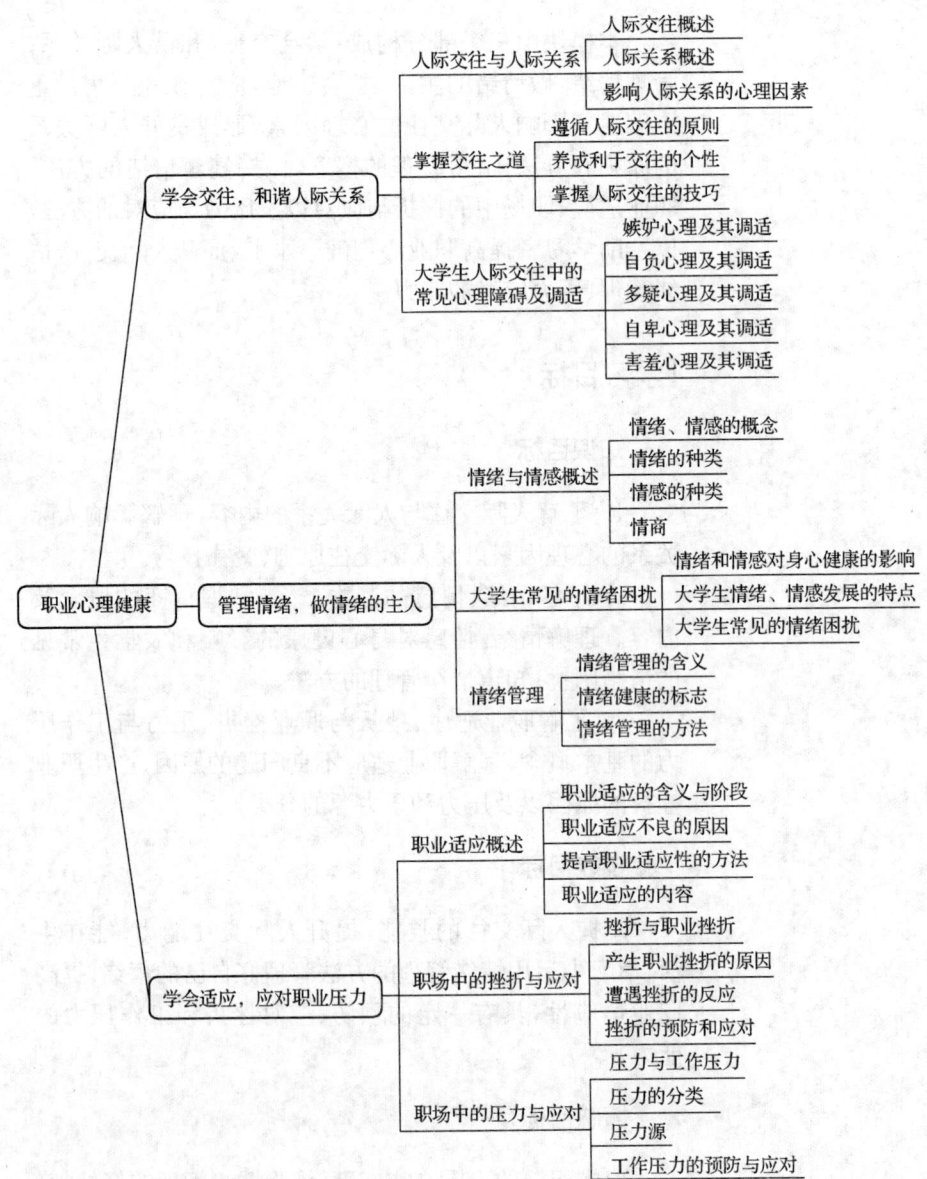

【案例导入】

谢某,女,20岁,大学二年级学生,身材苗条,是学校舞蹈队队员。她认为自己长得非常漂亮、才能超群,参加活动积极、踊跃,喜欢卖弄自己,认为自己什么都行。她穿着鲜艳、时尚,认为班里的女生穿衣没品位,男生就知道献殷勤,常常对同学不屑一顾,看不起周围同学。担任班级文娱委员的她,什么工作都喜欢插一手,喜欢指使、支配别人做事,而对别人提的意见却总不能接受,认为自己做的都是对的、好的,别人没有资格评论自己,因而人际关系不好,同学都不愿意和她来往。

不难看出,谢同学因自身条件较好,平时总是有一种高高在上的优越感,与人相处时喜欢以教训的口气说话,令人难以接受,而且稍有不如别人的时候,便会产生嫉妒心理,常常把别人说得一文不值。种种迹象表明,谢同学明显属于自负,因而导致同学不喜欢她。

试分析谢同学自负心理的形成原因,她该如何调适自己?

1989年,世界卫生组织根据现代人的健康状况,把健康定义为:健康不仅是没有疾病,而且包括躯体健康、心理健康、社会适应良好和道德健康。现代社会竞争激烈,人们越来越关注心理健康,越发认识到心理健康是人们生活、学习、工作的基本保证。大学生应培养自身良好的职业心理素养,而职业心理健康是其中不可忽视的重要组成部分。人际关系、情绪管理、职业适应、压力应对等都是职业心理健康的重要内容和主要表现,大学生提高这些方面的心理健康水平,有助于将来顺利地走进职场、适应职场。

主题一 学会交往,和谐人际关系

良好的人际交往能力是多数人职业生涯获得成功的基础。戴尔·卡耐基认为,事业的成功85%靠交际能力,15%靠专业技术。美国的《幸福》杂志对500位年薪50万美元以上的企业高级管理人员和300位政界要员展开"名人研究调查",其中93.7%的人认为交际能力是事业成功的重要因素。

一、人际交往与人际关系

(一) 人际交往概述

1. 人际交往的含义

人际交往是指个体与个体或者个体与群体之间通过一定的沟通方式进行接触和交流,并且在行为上和心理上产生相互作用、相互影响、相互适应的过程。例如,个体通过语言、肢体语言、表情等表达方式将信息传递给其他个体或者群体,同时反馈信息的过程,即为人际交往。

2. 人际交往的作用

人是不能够离开群体而单独生存的,人的一生几乎都是在与他人的交往中度过的。人际交往对于任何人都具有非常重要的意义,亚里士多德曾说:"能独自生活的人不是野兽就是上帝。"

怀斯认为,个体可以从良好的人际交往中得到六种收益:依恋,拥有亲密关系让人们获得一种安全感和舒适感;社会融合,良好的关系让人们产生一种具有相同利益和态度的感觉;价值确定,亲密关系可以帮助个体提升自我价值感;形成稳定联盟感,良好的关系有助于使人们相信,需要时有人会给予我们帮助;信息指引,在人际交往中,他人能够提供一些必要的生活信息;让我们获得照顾他人的机会,从而体验到被需要和自我重要的感觉。

(1) 人际交往促进身心健康

每个人都渴望拥有真诚友爱,希望能够通过人际交往获得友谊,满足自己的物质需要和精神需要。大部分人的心理危机往往与缺乏正常的人际交往有关,能否形成良好的人际关系,对身心健康和个人发展具有重要的影响。如果人际关系失调,会使人产生负性的情绪,心理沮丧、抑郁,带来心理疾病,影响身体健康,影响工作与生活。

(2) 人际交往促进自我认识

在人际交往中,我们通过与其他人进行比较,可以有助于提高对自己和他人的认识。"以人为镜,可明得失",人们通过广泛的人际交往,能促进自我发现、自我反省,"取人之长,补己之短",磨砺性格,砥砺品行,以完成对自我的认识。我们可以通过观察分析对方的言谈举止认识对方;同时,也可以在对方对自己的反应和评价中进一步了解自己。

拓展阅读

差 别

两个同龄的年轻人同时受雇于一家店铺,并且拿同样的薪水。

可是,一段时间后,叫阿诺德的小伙子青云直上,而那个叫布鲁诺的小伙子却仍在原地踏步。布鲁诺很不满意老板的不公正待遇,终于有一天,他到老板那儿发牢骚了。老板一边耐心地听着他的抱怨,一边在心里盘算着怎样解释清楚他和阿诺德之间的差别。

"布鲁诺先生,"老板开口说话了,"你现在到集市上去,看看今天早上有什么卖的。"布鲁诺从集市上回来向老板汇报说,今早集市上只有一个农民拉了一车土豆在卖。

"有多少?"老板问。

布鲁诺赶快戴上帽子又跑到集市上,然后回来告诉老板一共40袋土豆。

"价格是多少?"

布鲁诺又第三次跑到集市上问来了价格。

"好吧,"老板对他说,"现在请你坐到这把椅子上,一句话也不要说,看看别人怎么说。"

阿诺德很快就从集市上回来了,向老板汇报说到现在为止只有一个农民在卖土豆,一共40袋,价格是×元,土豆质量很不错,他带回来一个让老板看看。这个农民一个钟头以后还会弄来几箱西红柿,据他看价格非常公道。昨天他们铺子的西红柿卖得很快,库存已经不多了。他想这么便宜的西红柿老板肯定会要进一些的,所以他不仅带回了一个西红柿做样品,而且把那个农民也带来了,他现在正在外面等回话呢。

此时,老板转向了布鲁诺,说:"现在你肯定知道为什么阿诺德的薪水比你高了吧?"

---

(3) 人际交往促进社会化

人的社会化过程是一个不断发展的过程,人际交往是个人社会化的起点和必经之路。个体是在人际交往中不断成长、发展和成熟起来的,在此过程中,我们要学习文化知识、生存技能、社会知识以及社会规范要求的各种素质,从而获得社会生活的资格。如果没有与其他人的交往,是无法完成这个过程的。

(4) 人际交往促进个性全面发展

人的交往环境是个性形成、发展和完善的直接条件。根据心理学家研究发现,如果一个人能够长期生活在友好和睦的人际关系中,就会为人性格开朗,在对待人和事物时乐观、积极、主动。相反,如果一个人长期缺乏与别人的积极交往,缺乏稳定而良好的人际关系时,这个人往往就会有明显的性格缺陷。

(5) 人际交往促进信息交流

英国作家萧伯纳说过:"如果你有一个苹果,我有一个苹果,彼此交换,那么每个人只有一个苹果。如果你有一种思想,我有一种思想,彼此交换,我们每一个人就有两种思想,甚至有多种思想。"在当今的信息时代,从交往过程中获得信息是一种获取新知识的有效途径。人际交往中的信息交流有利于沟通信息,启迪智慧,弥补自己知识的局限,开阔自己的眼界。

总之,人际交往对人的全面发展具有深远的意义。美国前总统罗斯福说过:"成功的第一要素是懂得如何搞好人际关系。"在美国,曾有人调查了不同地区、不同行业的 2 000 多名雇主,向他们了解最近解雇的 3 名员工的理由,结果 2/3 的答案都是"他们是因为与别人相处不来而被解雇的"。现代社会分工越来越细,大部分工作都要靠群体合作完成,具有良好的社交能力和合作精神,才能为今后的事业发展和生活幸福打下基础。

(二) 人际关系概述

1. 人际关系的含义

人际关系是指人们为了满足某种需要,通过交往形成的彼此之间比较稳定的心理关系。不同的人际关系有不同的情感体验和心理距离。

2. 人际交往与人际关系

人际交往是建立人际关系的前提和基础,如果想要建立人际关系,必须通过人际交往才能得以实现。人际关系的发展与变化是交往的结果,交往的程度与关系成正比。反之,人际关系的好与坏又影响着交往的深度与广度。也就是说,人与人在交往过程中,物质需要或者精神需要能够得到满足的话,就会产生喜欢、亲近的情感,心理距离就会缩短。人际关系以交往为手段,借助于交往消除陌生感,并且与交往的频率有直接关系。通常交往的频率越大,人际关系就越密切;交往的频率越低,人际关系就越平淡;当交往不存在时,人际关系也会名存实亡。

3. 人际关系发展的阶段

人际关系的发展可分为四个阶段。

（1）定向阶段

分为无意地选择交往对象和理想地、有意识地选择交往对象。

（2）情感探索阶段

情感相互融合，建立安全感和信任；开拓共同情感领域，沟通逐渐扩大；情感卷入程度不高，交往仍然很正式。

（3）情感交流阶段

关系的性质有了质的变化，表现更为亲近和信任；共同的情感领域也不断扩大，沟通和交往的内容更多涉及私人内容；情感卷入较深，相互都有情感上的较大的投入，交往的模式超出正式范围，常可坦诚相待、直言相告。

（4）稳定交往阶段

高度的心理相容，表现为相互接纳程度很高；自我表露更深更广，向对方几乎完全开放，毫不掩饰；关系牢固，可以允许对方进入自己高度私密性的个人领域，甚至分享自己的生活空间和财产。

4. 人际关系破裂的过程

人际关系从融洽走向恶化和破裂，通常经历五个阶段。

（1）分歧

人际关系的融洽度是以双方共同情感领域的广度决定的，而分歧正是共同情感领域缩小乃至消失的开端。

（2）收敛

沟通过程中的轻松和愉快开始消失，双方都开始注意沟通内容的选择，试图避免触及对方的敏感话题，交往开始存在压力。

（3）冷漠

交往双方开始放弃增进沟通的努力，交往的氛围冷淡，言语和非言语沟通都缺乏热情。

（4）逃避

随着关系的进一步恶化，双方尽可能地相互回避，尤其是两人单独相处时，从状态来看就是相互疏远。此时，人们往往感到很难判断对方的情感状态和预测对方的行为反应，这也意味着双方的信任已经不存在了，所以交往更加小心翼翼。

(5) 终止

这是冷漠、逃避和疏远的必然结果,因为这个时候,结束这段关系是让双方解除心理负担、减轻痛苦的唯一选择。

(三) 影响人际关系的心理因素

1. 认知因素

(1) 人际知觉偏差

① 首因效应。

首因效应即第一印象,它往往是深刻而牢固的,一经建立,其会对后来获得的信息的理解和组织有着强烈的定向作用。后来的信息与第一印象一致,就会得到强化;与第一印象不一致,就会本能地拒绝,以免引起内心冲突。所以,人们习惯于用先入为主的最初印象看待别人。

一位心理学家曾做过这样一个实验,他让两个学生都做对 30 道题中的一半,但是让学生 A 做对的题目尽量出现在前 15 题,而让学生 B 做对的题目尽量出现在后 15 道题,然后让一些被试对两个学生进行评价:两人相比较,谁更聪明一些? 结果发现,多数被试都认为学生 A 更聪明。

再来看另一个关于第一印象的心理学实验。被试分为两组,同看一张照片。对甲组说,这是一位屡教不改的罪犯。对乙组说,这是一位著名的科学家。看完后,让被试根据照片中这个人的外貌来分析其性格特征。结果甲组说:深陷的眼睛藏着险恶,高耸的额头表明了他死不悔改的决心。乙组说:深沉的目光表明他思维深邃,高耸的额头说明了科学家探索的意志。这个实验表明,若第一印象形成的是肯定的心理定式,会使人在后继了解中多偏向于发掘对方美好意义的品质;若第一印象形成的是否定的心理定式,则会使人在后继了解中多偏向于揭露对方令人厌恶的部分。

因此,在交友、招聘、求职等社交活动中,我们可以利用这种效应,展示给人一种极好的形象,为以后的交流打下良好的基础。当然,这在社交活动中只是一种暂时的行为,更深层次的交往还需要自身硬件条件完备。这就需要我们加强谈吐、举止、修养、礼节等各方面的素质,不然则会导致另外一种效应的负面影响,那就是近因效应。

② 近因效应。

与首因效应相比,在总的印象形成上,新近获得的信息比原来获得的信息影响更大,这种现象称为近因效应。两个陌生人之间初次接触,首因效应的作用大；随着交往的加深，双方熟悉后，近因效应的作用往往会更大一些。

拓 展 阅 读

近因效应

美国心理学家卢钦斯（A. Ladins,1957）用编撰的两段文字作为实验材料研究了首因效应现象。他编撰的文字材料主要是描写一个名叫吉姆的男孩的生活片段。第一段文字将吉姆描写成热情并外向的人；第二段文字则相反，把他描写成冷淡而内向的人。例如，第一段中说吉姆与朋友一起去上学，走在洒满阳光的马路上，与店铺里的熟人说话，与新近结识的女孩子打招呼等；第二段中说吉姆放学后一个人步行回家，他走在马路的背阴一侧，没有与新近结识的女孩子打招呼等。在实验中，卢钦斯把两段文字加以组合：

第一组，描写吉姆热情外向的文字先出现，描写冷淡内向的文字后出现。

第二组，描写吉姆冷淡内向的文字先出现，描写热情外向的文字后出现。

第三组，只显示描写吉姆热情外向的文字。

第四组，只显示描写吉姆冷淡内向的文字。

卢钦斯让四组被试分别阅读一组文字材料，然后回答问题：吉姆是一个什么样的人？结果发现，第一组被试中有78%的人认为吉姆是友好的，第二组中只有18%的被试认为吉姆是友好的，第三组中认为吉姆是友好的被试有95%，第四组中只有3%的被试认为吉姆是友好的。

这项研究结果证明，信息呈现的顺序会对社会认知产生影响，先呈现的信息比后呈现的信息有更大的影响作用。但是，卢钦斯进一步研究发现，如果在两段文字之间插入某些其他活动，如做数学题、听故事等，则大部分被试会根据活动以后得到的信息对吉姆进行判断。也就是说，最近获得的信息对他们的社会知觉起到了更大的影响作用，这个现象叫作近因效应。简单地说，近因效应指在总体印象形成的过程中，新近获得的信息比原来获得的信息影响更大的现象。

所以，多年不见的朋友，在自己的脑海中印象最深的，其实就是临别时的情景；一个朋友总是让你生气，可是谈起生气的原因，大概只能说得出最近发生的两三件不愉快的事，这也是一种近因效应的表现。利用近因效应，在与朋友分别时，给予他良好的祝福，你的形象会在他的心中美化起来。

研究发现，近因效应一般不如首因效应明显和普遍。在印象形成过程中,当不断有足够引人注意的新信息,或者原来的印象已经淡忘时,新近获得的信息的作用就会较大,就会发生近因效应。个性特点也会影响近因效应或首因效应的发生。一般而言,心理上开放、灵活的人容易受近因效应的影响;而心理上具有稳定倾向的人,容易受首因效应的影响。

③ 晕轮效应。

晕轮效应,又称"光环效应""成见效应""光晕现象",是指在人际相互作用过程中形成的一种夸大的社会印象,正如日、月的光辉,在云雾的作用下扩大到四周,形成一种光环作用。晕轮效应常表现为一个人对另一个人(或事物)的最初印象决定了他的总体看法,而看不准对方的真实品质,形成一种好的或坏的"成见"。所以,晕轮效应也可以称为"以点概面效应",是主观推断的泛化、定式的结果。

名人效应就是一种典型的光环效应。最典型的例子,就是当我们看到某个明星在媒体上被曝出一些丑闻时总是感到很惊讶,而事实上我们心中这个明星的形象根本就是他/她在银幕或媒体上展现给我们的那圈"月晕",其真实的人格我们是不得而知的,仅仅是推断的。

不难发现,拍广告片的多数是那些有名的歌星、影星,而很少见到那些名不见经传的小人物,因为明星推出的商品更容易得到大家的认同。一个作家一旦出名,以前压在箱底的稿件全然不愁发表,所有著作不愁销售,这都是晕轮效应的作用。所以,企业要让自己的产品为大众了解并接受,一条捷径就是让企业的形象或产品与名人相粘连,让名人为公司做宣传,这样就能借助名人的"名气"帮助企业聚集更旺的人气,让人们一想起公司的产品就想到与之相连的名人。

拓 展 阅 读

晕轮效应

美国心理学家凯利以麻省理工学院的两个班级的学生为对象分别做了一个实验。上课之前,实验者向学生宣布,临时请一位研究生来代课,接着告知学生有关这位研究生的一些情况。其中,向一个班学生介绍,这位研究生具有热情、勤奋、务实、果断等品质;向另一个班学生介绍的信息除了将"热情"换成"冷漠"之外,其余各项都相同。不知情的学生对两种介绍的差别是:下课之后,前一个班的学生与研究生一见如故,亲密攀谈;另一个班的学生对他却敬而远之,冷淡回避。可见,仅介绍中的一词之别,竟会影响到整体的印象。学生们戴着这种有色眼镜去观察代课者,而这位研究生就被罩上了不同色彩的晕轮。

心理学家戴恩做过一个这样的实验,他让被试看一些照片,照片上的人有的很有魅力,有的无魅力,有的中等。然后,让被试在与魅力无关的特点方面评定这些人。结果表明,被试对有魅力的人比对无魅力的人赋予更多理想的人格特征,如和蔼、沉着、好交际等。

晕轮效应不但常表现在以貌取人上,而且还常表现在以服装定地位、性格,以初次言谈定人的才能与品德等方面。在对不太熟悉的人进行评价时,这种效应体现得尤其明显。

有时候晕轮效应会对人际关系产生积极效应,比如你对人诚恳,那么即便你能力较差,别人对你也会非常信任,因为对方只看见你的诚恳。

从认知角度讲,晕轮效应仅仅抓住并根据事物的个别特征而对事物的本质或全部特征下结论,是很片面的。因此,在人际交往中,我们应该注意告诫自己不要被晕轮效应所影响而陷入误区。

④ 刻板效应。

刻板效应是人在长期的认知过程中形成的关于某类人的概括而笼统的固定印象。有些人习惯于机械地把交往对象归于某一类人,将对该类人的评价强加于其,从而影响正确认知。如认为南方人小气、自私,家庭社会地位高的人傲气、不好相处等,这种刻板印象容易形成先入为主的定式效应,妨碍人们正常人际关系的形成。

⑤ 投射效应。

投射效应是指将自己的特点归因到其他人身上的倾向,以己度人,认为自己具有某种特性,他人也一定会有与自己相同的特性,是把自己的感情、意志、特性投射到他人身上并强加于人的一种认知障碍。

"以小人之心度君子之腹"就是一种典型的投射效应。当别人的行为与我们不同时,我们习惯用自己的标准去衡量别人的行为,认为别人的行为违反常规;喜欢嫉妒的人常常将别人行为的动机归纳为嫉妒,如果别人对他稍不恭敬,他便觉得别人在嫉妒自己;一个经常算计别人的人就会觉得别人也在算计他;等等。反之,一个心地善良的人也常常会以为别人都是善良的。

心理学家罗斯做过这样的实验来研究投射效应,他在80名参加实验的大学生中征求意见,问他们是否愿意背着一块大牌子在校园里走动。结果,48名大学生同意背着大牌子在校园里走动,并且认为大部分学生都会乐意背；而拒绝背牌的学生则普遍认为，只有少数学生愿意背。可见，这些学生都是将自己的态度投射到其他学生身上。

由于投射效应的存在，我们常常可以从一个人对别人的看法中来推测这个人的真正意图或心理特征。宋代著名学者苏东坡和佛印和尚是好朋友。一天，苏东坡去拜访佛印，与佛印相对而坐，苏东坡对佛印开玩笑说："我看见你是一堆狗屎。"而佛印则微笑着说："我看你是一尊金佛。"苏东坡觉得自己占了便宜，很是得意。回家以后，苏东坡向妹妹提起这件事，苏小妹说："哥哥，你错了。佛家说'佛心自现'，你看别人是什么，就表示你看自己是什么。"

用自己的喜好往往不能正确地衡量别人，也不能有效地向他人施加影响。例如，美国第39任总统吉米·卡特曾有这样的经历：1964年，刚从海军学院毕业的吉米·卡特，遇到了海军上将里·科弗将军。当将军让他谈谈自己的事情时，吉米·卡特为了获得里·科弗将军的好感，自豪地提起自己在海军学院的成绩，他说自己在全校820名毕业生中，成绩名列第58名。他以为将军知道他的成绩后一定会对他刮目相看，没想到将军问道："你尽力了吗？为什么不是第一名？"这句话让吉米·卡特不知如何回答。正是这次与里·科弗将军的对话，给了吉米·卡特很大的启示。

吉米·卡特的经历，验证了错误投射现象的影响。心理学研究发现，在日常生活中，人们总会不自觉地把自己的心理特征，像经历、好恶、欲望、观念、情绪、个性等加在他人身上，认为自己是这样想的，他人也应该有同样的想法，并试图通过自己的想法去影响他人，结果往往事与愿违。

特别是当自己在某方面试图影响对方的时候，往往为了恭维或者接近对方，向对方施加某种拉近距离的方法，但该方法往往会受到自我思维定式的影响，不是实事求是地根据自己的观察所得到的信息去判断对方的喜好、性格、特征，而是想当然地把自己的特性投射到别人身上，这样必然不能达到有效影响他人的目的。例如，母亲年轻时的梦想是做一名舞蹈家，便会不自觉地希望自己的孩子也拥有这样的梦想，并且创造各种条件让孩子实现自己舞蹈家的梦想，但孩子却对美术更有兴趣。在相互的矛盾中，反而会导致孩子错失健康发展的良性教育。

（2）自我认知偏差

自我认知偏差有两种表现：一是过高评价自己，孤芳自赏，不愿与人交往；二是自我评价过低，自轻自贱，不敢与人交往。对自我认知的这两种偏差都会影响我们的人际交往。

(3) 对他人期望值过高

用自己的观点和标准要求他人,苛求别人,这样往往导致你对别人产生否定的认识,认为别人不好,也容易导致别人对你产生排斥、不满的心理,不愿意接受你,不想跟你来往。

(4) 选择性知觉

选择性知觉是指人们根据自己的兴趣、经验和态度而有选择地去解释所看或所听的信息。沟通过程中,接受者会根据自己的需要、动机、经验、背景及其他个人特质而选择性地去看或去听所传递给他的信息,以致获取的信息并不全面客观,甚至产生人际交往上的误解。"邻人疑斧"就是这样一个例子。

拓 展 阅 读

爱?爱!

上课了。老教授面带微笑,走进教室,对同学们说:"下面我们来做一项问卷调查,请同学们帮个忙。"一听这话,教室里一阵议论:问卷?比上课有趣多了。

问卷发下来,同学们一看,只有两道题。

1. 他很爱她。她细细的瓜子脸,弯弯的蛾眉,面色白皙,美丽动人。可是有一天,她不幸遇上了车祸,痊愈后,脸上留下几道大大的丑陋疤痕。你觉得,他会一如既往地爱她吗?

A. 他一定会   B. 他一定不会   C. 他可能会

2. 她很爱他。他是商界的精英,儒雅沉稳,敢打敢拼。忽然有一天,他破产了。你觉得,她还会像以前一样爱他吗?

A. 她一定会   B. 她一定不会   C. 她可能会

一会儿,同学们就做好了。问卷收上来,教授一统计,发现:第一题有10%的同学选A,10%的同学选B,80%的同学选C;第二题有30%的同学选A,30%的同学选B,40%的同学选C。

"看来,美女毁容比男人破产,更让人不能容忍啊。"教授笑了,"做这两题时,潜意识里,你们是不是把'他'和'她'当成了恋人关系?"

"是啊。"同学们答得很整齐。

"可是,题目本身并没有说'他'和'她'是恋人关系啊。"教授似有深意地看着大家,"现在,我们来假设一下,如果第一题中的'他'是'她'的父亲,第二题中的'她'是'他'的母亲,让你把这两道题重新做一遍,你还会坚持原来的选择吗?"

问卷再次发到同学们的手中,教室里忽然变得非常安静,一张张年轻的面庞变得凝重而深沉。几分钟后,问卷收了上来,教授再一统计,两道题同学们都100%地选了A。

教授的语调深沉而动情:"这个世界上,有一种爱,亘古绵长,无私无求,不因季节更替,不因名利浮沉,这就是父母的爱啊!"

2. 情感因素

情感因素包括对交往的情绪反应、人与人的情感关系以及心理距离。情绪反应是人际交往中的一个重要特征,对人的好恶决定着双方的行为、相互间的情感关系和心理距离。有的人心境易变,情绪不稳,容易凭一时好恶改变对人的看法,这就会影响到人际交往的稳定性。

情绪表达没有分寸同样也会影响交往。例如,不分场合、不看对象,情感反应过分强烈,就会给人以轻浮、狂妄或动机不纯等不好印象,让人顿生轻薄之感而不愿与其接近;反之,一个人若对喜怒哀乐或对能引起情感共鸣的事无动于衷,反应冷淡,就会让人觉得其冷漠无情,不愿与之交往。

3. 人格因素

人格的差异会带来交往中的误解与矛盾冲突,人格不健全可直接造成人际冲突,导致人际关系紧张或疏远。人们一般都喜欢真诚、热情、友好、诚实的人,讨厌自私、冷酷、虚伪、卑劣的人。有良好的人格特征的人易于建立和谐的人际关系,有不良的人格特征的人会给人留下不良印象、不愉快的感受甚至一种危险感,于是人们回避他,疏远他,从而导致其人际关系紧张。

4. 能力因素

人际交往能力欠缺是影响人际关系的原因之一。如有的人不善表达,说话得罪了别人自己还不知道;有的人在交往中想表现自己却出尽洋相;有的人想关心别人,又不知从何做起。

拓 展 阅 读

八项最不受欢迎的行为

美国行为心理学家米哈里博士根据调查资料得出以下八项最不受欢迎的行为。不妨对照一下,你是否有这样的行为?

一、经常向别人诉苦,包括个人健康问题、经济困难、工作情况等。但对别人的问题却从不感兴趣,不予关注。

二、经常唠叨,只谈论一些琐事,或不断重复一些肤浅的见解及一些一无是处的空话。

三、言语单调,对任何事情都淡漠,缺乏情绪反应。

四、态度过分严肃,不苟言笑,一派道貌岸然的样子。

五、缺乏投入感,在任何社交场合中,悄然独立,既不参与别人活动,亦不主动与人沟通。

六、态度过于敏感,或语气浮夸粗俗。

七、过度以自我为中心,不断向人诉说自己的生活琐事,夸耀个人经历,不理会别人的感受和反应。

八、过度热衷取悦于人,花言巧语,博得别人的好感。

二、掌握交往之道

在现代社会中,人际交往能力已经成为人们生存和发展必备的社交手段,是衡量一个人能否适应社会的重要标志。人际关系的好坏直接影响人在社会中的发展。对于大学生而言,积极地树立人际交往观念,掌握与人交往的原则与技巧,有意识地培养人际交往能力,对于心理健康和身体健康以及面对现实的社会都有着积极的重要作用。

(一)遵循人际交往的原则

1. 平等尊重原则

古人所讲的"爱人者,人恒爱之""己所不欲,勿施于人"是有其心理学基础的。人都有友爱和受人尊重的需要,都希望得到别人的平等对待。

平等意味着尊重,尊重别人的人格、尊严。那些喜欢对别人指手画脚、说三道四的人,那些在别人面前趾高气扬的人都是不讨人喜欢的。

萧伯纳一次到苏联访问,在街头遇见一位聪明伶俐的小姑娘,就和她一起玩耍。离别时,他对小姑娘说:"回去告诉你妈妈,今天和你玩的是世界著名的萧伯纳。"不料,那位小姑娘竟学着萧伯纳的语气说:"你回去告诉你妈妈,今天和你玩的是苏联小姑娘卡嘉。"这件事给萧伯纳很大的震动,他感慨地说:"一个人无论他有多大的成就,他在人格上和任何人都是平等的。"

2. 宽容待人原则

大千世界,每个人都有不同的个性,人无完人,每个人也都会有缺点。与人相处时,心胸要宽、姿态要高、气量要大,不要斤斤计较、苛求他人、固执己见,要学会宽容、学会克制和忍耐、学会理解。要宽容别人,做什么事情都要将心比心,设身处地地为别人着想。宽容克制是大度的表现,是建立人际关系的润滑剂,能"化干戈为玉帛",赢得更多的朋友。

案例分析

宽 容

楚庄王有次夜宴群臣,满庭酒溢语喧。忽然,一阵风过,烛台灯灭,漆黑一片。侍者急急忙忙寻灯点火之际,楚庄王的爱妃轻轻拽其袖子耳语道,刚才有人对她不轨,她挣脱时顺手扯去了他帽顶的缨子,灯亮其人自显。"慢。"楚庄王突然喝住点灯的侍者,于黑暗中命令群臣拔掉各自的帽缨。灯再次亮时,众人皆无缨而饮。

几年后的一次大战中,楚庄王身处困厄绝境,身旁一员猛将死命拼杀,护驾突围。化险为夷后,楚庄王躬身相谢。该将领顿然跪拜道:"上次卑臣酒后失礼,若非大王宽容,臣早已是刀下鬼了。"楚庄王以他的宽容赢得了人心,也带来了回报。

这就是宽容,它是一种美德,也是一种力量。"人心不是靠武力征服,而是靠爱和宽容、大度征服。"斯宾诺沙如是说。

宽容就如一盏小小的灯,虽然灯光如豆,但是温暖无处不在,它温暖着别人,也温暖着自己。

---

3. 诚实守信原则

诚实守信是一切人际关系的基础,是从道德方面对人际关系提出的要求。诚实守信是不恶意欺骗别人、遵守诺言,从而获得别人的信任。满嘴谎言、言而无信的人,别人也不会愿意和他交往。

4. 互惠互利原则

心理学家霍曼斯提出,人与人之间的交往本质上是一个社会交换过程,人们希望交换对自己来说是值得的,希望在交换过程中至少得大于失,所以人们的一切交往行动及一切人际关系的建立与维持都是根据一定的价值观进行选择的结果。对于那些值得的或得大于失的人际关系,人们倾向于建立和保持,而对自己来说不值得或失大于得的,人们就倾向于逃避、疏远或终止。人际交往是一种双向行为,只有单方获得好处的人际关系是不能长久的。要建构良好的人际关系,双方都要付出,双方都要能够从中受益。

(二) 养成利于交往的个性

1. 提高人际吸引力

(1) 提高个人的内在素质修养

包括加强自身道德素质修养和文化理论知识的修养。个人的道德修养主要包括待人真诚、宽容、诚实守信、心胸宽广等。

(2) 提高个人的外在素质修养

美丽的外貌、豁达的风度让人感觉到轻松愉悦,并且在心理上形成一种愿意与之交往的原动力,追求美、欣赏美、塑造美是人的天性。

2. 塑造良好的心理品质

(1) 态度积极

要有积极乐观的交往态度。在社会中,每个人的性格、兴趣、习惯等都是不同的,各有各的魅力。

(2) 充满自信

我们往往可以看到自信的人宽容大度,与人交往平易随和,容易相处。自卑的人极易受伤、比较脆弱,即使别人无意的话语也可能会让其感觉受到伤害。但是,我们需要把握好自信的"度",过分自信有时会变成自大,自大者令人反感。

(3) 主动交往

养成主动交往的习惯,有助于缩短心理距离。一般情况下,大学生的内心很想与人交往,但总是碍于面子或者其他的因素影响交往。因此,要想能够与别人接触,就要主动提高别人对自己的熟悉程度。主要的方法就是能够主动出击,与别人形成互动,互动得越多,熟悉的机会就越多,关系就更加密切。对于熟悉的人,也要主动地交往,俗话说,"亲戚越走越亲,朋友越走越近"。

(4) 热情待人

心理学家研究发现,为人热情是最能打动他人的特质之一。一个充满热情的人很容易把自己的良性情绪传递给别人,同时也能够很容易被人接纳。大学生在学习和生活中时常会遇到烦恼的事情,应该主动地进行心理调适,学会愉快地面对生活,让自己高兴地做事,以热情对待别人。

（三）掌握人际交往的技巧

1. 注重第一印象

第一印象一经建立,就会对后来获得的信息的理解和组织有着强烈的定向作用,因而在人际交往中给人留下良好的第一印象非常重要。

拓 展 阅 读

给人留下良好第一印象的六种途径

★真诚地对别人感兴趣。

★微笑。

★多提别人的名字。

★做一个耐心的倾听者,鼓励别人谈他们自己。

★谈符合别人兴趣的话题。

★以真诚的方式让别人感到他很重要。

（摘自卡耐基《怎样赢得朋友,怎样影响别人》）

---

2. 注重交谈技巧

（1）学会善用语言,注重交流的内容

在平时的学习中,要有意识地扩大自己的知识面。与人交往时,寻找话题很重要。

（2）讲究语言的艺术性

讲究语言的艺术性是培养交往能力的重要内容。要能够运用清晰准确、生动形象、简明扼要、富有感染力、逻辑性强的语言表达自己的意思。

（3）注意交谈中的神态、语气和行为动作等

同样的一句话,如果用不同的情感、语调来表达,往往会有完全不同的效果。

（4）学会运用幽默

选择幽默的语言,运用理智性、健康性和趣味性的语言。

（5）善于处理各类矛盾

在交往中,难免会发生各种小矛盾和摩擦,当出现问题和麻烦时,要善于运用交谈的艺术打破僵局,把大事化小,小事化了,保持良好的人际关系。

(6) 尊重别人的隐私

在交往中,不要把别人说给你听的秘密讲给他人听。尊重他人的隐私就是尊重他人的人格。即使最亲密无间的朋友之间也有各自的秘密空间,总以打听或者背后说别人的秘密为乐趣是没有教养的表现,这样的人是不可能有真正的朋友的,最终只能是令人讨厌的孤独者。

3. 注重聆听技巧

聆听需要注意耐心和虚心倾听他人的讲话,并且要做出相应的反应,表示对对方所说的话题或者言论给予理解和兴趣。聆听别人说话时,要注意集中精神,表情自然,并且要经常地注视着对方的眼睛与之交流,或者用微笑来表示你很愿意听。如果在听的过程中想要表达自己的看法,应该选择合适的时机表达,不能够随意打断别人的谈话;如果急不可待地打断了对方的谈话,也不在乎别人对自己的表达是否感兴趣就一吐为快,会丧失与别人深交的机会,也会引起别人的厌恶。

4. 学会赞美别人

真诚的赞美可以让人感受到幸福感、自我价值感和自信心。要细心地观察他人的长处,诚恳热情、真实自然地赞扬对方的优点,激发对方的兴趣。赞美他人要公开、诚挚,不要虚情假意。任何人都喜欢得到赞美,但是只喜欢合乎事实的赞美,不真实的赞美会引起反感,让人感觉不舒服。从心理学的角度,渴望被人赏识和认可是人最基本的天性,是人普遍的、突出的心理特征。由衷的赞美就是对别人的优点和长处的充分肯定,能够满足人对于尊重和赏识、获得在别人心目中重要地位的心理需要,同时也能够给人精神上的激励和鼓舞。如果不善于运用赞美,而是经常地指责和批评他人,会让人离你越来越远,被人孤立。

美国学者布吉林等人提出,人际交往要遵循"三 A 原则",基本法则是把对别人的友善通过三种方式恰到好处地表达出来。具体内容是接受(accept)、赞同(agree)、赞美(admire),故称"三 A"。接受(accept):乐于接纳一个人的本来面目,不挑剔。比如,要接受对方的风俗习惯、交际礼仪。赞同(agree):对别人引起你共鸣的观点表示赞同,这样能够给人知己感,反驳则容易树敌。赞美(admire):真诚的赞美会引起别人的行为发生自己所期待的变化,指责和批评则容易让他人心生反感,产生逆反的心理,表现反而会更坏。

5. 把握交往尺度

(1) 要注意交往的广度

交往的广度既不能过广,也不能过窄。过广容易影响交往质量,浪费时间和精力;过窄可能错过可交的朋友,人际圈子过于狭小,影响到自己的人缘和眼界。

(2) 要注意交往的频度

即使是好朋友也不能交往太密,否则会影响彼此的正常生活,也会减弱彼此的新鲜感,增加发生矛盾的概率,妨碍友谊的加深。当然,也不能觉得已经是好朋友了,平时不见面、不联络也没有关系。如果很长时间不见面、不联络,原来的亲密关系慢慢也会变得疏远。因而要保持适当的交往频度,用心维护好双方的友谊。

(3) 要注意交往的深度

交往要因人而异,不能等距离交往。有的要深交,有的只能浅交甚至拒交,不能一味泛泛而交。对熟识的人与不熟的人,说话、行动要有所不同。决定交往深度的主要因素是志趣相投、志同道合,有共同的理想、志趣、人格修养等。

(4) 要注意交往的向度

交往向度要鲜明,注意异性和同性的区别。如和异性交往要多考虑时间、场合等因素,把握好分寸,否则容易引起不必要的误会。

6. 密切他人关系

(1) 给对方"特殊对待"

受到"特殊对待"会让人觉得受到了尊重,觉得在你心中有独一无二的地位,于是对你也会抱有好感。让你想要交往的人感觉到他在你的心中有着独一无二的地位,对密切双方的关系很有帮助。

(2) 适度自我暴露

倾诉一些自己内心的烦恼,吐露一点自己的小秘密,会让对方感到深受信任,出于感动和交往中的对等原则,对方也会向你倾吐心声。一旦有过这样的交流,双方就会视彼此为心腹之人,会推动人际关系的深入。这一技巧的关键是要"适度",如果在不适当的时间、地点泄露自己的秘密,会使自己陷入被动;逢人便说自己的隐私,也会让人反感。

(3) 请对方帮小忙

请对方帮个小忙,并以合适的方式表示感谢,会让对方没有压力,还能有一种成就感,在帮助别人的过程中感觉到愉悦,两人的关系会因此而更密切。

7. 注重社交礼仪

(1) 仪容仪表

仪容仪表包括面容卫生、皮肤清洁、服装整洁、发型美观大方、行为举止规范等。整洁美观的仪容仪表容易让人对你心生好感,产生良好的第一印象,愿意与你交往。

(2) 仪态

站姿是每个人全部仪态的核心。站姿的基本要求是:头正、颈直、肩平、挺胸、收腹、提臀。要注意克服弯腰驼背、身躯歪斜、手位不当、脚位不当的不正确的站姿,防止给人留下不好的印象。

坐姿是人最多的姿势之一,并且是公关活动中最重要的人体姿态。正确、规范的坐姿要求端庄而优美,给人以文雅、稳重、自然大方的美感。标准的坐姿通常包括七种姿势:一是双腿垂直式;二是垂直开膝式;三是双腿叠放式;四是双腿斜放式;五是前伸后曲式;六是双腿交叉式;七是双脚内收式。

走姿以站姿为基础,是坐姿的延续。正确的走姿应方向明确、目光平视、步幅适度、步速均匀、重心放稳、身体协调。无论男生还是女生,走路时要切忌摇头、晃肩、扭臀、八字脚、两脚拖地。身体扭动越大,越显轻浮。

(3) 表情神态

表情神态能显示出人的情感和心态,主要体现在眼神和笑容方面。比如眼神沉静,表明对要处理的问题胸有成竹;眼神阴沉,表明戒备心理很重;眼神不敢对视,表明不自信、撒谎等。懂礼仪的人会注意控制自己的表情神态,在不同交往对象面前表现出不同的含义。

(4) 社交礼仪

鞠躬礼仪:鞠躬礼仪是表示对他人尊重的一种礼节。例如,晚辈见到长辈时要面带微笑,行鞠躬礼。

介绍礼仪:介绍礼仪讲究尊者为先的原则,即把长辈介绍给晚辈,把女士介绍给男士等。

握手礼仪:握手时要注意握手顺序,用力适度等。

电话礼仪:打电话或接电话时要注意通话时间、电话中的文明用语等。

三、大学生人际交往中的常见心理障碍及调适

大学生人际交往过程中存在的心理障碍有很多不同的表现,具体如下。

(一) 嫉妒心理及其调适

1. 嫉妒心理的含义

嫉妒心理是一种消极的心理品质,是对他人的成就、名望、品德、优越地位及既得利益的一种不友好的、敌视与憎恨的情感。这种体验会把强于自己的人看作是对自己的威胁,会产生对比较对象的怨恨、愤怒等烦躁情绪,因而在语言上冷嘲热讽,甚至采取不道德的行为去打击对方来达到自己心理上的平衡,最终导致人际交往上的冲突和障碍,甚至还会损伤自己。

2. 嫉妒心理的特点

一是普遍性。嫉妒心理在大学生中普遍存在,每个同学或多或少都有嫉妒心理,只是有的人强有的人弱。

二是潜隐性。大学生的嫉妒心理一般不表现在表面上,而是藏在内心里。

三是临近性。大学生的嫉妒对象往往是身边的同学,甚至是要好的朋友。

四是社会性。大学校园是一个浓缩的小社会,嫉妒心理是在这个小社会里逐步形成的。

五是挫折感。嫉妒者会有一种无法摆脱、充满压抑和矛盾的挫折感,他们既不愿意承认别人强于自己的现实,又不甘落后,为此终日闷闷不乐,精神萎靡。

3. 嫉妒心理的成因

一是失宠心理。大学生被称为"天之骄子",经历了中考、高考层层选拔,在中小学时受到老师、家长、同学的广泛关注,而进入大学后,老师不再密切关注学生的一举一动,使某些学生产生"失宠"的感觉。

二是匮乏感。自感知识面窄、阅历浅等导致自卑心理,在与别人进行比较时容易产生嫉妒心理。

三是失落感。很多大学生在入学前对大学充满憧憬,在主观上把大学理想化,而进入大学后发现生活是现实的,并非想象中那么完美,对比之下,就易产生失落感,同时导致各种消极情绪,嫉妒心理便是其中之一。

四是委屈。大学中充满竞争,比如评奖学金,竞选学校、院系、班级的学生干部等。由于主客观原因,难免出现难分上下又不得不有所区分的情况,失败的一方可能会觉得自己受了委屈,进而产生对另一方的嫉妒。

> **案例分析**
>
> **嫉妒伤人**
>
> 小王与小李是某艺术院校学生,同在一个宿舍生活。入学不久,两个人成了形影不离的好朋友。小王活泼开朗,小李性格内向、沉默寡言。小李逐渐觉得自己像一只丑小鸭,而小王却像一位美丽的公主。小李心里很不是滋味,认为小王处处都比自己强,把风头占尽,时常以冷眼对待小王。大学三年级,小王参加了学院组织的服装设计大赛,并得了一等奖,小李得知这一消息后妒火中烧,趁小王不在宿舍之机将其参赛作品撕成碎片,扔在小王的床上。小王发现后,不知道怎样面对小李,更想不通为什么她要遭受这样的对待。
>
> 小王与小李从形影不离到友谊破碎,这样的变化令人十分惋惜。引起这场悲剧的根源,关键是两个字——嫉妒。

4. 嫉妒心理的调适

嫉妒心理是一种损人损己的病态心理,会严重影响人的身心健康,那么如何调适呢?

第一,正确看待人生的价值。心胸开阔、不计较得失的人往往不会嫉妒他人的成功。一个人没有理想,无所事事,就会挑别人的刺,寻别人的短。

第二,发挥自我优势。金无足赤,人无完人,每个人都有自己的优势和长处,要看到自己的优势,同时扬长避短,不断提高自己。

第三,学会接纳他人。要有勇气承认别人的优秀,承认别人比自己优秀,以平和的心态接纳他人。

第四,密切交往,加深理解。许多嫉妒心理是由于误解造成的,嫉妒者误认为对方的优势会对自己有所损害,从而产生嫉妒心理。如果能主动打开心扉,加强沟通,则不易产生误会,即使产生了误会也会因及时妥善沟通而化解。

(二) 自负心理及其调适

1. 自负心理的含义

自负心理是指过高地评价自己,总是拿自己的长处和别人的短处比较的心理,表现为目中无人、盛气凌人、自命不凡、自视清高,往往会苛求别人,傲视别人,使别人难堪、窘迫,不能平等地与人交往,遭到别人鄙视和疏远,导致人际关系紧张。

2. 自负心理的表现

其一,自视过高,很少关心人。这种人总觉得自己高人一等,不考虑别人的感受,只顾自己的利益。

其二,看不起人,认为自己强。自负的人唯我独尊,总是将自己的观点强加于别人,爱抬高自己,贬低别人。

其三,过度防卫,嫉妒心理重。这种人自尊心特别强,容不得别人的好,别人成功时会打压别人,别人失败时又会幸灾乐祸。

3. 自负心理的成因

一是过分娇宠的家庭教育。家庭教育是一个人自负心理的第一根源。父母过度宠爱、夸赞自己的孩子,会让他们觉得自己很了不起而看不起别人。

二是生活过于一帆风顺。生活中受过挫折的人往往能够正确地对待自己;而生活过于顺利,往往会让人觉得自己出类拔萃、高于旁人,因而产生自负心理。

三是片面的自我认识。自负的人往往把自己的长处看得非常突出,对自己的能力评价过高,看不到自己的缺点和不足,过分自恋和以自我为中心。

四是自尊心过分敏感。有些人自尊心特别强,为了保护自尊,反而会表现得很自负,通过自我放大,以此获得自卑的补偿。比如,有些家庭条件不太好的学生,生怕被别人看不起,便装出清高的样子,摆出看不起同学的姿态。

4. 自负心理的调适

第一,虚心接受批评。自负的人最不愿意接受别人的观点,总觉得自己的想法才是最好的。如果能够学会接受别人的正确观点,对于改变他们的固执己见是非常有好处的。

第二,与人平等相处。自负的人要学会以一个普通人的身份与别人平等交往。

第三,提高自我认识。要学会全面认识自己,不能只看自己的长处,要看到自己的不足。

第四,用发展的眼光看待自己。既要看到自己的过去,也要看到自己的现在和未来。过去再辉煌也是过去,不代表以后一直辉煌。

(三) 多疑心理及其调适

1. 多疑心理的含义

多疑心理是由主观推测而产生不信任的复杂情感体验,表现为对他人的言行过于敏感,总是认为别人看不起自己,当面或背后议论自己。一个人一旦陷入多疑的陷阱,就会处处神经过敏,对他人失去信任,损害正常的人际关系,影响个人的身心健康。

拓 展 阅 读

多疑的曹操

曹操因刺杀董卓不成而逃离洛阳,途中被陈宫所救,共同来到吕伯奢家,吕伯奢吩咐家人杀猪款待二人,自己前往西村买酒,但曹操却误以为吕氏家人的磨刀声是要杀害自己,于是杀尽吕氏家人。曹操离开吕家后遇见买酒归来的吕伯奢,因担心吕伯奢告发自己,于是挥剑砍死吕伯奢。陈宫责备曹操大不义,曹操却回答"宁教我负天下人,休叫天下人负我"。陈宫因此认定曹操是不义之人,于是离他而去。这就是一出由多疑导致的悲剧。

---

2. 多疑心理的表现

其一,疑心重重。多疑的人对人不信任,认为人人都不可交。

其二,闷闷不乐。多疑的人对谁都不信任,总觉得别人在说自己的坏话,做不利于自己的事情。他们特别在意别人对自己的态度,对别人无意的行为和言语也会费心琢磨,因而与人交往时不但自己不能轻松,也会让别人感到压抑,这就会影响到人际关系。

其三,自我封闭。由于猜疑心重,不信任人,因此不愿意与人来往,阻隔自己与外界的联系,进而会由怀疑别人发展到怀疑自己、失去信心,还会变得自卑、胆小、怯懦、消极、被动等。

3. 多疑心理的成因

一是作茧自缚的封闭思维。多疑的人往往会从某个假想目标开始,最后又回到假想目标。这样的封闭思维使其不能正常地进行思考。

二是对环境、他人、自己缺乏信心。多疑的人不信任别人,实际上往往是对自己也有所怀疑,对自己缺乏信心,总觉得别人在议论自己,看不起自己。

三是对交往挫折自我防卫。有的多疑的人是因为以前轻信别人,蒙受过精神损失,所以不再相信任何人。

4. 多疑心理的调适

第一,克制冲动。当发现自己怀疑别人时,要冷静思考各方面的原因,不能冲动地将原因归结于别人。

第二,培养自信。人们要看到自己的优点,增强自信,相信自己会和别人建立与维系良好的关系,这样就不会过于担心自己的行为,也不会随便怀疑别人看不起自己、嘲笑自己。

第三,自我安慰。在生活中要心胸开阔,就算别人在议论自己也不必过于在意,可以安慰自己没什么大不了的,这样可以避免不必要的烦恼。

第四,及时沟通。有的猜疑是由误会引起的,这时候可以和怀疑的对象开诚布公地聊一聊以消除误会。

(四) 自卑心理及其调适

1. 自卑心理的含义

自卑的意思是低估自己的能力,觉得自己各方面不如人。自卑,可以说是一种性格上的缺陷,表现为对自己的能力、品质评价过低,同时可能伴有一些特殊的情绪体验,诸如害羞、不安、内疚、忧郁、失望等。

2. 自卑心理的特点

一是泛化性。有自卑心理的人往往会因为自己某一方面的缺陷或失败,就认为自己一无是处,处处不如别人。

二是敏感性。有自卑心理的人在同人交往时,会对他人的态度、评价等特别敏感。

三是虚荣性。自卑的人也有一定的虚荣心,不希望给人留下不好的印象,所以很在意别人对自己的态度。

四是掩饰性。有自卑心理的人对自己主观上认为的缺点往往会设法加以掩饰，生怕别人知道。

3. 自卑心理的成因

一是自我评价过低。自卑的人对自己各方面进行评价时往往看不到自己的长处，而是夸大自己的不足。在认识自己和评价自己时，他们会拿自己的短处与别人的长处进行比较，结果越比越泄气。

二是消极的自我暗示。自卑的人对自己的期望值总是很低，在做任何事情之前常常对自己进行"我不行""我不会成功"的消极心理暗示，抑制自己能力的正常发挥，结果真的导致失败，而这一失败又强化了他们对自己的否定认识。

三是不当归因。自卑的人往往会将失败全部归结为自己的原因。如学习不理想，认为是自己不够聪明；人际关系不好，认为是自己不讨人喜欢。这样的不当归因是自卑心理产生的重要原因。

四是潜意识中的自负。有些人在行为上表现出的自卑是由心灵深处的自负引起的。他们在潜意识里认为自己样样要比别人强，导致在现实中容不得自己落后于人，一遇挫折，他们就很快走向原有状况的反面，出现自卑心理。

五是理想自我与现实自我的冲突。有些人为自己设计了一个令人羡慕的理想前程，但现实不免与理想有很大差距，两相对照，这些人就会有失落的自我不满之感，从而形成自卑这一心理障碍。

4. 自卑心理的调适

第一，正确认识自己，看到自己的长处。俗话说，"尺有所短，寸有所长"，每个人都有自己的长处和短处。要学会正确地认识自己，看到自己的长处，培养自信心。对自己的短处也要敢于承认与正视，可以积极地提升自己或从别的方面取长补短。

第二，正确暗示自己，避免否定自己。自卑的人要消除以往"我不行"的消极暗示，勇敢地进行"我能行""事在人为"等的积极暗示，这样才能逐渐摆脱自卑的束缚，争取成功。

第三，正确表现自己，积极与人交往。认识到自己的长处，就要大胆地表现，要积极地行动起来，去尝试一些以前不敢做的事情。可以先从自己擅长的事情开始做起，成功以后再做更难的事，这样可以不断增强自信，逐步克服自卑。

第四，调整理想自我，改变不合理的观念。对自己的要求要符合实际，不能过于理想化，否则容易因受挫而自卑。

> **案例分析**
>
> **自卑的小吴**
>
> 吴某，男，重点大学二年级学生。父母都是农民，家境贫寒。以前在中学时他成绩拔尖，深受老师和同学的器重，自己也因此似乎忽视了家庭的贫困。为了让他上大学，家里负债累累。进了大学后，小吴又四处借钱以掩饰自己的贫困。原以为到了上海，会有很多机会，可以通过打工来补贴自己，但实际上很难。他也曾想了许多办法来提升自己的素质，比如参加社团、看书、看展览会、考证书等，但实施之后，往往都是半途而废，从而他感到自己脱离不了贫穷，走不出社会底层，自己不会有好的前途，不可能光宗耀祖，甚至找女朋友、在上海成家都很困难。
>
> 如果你是小吴，你当如何调适自己，走出自卑？

（五）害羞心理及其调适

1. 害羞心理的含义

害羞其实是一种害怕心理，担心自己的缺点暴露在阳光下，会让别人看不起自己，因而不敢表达自己，越是表达自己，就越感到害怕。

2. 害羞心理的表现

其一，过分敏感。害羞是使人偏于极端地关心别人对其看法的一种心理状态，表现为逃避人与情境，以免受到任何潜在批评，同时亦会保持低调的行为反应，不敢抬头挺胸地面对他人，以避免引起注意。

其二，过分专注自己。典型害羞者，一向很顾虑自己，处处放不开，很难专注在任何工作上。这种人无论参与何种活动或者仅仅是旁观，通常都会过于担忧别人对他的印象。

其三，自我价值感低。害羞的人最大特征是自我价值感很低，常感到自卑，也就是说，害羞的人往往缺乏自信。当他遇到失败的情形时，会担心得不到父母、师长的关爱和接纳而自贬自责。这不但阻碍他能力的正常发挥，也影响身心健康。

此外，害羞心理还会有些特殊的表现：犹豫、郁郁寡欢、独立性差、被动、退缩、容易忧伤、没有领导能力；爱脸红、说话结结巴巴、咬指甲；不敢正眼对人、较不友善、尽量单独活动、活动量少、易有无目的的闲逛等。

3. 害羞心理的成因

一是先天原因。如黏液质、抑郁质的人生来就比较内向,说话低声细语,见到生人容易脸红,常怀胆怯心理,做很小的事情也需要前思后想。

二是家庭教育不当。过分保护和粗暴的家庭教育方式都可能造成子女胆小怯懦。家长过分保护,代替孩子思维和行动,导致孩子生活能力差,单纯幼稚,遇事紧张、焦虑。家长过于粗暴,直接剥夺了孩子思维和行动的机会,而且孩子常常担心做不好事情会受到批评斥责,因此遇到事情便会紧张、焦虑、消极、被动。

三是缺乏自信和实践锻炼。因为不够自信,有的人往往不敢与人主动交往,甚至别人主动时也不敢做出回应。长期的谨小慎微让人体验不到成功的喜悦,而且更加不相信自己的能力。还有一些人由于缺乏实践锻炼,往往也会表现得很害羞。

四是挫折经历。有的人小时候开朗大方,但由于各种原因,屡屡受挫后逐渐变得胆小害羞。

4. 害羞心理的调适

第一,正确评价自己。认识到每个人都有长处,要善于发现自己的长处,学会肯定自己,而不是只看到自己的不足,要提高交往信心。

第二,勇于实践锻炼。积极勇敢地参加各种实践活动,发挥自己的能力,增强自信心。比如,很多学生就是在做了学生干部后得到较多的锻炼机会,在实践中不断提高自己的能力,才变得更加自信大方。

第三,学习交往技巧。可以注意观察别人是如何交往的,向他们学习成功的经验。也可以多读一些人际交往方面的书籍,学习人际交往的技巧。

第四,克制忧虑情绪。凡事多往好处想,多看积极的一面。相信大多数人是善良的,会以信任和诚恳的态度对待自己。对别人总是怀疑、戒备,会变得更加胆怯。

第五,增强自身体质。气质内向的人神经系统比较脆弱,容易兴奋,一点小事就会闹得面红耳赤。通过积极参加户外锻炼可以增强体质,增强神经系统功能,这样过度的神经反应会得到缓和,害羞程度会自然减轻。

拓 展 阅 读

害羞心理及其矫正

"记得四岁的时候,因为害羞,我用各种方法躲避那些来家里看望我们的人。他们都是我认识的人,如我的堂兄、姑妈、叔父、家里的朋友甚至是我的兄弟姐妹。我藏在洗衣篮、壁橱、睡袋、大篮子甚至床底下,还有家里很多可以藏人的地方,这都是因为我害怕见人。随着我逐渐长大,情况也变得越来越糟。"

更糟了吗?当听到以上这段类似于伍迪·艾伦风格的话时,我们总会忍俊不禁。很显然,有些人的笑声是为了防止这段话与自己儿时的不堪记忆紧密联系。我们宁愿相信这是在夸张,生活不可能那么糟。但对于很多害羞的人来说,的确如此。

因为得了小儿麻痹症,我的弟弟乔治需要使用腿部支架,这也导致他对人产生了病态的恐惧。只要听到敲门声,他就会环顾四周,寻找家人的身影,如果有家人在,他会迅速藏到床下或是选择更加安全的方法,比如把自己反锁在浴室里。只有在家人的再三恳求下,他才会变得理智些,出来向邻居或是亲戚问好。

我的母亲很善良,并具有洞察人类本性的天赋。她决定趁乔治的害羞还不严重的时候帮助他克服。当时的乔治已经不再需要腿部支架了,但是他仍然很自卑。母亲认为乔治应该和其他同龄的孩子待在一起,因此尽管乔治只有四岁半,母亲还是毅然说服公立学校接收了他。我母亲经常回忆当时的情况:

"在最初的一整天里,他几乎都不停地哭泣或抽噎,近乎惊恐地抓着我的衣服,每当有老师或者其他的孩子朝他看时,他都把头埋在我的膝盖上,或是抬头盯着天花板。但每当班里有老师讲故事时,他就情不自禁地去听;当小朋友玩音乐玩具时,他也会忍不住去看,是好奇心让他不再哭泣。

我想,如果乔治变成隐形人,悄悄地观看并加入游戏中去,而且其他孩子也可以跟他和睦相处,他就不会如此不自在了。很显然,他不可能消失不见,但是他可以办到另外一件事情——变成像他心目中的英雄'孤胆奇侠'一样的假面人。

晚餐后,我鼓励乔治和我一起,把一个棕色的购物纸袋做成面具。我们剪出眼睛、鼻子和嘴巴,为了让面具更吸引人,我们还稍微涂了些颜色。他非常喜欢戴面具,并让我一遍遍地重复问'戴面具的小孩是谁?'他也会很高兴地回答是'孤胆奇侠',或是'无名氏',又或者像狮子一样吼叫。有时他还会把面具摘下来,好像是想让我确定戴着面具的仍然是他。

他的老师也同意实施我的计划,事实上她不仅仅同意了,还做了很多事情帮助我的计划成功。她对其他的孩子说,新来的孩子会戴一个特别的面具,大家可以一起玩耍,但不能摘掉那个孩子的面具。令人惊奇的是,这个不同寻常的方法竟然奏效了。尽管乔治和其他的孩子分开坐,但他仍然是班里的一分子。当他不想被认出的时候,他不需要隐藏自己,只需要想象就可以了。渐渐地,他同其他的孩子越走越近,几周后,他就和其他的孩子一起玩耍了。

在幼儿园的又一年里,随着对班级事务的日渐熟悉,他也越来越自信了,但是他仍然戴着面具——早上上课之前戴上,只有当哥哥过来带他回家时才会摘下面具。

接着,又到了年底最重要的一天,班级表演队要给快毕业的孩子们的父母表演节目。因为乔治在这里顺利度过了一年,而且在表演节目方面,他也算是经验丰富,老师就问他:'你想做表演队的队长吗?'听完,他兴高采烈地跳上跳下。随后,老师灵机一动,说:'乔治,你知道表演队队长是不能戴面具的,只能穿精美的服装,戴上高高的帽子。所以,如果你想成为表演队队长的话,你就要摘下你的面具,穿上这套衣服,可以吗?'乔治毫不犹豫地答应了。

就这样,乔治不仅是班里的一员,还成了表演队队长。他叫喊着,要让所有的人都注意到。他不再需要面具,并且逐渐变成一个更快乐、更健康的孩子。尽管他不是特别外向,但是他确实和孩子们建立了很深厚的友谊,无论男孩还是女孩。后来上初中和高中时,他一直都是班长。"

乔治把纸袋套在头上长达一年半之久,这听起来似乎很奇怪。但是,这种新颖的方法却使他渐渐开始与别人进行交流,并使他最终摘下了面具,做真正的自己。这个戴面具的方法对于极其害羞的男孩来说是有效的,但可能其他人就没有乔治这么幸运了。在他们还没学会如何解决此类令人苦恼的难题之前,他们就已经长大成人了。

害羞可能是一种心理障碍,它具有同最严重的身体缺陷一样的致残性,而且它的后果可能是毁灭性的。

- 害羞的人很难接触别人、结交朋友或是享受可能很美好的经历。
- 害羞的人无法维护自己的权利,不能表达自己的观点和价值观。
- 害羞使别人难以对你的优点做出积极的评价。
- 害羞唤起人本能的警觉性,使自己过分关注外界对自己的反应。
- 害羞使你无法清晰地思考和有效地交流。
- 害羞总是与挫败、担忧和孤独等消极情绪相伴而生。

害羞就是害怕人,尤其是害怕那些不知为何会让自己从情感上受到威胁的人:新奇而又不确定的陌生人、权力在握的权威者、可能甜蜜邂逅的异性。的确,每个人都会使乔治和开篇提到的那个女孩感受到威胁,他们都是极其生动的案例。其实,我们的生活里每天都有各种各样的类似问题。

(摘自津巴多《害羞心理学》)

主题二 管理情绪，做情绪的主人

一、情绪与情感概述

(一) 情绪、情感的概念

1. 情绪、情感的含义

人类在不断地认识和改造客观世界时，会产生高兴、愤怒、悲哀等一系列复杂的心理现象。情绪、情感是人对客观事物是否符合其需要而产生的态度的体验。情绪是一种对人生成功具有显著影响的非智力因素，正面情绪如热情、快乐、振奋、信心，对人生的成功发挥着积极的作用，负面情绪如愤怒、抑郁、紧张、狂躁等，对人生的成功起着消极的作用。

2. 情绪、情感的区别与联系

(1) 情绪与情感的区别

第一，情绪受人的生理性需要制约，而情感受人的社会性需要制约。

第二，情绪具有较大的情境性和暂时性，情感则具有稳定性和深刻性。

第三，情绪具有外显性和冲动性，而情感则较为内隐和深沉。

(2) 情绪与情感的联系

虽然情绪和情感有所不同，但其区别是相对的。事实上，它们往往交织在一起，指的是同一过程的同一现象，只是分别强调了同一心理现象的两个不同方面或两个着眼点。

情绪与情感两个词经常在一起使用，泛指一类现象。

(二) 情绪的种类

1. 心境

心境是一种微弱、平静而持久的情绪状态。心境有积极和消极之分，具有弥散性的特点。当一个人心情舒畅时，看什么都很高兴；而当一个人郁郁寡欢时，看什么都不顺眼。

2. 激情

激情是一种强烈的、爆发性的、短暂的情绪状态。如狂喜、愤怒、绝望等都属于激情。

3. 应激

应激是出乎意料的紧迫情况引起的急速而高度紧张的情绪状态。在人们遇到突如其来的紧急事故如火灾、地震等时,就会出现应激状态。人在应激时可能有两种表现:一是急中生智,立即行动,摆脱困境;二是惊慌失措,目瞪口呆,陷入困境。

(三) 情感的种类

1. 道德感

道德感是人运用一定的道德标准评价自身或他人行为时产生的情感体验。如对祖国的热爱;对集体的荣誉感、责任感;对不良行为的鄙视感。

2. 理智感

理智感是个体在智力活动过程中认识、探求或维护真理的需要是否获得满足而产生的体验。如对事物的好奇心,对矛盾事物的怀疑感与惊讶感,对解答问题感到愉快等。

3. 美感

美感是人们根据自己的审美标准对自然或社会现象及其在艺术上的表现予以评价时产生的情感体验。比如,看到美丽的景色让人心旷神怡。

(四) 情商

情商(emotional quotient,简称 EQ)又称情绪智力,是近年来国内外心理学家提出的与智商(IQ)相对应的概念。它主要是指人在情绪、情感、意志、挫折容忍力等除智力以外的综合个性品质。

情商包括以下几个方面:

一是认识自身情绪的能力,指对自身情绪的方向、强度、价值等方面的自我感知的能力。

二是管理与控制自身情绪的能力,指对自身的情绪进行妥善的管理与调控,使其有效地适应各种变化的能力。

三是自我激励的能力,指不断为自己树立目标的自身动机和使其情感专注的能力。

四是认识他人情绪的能力,指对他人的情绪感受进行理解与感知的能力。

五是处理良好人际关系的能力,指具有与他人交往及协调人际关系的能力。

二、大学生常见的情绪困扰

(一)情绪和情感对身心健康的影响

积极的情绪体验是保持心理平衡和身体健康的重要条件。

拓展 阅读

焦虑的猴子

下面我们一起来看一个关于猴子的心理学实验。

预备实验:把一只猴子的双脚绑在铜条上,然后给铜条通电,猴子挣扎乱抓,旁边有一个弹簧拉手,是电源开关,一拉就断电,猴子就不痛苦了。这样猴子一被电击就拉开关,建立了一级反射。然后,每次在通电前,猴子前方的一个红灯就会亮起来,多次以后,猴子知道红灯一亮,它就要受苦了,所以每次还不等来电,只要红灯一亮,它就先拉开关了。这就建立了一个二级条件反射。预备实验完成。

正式实验:在这只猴子的旁边,再放一只猴子,与第一只猴子串联在铜条上,隔一段时间就亮红灯、通电,每天持续6小时。第一只猴子注意力高度集中,一看到红灯就赶紧拉开关;第二只猴子不明白红灯是什么意思,无所事事,无所用心。过了二十几天,第一只猴子就死了。

究竟是什么原因导致了第一只猴子很快地死亡呢?

第一只猴子是因为什么死的呢?科学家发现,它死于严重的消化道溃疡,胃烂掉了。实验之前体检时它没有任何胃病,没有溃疡,可见这是二十几天内新得的病。

第一只猴子要工作,他的责任重,压力大,精神紧张,焦虑不安,常担惊受怕,它的消化液和各种内分泌系统紊乱了,所以就会得溃疡。

这个实验说明,不良的情绪会产生过高的应激值,将严重损害身体的健康。

情绪对人的影响主要表现在以下方面：

1. 情绪影响生理健康

2 000 多年前，我国的传统医学中就有关于情绪致病的论述，如《内经·素问》中就有"怒伤肝，喜伤心，思伤脾，恐伤肾"的记载。

历史上有个著名的医师叫阿维林纳，他对动物的生存环境做过一个实验。他把同样喂养的两只小羊放在两个不同的地方，其中一只放在离狼笼子不远的地方，由于经常恐惧，这只小羊逐渐消瘦，身体衰弱，不久即死了；而另一只小羊因为放在比较安静的地方，没有狼的恐吓，健康地生存下来了。可见，情绪状态对生理健康的影响非同一般。

如果大学生长期处于抑郁、焦虑、恐惧等消极情绪下，免疫力会下降，且易患上各种疾病。调查发现，胃与十二指肠溃疡、神经衰弱等大学生常见疾病都与不良情绪有关。

2. 情绪影响个性发展

经常情绪不好的人易养成悲观、孤僻、冷漠等不良个性。

3. 情绪影响学习和工作效率

情绪不好会导致注意力不容易集中、思维能力下降、记忆力下降，会明显影响学习和工作的效率。

4. 情绪影响人际关系协调

人际关系取决于一个人情绪表达是否恰当。倘若一个人常在他人面前任由负面情绪决堤，丝毫不加控制，如乱发脾气，久而久之，别人会视其为难以相处的人，甚至不愿与之相处。反之，若常面带微笑、多赞美他人，以亲切态度与别人和谐相处，就会成为受人欢迎的人，人际关系会逐渐改善。

（二）大学生情绪、情感发展的特点

大学生由于所处的年龄阶段和心理发展背景，有着自身独特的情绪特征。

1. 情绪内容丰富多彩

丰富多彩的大学生活使得大学生的情绪活动对象扩大，出现许多前所未有的情绪体验。比如他们参加各种社团活动，培养自己的才艺；关心时事政治，关心国家的发展，对社会不公平现象深恶痛绝；学习专业知识，钻研自己感兴趣的知识；参加社会实践，因自己的能力提升而感到自豪；等等。

2. 情绪容易起伏波动

大学生有较高的文化修养，对自己的情绪有一定的控制力，但是由于他们的身心发展处在走向成熟而又未完全成熟的阶段,因此他们的情绪反应不够稳定,有时易走极端。同时,大学生普遍自尊心较强,对一些事情过于敏感,这也增加了情绪的波动性。

3. 情绪外显与内隐共存

大学生思维敏捷、反应灵活,对外界刺激敏感,常常喜怒哀乐溢于言表,表现出情绪外显的特点。但由于大学生不断成熟,因此心境比较稳定,避免了冲动的激情过多出现;同时,大学生在特定场合和特定问题上,情绪并不总是直接外露,而是会隐藏自己的内心真实体验,用自己认为适当的形式表达情绪,这样他们的情绪又表现出内隐的一面。

4. 在激情中走向成熟

大学生活是丰富多彩的,大学生的情绪充满了激情,时常会出现感情用事、头脑发热、行为冲动的情况。伴随着他们社会性需要的满足,社会性的情感得到了较多的发展,他们也会变得越来越成熟。

> **案例分析**
>
> ### "委屈"的小江
>
> 小江,男,21岁,大专学历,机电一体化专业毕业,曾任职某机械制造公司的产品质量管理员。工作两个月后,因为一次未对产品质量严格把关,受到质检部领导的批评,当月月奖也被予以一定比例的扣除。小江觉得自己很委屈,也很愤怒,他工作上一直勤勤恳恳,肯学肯做,积极努力,为什么只因一次小小的差错就扣除自己的奖金。一怒之下,小江就辞职了。
>
> 小江辞职的情况在职场新人当中比较常见。他们行事较冲动,受不得"委屈",觉得自己不被理解,甚至对上司稍严厉一些的措辞也无法接受。这种心理状态其实是自我情绪调节失衡,自我掌控、自我排解不够好的典型表现,反映出的是青年人情绪管理能力的欠缺。

(三)大学生常见的情绪困扰

1. 自卑

自卑是自我意识中带有自我否定倾向的情绪体验,是对"现实自我"的认识和评价的过分低估,认为即使努力也无法达到自己的目标,同时伴有一些诸如害羞、不安、内疚、忧郁、失望等特殊的情绪体现。

2. 焦虑

焦虑是由紧张、害怕、担忧等几种情绪混合而成的负性情绪体验,指个体对未来可能发生的某种威胁性情境或某种不良后果而产生的一种紧张不安的情绪。

3. 抑郁

抑郁是指以心境低落为主的负性情绪状态。表现为闷闷不乐、对日常生活兴趣丧失、精力明显减退、食欲不振、悲观、绝望、思维迟钝及失眠等。

4. 恐惧

这里的恐惧是指有病理性特点的恐惧,即对常人一般不害怕的事物感到恐惧,或者恐惧的强度和持续时间远远超出常人的反应范围。这时,对某一类特定的物体、活动或情境会产生持续紧张、难以克服的恐惧情绪,并伴随着各种焦虑反应,如担忧、紧张和不安,以及产生逃避行为。

5. 愤怒

愤怒是大学生常见的一种消极情绪,它是当个体的需要不能被满足、愿望不能实现或为达到目的的行动受阻时内心所产生的一种紧张而不愉快的激烈情绪。

6. 嫉妒

嫉妒是指自己在才能、名誉、地位或境遇等方面不如别人而产生的一种由羞耻、焦虑、怨恨、敌意等组成的复杂的不良心理状态。黑格尔说过,"嫉妒乃平庸的情调对卓越才能的反感"。

7. 冷漠

冷漠是指对他人冷淡漠然、对外界刺激缺乏相应的情感反应的消极的情绪体验。具体表现为对他人怀有戒备心理甚至敌对情绪,也不与他人交流思想感情,极为冷淡,凡事漠不关心。

三、情绪管理

(一)情绪管理的含义

情绪管理是对个体的情绪进行控制和调节的过程。它是人们对自身情绪和他人情绪的认识、协调、引导、互动和控制,是对情绪智力的挖掘和培植,是培养驾驭情绪的能力,是建立和维护良好的情绪状态的一系列过程和方法。

> **案例分析**
>
> ### 钉钉子与拔钉子
>
> 　　一个男孩脾气很坏,于是他的父亲就给了他一袋钉子,并且告诉他,当他想发脾气的时候,就钉一根钉子在后院的围篱上。第一天,这个男孩钉下了40根钉子。慢慢地,男孩可以控制他的情绪,不再乱发脾气,所以每天钉下的钉子也跟着减少了,他发现控制自己的脾气比钉下那些钉子来得容易一些。这时,父亲告诉他,现在开始每当他能控制自己的脾气的时候,就拔出一根钉子。一天天过去了,最后男孩告诉他的父亲,他终于把所有的钉子都拔出来了。于是,父亲牵着他的手来到后院,告诉他说:"孩子,你做得很好。但看看那些围篱上的坑坑洞洞,这些围篱将永远不能恢复到从前的样子了,当你生气时所说的话就像这些钉子一样,会留下很难弥补的疤痕,有些是难以磨灭的呀!"从此,男孩终于懂得管理情绪的重要性了。

　　情绪管理对于大学生身心健康与日常的学习、生活具有重要的作用,而且当将来走上职场后,学会正确地管理和表达情绪,控制负面情绪,也会成为调整好自己的心态、恰当地为人处世并走向事业成功的重要保障,因此,我们需要管理好自己的情绪。

拓 展 阅 读

费斯汀格法则

　　美国社会心理学家费斯汀格有一个著名的理论,即"费斯汀格法则":生活中的10%由发生在你身上的事情组成,而另外的90%则由你对所发生的事情如何反应决定。

　　换言之,生活中有10%的事情是我们无法掌控的,而另外的90%却是我们能掌控的。

　　费斯汀格在书中举了这样一个例子。

　　卡斯丁早上起床后洗漱时,随手将自己的高档手表放在洗漱台边,妻子怕手表被水打湿,就随手拿过去放在餐桌上。儿子起床后到餐桌上拿面包时,不小心将手表碰到地上摔坏了。

　　卡斯丁疼爱手表,就照儿子的屁股揍了一顿,然后黑着脸骂了妻子一通。妻子不服气,说是怕水把手表打湿。卡斯丁说,他的手表是防水的。

　　于是,二人斗起嘴来。一气之下,卡斯丁早餐也没有吃,直接开车去了公司,快到公司时他突然记起忘了拿公文包,又立刻转回家。

可是家中没人,妻子上班去了,儿子上学去了,卡斯丁的钥匙留在公文包里,他进不了门,只好打电话向妻子要钥匙。

妻子慌慌张张地往家赶时,撞翻了路边的水果摊,摊主拉住她不让她走,要她赔偿,她不得不赔了一笔钱才脱身。

待拿到公文包后,卡斯丁已迟到了15分钟,挨了上司一顿严厉批评,卡斯丁的心情坏到了极点。下班前又因一件小事,他跟同事吵了一架。

妻子也因早退被扣除当月全勤奖。儿子这天参加棒球赛,原本夺冠有望,却因心情不好发挥不佳,第一局就被淘汰了。

在这个事例中,手表摔坏是其中的10%,后面一系列事情就是另外的90%。都是由于当事人没有很好地掌控那90%,才导致了这一天成为"闹心的一天"。

试想,卡斯丁在那10%发生后,如果换一种反应,比如安慰儿子:"不要紧,手表摔坏了没事,我拿去修修就好了。"这样儿子高兴,妻子也高兴,他自己心情也好,那么随后的一切有可能就不会发生了。

可见,你控制不了前面的10%,但完全可以通过你的心态与行为决定剩余的90%。

在现实生活中,常听人抱怨:我怎么就这么不走运呢?每天总有一些倒霉的事缠着我,怎么就不让我消停一下有个好心情呢?谁能帮帮我?

这些都是一个心态问题。其实,能帮助自己的不是他人,而是自己。倘若了解并能熟练运用"费斯汀格法则"处事,一切问题就迎刃而解了。

(二)情绪健康的标志

情绪健康有三个基本的标志。

1. 情绪的目的性明确、表达方式恰当

情绪健康的人的情绪反应,不论是积极的还是消极的,都是由一定的原因引起的。情绪健康的人能够通过语言、仪表和行为准确地表达自己的情绪,能够运用被自己和社会接受的方式去表达情绪。

2. 情绪反应适时、适度

情绪健康的人的情绪反应与引起该情绪的情境相符合,情绪反应的时间与反应的强度相适应。

3. 积极情绪多于消极情绪

情绪健康并非没有消极情绪,但是情绪健康的人的积极情绪会多于消极情绪,而且出现消极情绪的时间较短、程度较轻,不涉及与产生消极情绪无关的人和事,否则,情绪反应就是不健康的。

(三)情绪管理的方法

诺贝尔文学奖得主赫曼赫塞说:"痛苦让你觉得苦恼,只是因为你惧怕它、责怪它;痛苦会紧追你不舍,是因为你想逃离它。所以,你不可逃避,不可责怪,不可惧怕。你自己知道,在心的深处完全知道——世界上只有一个魔术、一种力量和一个幸福,它就叫爱。因此,去爱痛苦吧。不要违逆痛苦,不要逃避痛苦,去品尝痛苦深处的甜美吧。"要记住,其实情绪本身并无是非好坏之分,每一种情绪都有它的价值和功能。因此,一个心理健康的人不否定自己情绪的存在,而且会给它一个适当的空间,允许自己有负面的情绪。只要我们能成为情绪的主人,不是完全让它左右我们的思想和行为,就可以善用情绪的价值和功能。

1. 正确表达自己的情绪

好的情绪要与人分享,坏的情绪要与人分担,这样我们对情绪的认知会更加敏感,对自己的认识也可以进一步加深。生活中,我们难免会遇到不顺心的事情,产生负面情绪,如果能够学会表达负面情绪,不仅可以缓解紧张,还可以避免坏情绪的堆积。在表达负面情绪时,我们要注意"就事论事、对事不对人"的基本原则。

在许多情境下,一个人应该泰然接受自己的情绪,把它视为正常。例如,我们不必为了想家而感到羞耻,不必因为害怕某物而感到不安,对触怒你的人生气也没有什么不对。这些感觉与情绪都是自然的,应该允许它们适时适地存在,并缓解出来。这远比压抑、否认有益多了,接纳自己内心感受的存在,才能谈及有效管理情绪。

> **案例分析**
>
> **学会正确表达情绪**
>
> 阿强因为前两天考试没考好,所以心里有挫折感。他一直责怪自己平时不够用功,考前没好好准备,考试的时候没仔细审题,他觉得自己不是一块念书的料,认为自己比别人差,因而很灰心。他开始垂头丧气,故意远离人群,一个人躲在角落,心情很沮丧。

> 多多把她的朋友小方心爱的偶像签名照弄丢了。那是小方千辛万苦、排了两三个小时队才得到的偶像亲笔签名,现在却被多多弄丢了,小方真的很生气。可是,多多是她最好的朋友,怎么可以对她生气呢?生气是不好的,万一失控,不晓得会不会伤害到其他人呢?而且,万一多多也许就不再跟她做朋友了呢?所以,小方告诉自己:"算了!丢了就丢了,生气也无济于事。"虽然这样,她还是心里有疙瘩,无法再像以前一样对待多多。
>
> 小东的学习成绩不好,不喜欢上课,经常逃课去网吧玩游戏。父母经常教育他,希望他专心读书,将来能凭自己的本领自食其力。但是,小东总是嫌父母啰嗦,与他们争吵。有一次他跟父母吵架,一气之下把电视机给砸了,令父母很伤心。
>
> 上面三个故事中呈现出来的是某些同学对情绪的态度与处理方式,比较有代表性。如果主角换成是你,你会有什么感受?你会怎么处理你的情绪呢?

如何正确表达自己的情绪呢?我们要注意下面几点:

(1) 适当的原因和对象,引发相应的情绪反应

人们能明确知道自己产生各种情绪的原因和产生的相应情绪类型。比如,考试取得好成绩感到高兴,考试不及格让人沮丧等,人们清楚地知道自己的情绪是什么原因导致的,而不是出现莫明其妙的情绪反应。

(2) 情绪反应与情境刺激相一致

人们要注意刺激的强度和反应强度的一致性,过强或过弱的反应都是不应该的。如果遇到事情不如意,日不思食,夜不能寐,甚至轻生,就是反应过于强烈了;如果遇到打击伤害,面无表情,怒不敢言,这种过弱的反应也会对健康产生危害。

(3) 情绪反应有一定的作用时间限度

情绪的产生是一定客观环境和个体认知状况共同作用的结果,情绪反应会随着环境和认知的变化而变化。如果环境变化而人的情绪没有相应变化,这种情绪可能会有非正常的反应。如考试失利会让人感觉痛苦,但如果无休止地沉浸在痛苦里不能自拔,就不利于身心健康了。正确表达情绪,让自身的压力释放出来,才有利于自己的身心健康。

拓 展 阅 读

能不能对惹你生气的人发怒？

那些在不应当愤怒时而愤怒的人，被视为无能；愤怒的方式，愤怒发作的时刻，以及愤怒的对象不适合时，也被视为无能的表现。

下面请听听在事务所工作的年轻人让·马克的诉说：

我从来没愤怒过，童年时期除外。那时我对金属玩具发火时，我的家长立即告诉我："人不能对东西生气。"而且，按照他们的观点，对人也不能生气。进入青春期以后，我心情经常不好，他们都会要求我："不能用自己的情绪影响别人，要控制自己。"除了最小的妹妹阿丽思，我的姐妹们比我更服从，后来阿丽思与一个个性很强的人结为夫妻。我父母履行自己的说教，总是彬彬有礼，笑容满面，心平气和，即使与他人争辩时也是这样。我还是能想起父亲驾驶汽车时，有人在前方"甩鱼尾"时他愤怒的样子（他字字句句按照交通规则行事）。在生活中，无能力愤怒不久就给我带来许多麻烦。同龄青少年向我挑衅时，我无能力反击。因此，我常常跑到女孩子那里躲避，成了女孩子们的知心人。我学习成绩很好，很容易就找到了工作，我的性格类型令雇主们喜欢，我平和、礼貌，而且很能干。但仔细想一下，我很苦恼，因为我常常被雄心更强或咄咄逼人的人欺负。他们故意这样做，我想是因为他们不害怕我。有时，我因某个同事霸占了有意思的项目，或开了让我不高兴的玩笑而反复琢磨，心里很不舒服。但是，只要一面对他们，我有教养的"好孩子"表现就占了上风，我表现出彬彬有礼，只不过与之拉开点距离而已。妻子因此常常谴责我，因为她是我无能力对进攻做出反应的直接见证人，她非常愤怒。这种无能力发怒的压力变得越来越大，于是我决定去和心理治疗师谈一谈。其实不是我害怕对方的反应，只是他人进攻时，我感到内心的退缩，于是变得无动于衷，可事后我非常愤怒。家长把我训练得太有教养了！

让·马克对不能将愤怒表达出来而造成的不良后果描写得淋漓尽致：

——他人对自己任意摆弄；

——私下里常常对自己的无力反击而痛苦烦恼；

——一个男人缺少表达愤怒的能力，被看作唯命是从，缺乏男子汉气魄。

因此，不要因为自己表达了愤怒而觉得自己不好，你有权愤怒。当你愤怒时，请你这样想：

——最好能够控制，但是我不一定总能做到；

——我情愿不伤害别人,但是如果发生了,我也能承受;
——最好在我有道理的时候愤怒,但是我也有权做错事;
——我喜欢被人接纳,但是我不可能让所有的人喜欢我。

2. 克服不良情绪

(1) 合理宣泄

有人认为应该把不良情绪压下去,但这样会累积太多的痛苦导致最终猛烈爆发,对人的身心影响更大。因此,我们要学会适时适度地表达某些负面情绪,让它及时地宣泄出来,这样我们也就会随之平静下来。采用宣泄法的时候,要注意不能随便宣泄,要采用正确的方式,选择适当的场合和对象,以免产生不良的后果。我们可以通过哭泣、倾诉、喊叫、剧烈运动、写出烦恼等方式合理地宣泄。

(2) 巧妙转移

人的情绪容易受到外在的事物与场景的影响,所以,外在的事物和场景发生改变,情绪也会随之改变。

当我们觉察到自己的情绪不佳时,我们可以选择自己喜欢的事情来做,或者做一些能让自己专心投入的事情来分散注意力,将不愉快的心情暂时忘记。感觉是随行为而动的,当事情做完时,我们甚至可以发现,原来造成我们心情不好的原因已经消失了。比如,我们可以在情绪不好时去看看自己喜欢的书、和朋友聚会、做义工、听音乐、看电影、逛公园、睡觉等。

(3) 自我安慰

当一个人无法达到其预定的目标或遭遇挫折时,为了减少自身内心的痛苦和不安,常常会为自己的失败寻找一个自认为是合理而且能够接受的理由或借口来安慰自己。如情绪不佳时可适度采用"酸葡萄心理""甜柠檬心理",为自己找个借口以求安慰。

拓 展 阅 读

酸葡萄与甜柠檬心理

酸葡萄心理:通俗地讲,就是"吃不到葡萄就说葡萄酸",这是指个体所追求的目标受到阻碍而无法实现时,以贬低原有目标来冲淡内心欲望,减轻焦虑情绪的效应。

甜柠檬心理:与"酸葡萄"相对应,当个体所追求的目标受到阻碍而无法实现时,为了保护自己的价值不受外界威胁,维护心理的平衡,当事人会强调自己既得的利益,淡化原来目标的结果,以减轻失望和痛苦。

现实中绝大多数人都有酸葡萄心理。比如,同学甲看到同学乙因成绩好拿了奖学金,就对其他同学讲:"学习成绩好有什么用?将来走上社会顶多是个书呆子,成不了气候……"

存在甜柠檬心理的人也不少。比如,同学甲在做了充分的准备后参加了文艺比赛但只获得了鼓励奖,而同班同学乙获得了一等奖,同学甲就对其他人说:"其实我并没有准备拿名次,我给自己所定的目标就是站在舞台上展示自己,拿个鼓励奖就够了……"

两种心理反应在一定程度上可以通过自我暗示达到减压的效果,从这一角度上讲,这两种心理反应对我们都是有益的。但是任何事物都有两面性,要注意不能矫枉过正,当现实摆在面前,正视它、面对它、解决它才是真正重要的。

[摘自《健康时报》(2015年8月27日)]

(4) 自我暗示

自我暗示是指通过言语暗示、想象某种事物存在等方式的作用,对自身施加影响,达到放松紧张心理、缓解不良情绪的目的。

比如,我们可以采用这样的积极自我暗示的语言:"我是一个聪明、漂亮的人""我是出类拔萃的""我是最棒的""我具有强大的行动力""我能实现自己的美好愿望""今天我很高兴"等等。

不能用"我长得太丑""我的成绩永远都赶不上你""我做不到""我找不到工作""没有人喜欢我""我不行""他们一定嫌弃我"等消极的自我暗示的语言。

(5) 学会升华

将强烈的情绪冲动所带来的能量,转化为做有意义、有价值、积极事情的力量,这就是升华。这是对不良情绪的一种高水平的调适,通过其他事情的成功来改变自己的失败处境、改善自己的心境。

(6) 调整认知

认知是人对刺激做出的反应的中介,对情绪、行为有决定作用。若认知过程发生错误,就可能导致错误观念。

拓 展 阅 读

合理情绪疗法

美国心理学家阿尔伯特·艾利斯(Albert Ellis)于20世纪50年代创立了理性疗法,又叫合理情绪疗法。艾利斯认为,人的情绪和行为障碍不是由某一激发事件(activating event)直接引起,而是由于经受这一事件的个体对它不正确的认知和评价所引起的信念(belief),最后导致在特定情景下的情绪和行为后果(consequence)。这也被称为 ABC 理论。因此,当人出现负面情绪时,通过改变不合理的信念便可调整人的情绪和行为。

合理情绪疗法的步骤:
- 确定引发情绪的事件(A)。
- 自己对此事件的想法(B)。
- 该想法所引发的情绪(C)。
- 对原想法的不合理成分进行驳斥(D)。
- 建立理性的想法和适当的情绪(E)。

下面请看一个例子。

A. 事件:最近一次考试没考好。

B. 原想法:我真没用,不是读书的料。

C. 引发的情绪:焦虑不安、自卑。

D. 驳斥原想法的不合理性:一次失败不代表一个人永远失败,这次发挥不好也不代表我笨、没用,这一次犯了以偏概全的错误。

E. 建立理性的新想法:这次发挥不好不代表我笨,这次没考好的原因是自己没有认真复习,下次我认真做好考前准备,情况会好转。

建立新情绪:自信。

通过这样的方式,我们可以调整自己的认知,从而达到调整情绪的目的。

(7) 放松训练

也叫松弛练习,是通过将全身心调整到轻松舒适的自然状态来增强人对自我情绪的控制能力,达到稳定情绪的目的。常用的松弛练习有呼吸放松法、肌肉放松法、想象放松法等方式。

① 呼吸放松法。

基本步骤是:

第一,吸气。用鼻孔缓慢并深深地按"1—2—3—4"吸气,约 4 秒钟使空气充满胸部,想象"气从口腔顺着气管进入腹部",腹部随着吸入的气的不断增加,慢慢地鼓起来。

第二,抑制呼吸。吸足气后,稍微屏息一下,想象"吸入的氧气与血管里的浊气进行交换"。

第三,呼气。用口和鼻同时将气从腹中慢慢地自然吐出,腹部慢慢地瘪下去。

呼吸放松法的特点是见效快。在情绪紧张时,只要进行深呼吸 2—3 次,就可以起到放松的作用。

② 肌肉放松法。

比如,全体起立,请闭上双眼,双手握拳,双肩高耸,牙关紧咬,就这样坚持十几秒,再放松。

③ 想象放松法。

想象放松法主要通过唤起宁静、轻松、舒适情景的想象和体验,来减少紧张、焦虑,控制唤醒水平,引发注意集中的状态,增强内心的愉悦感。比如,想象自己躺在温暖阳光照射下的沙滩上,迎面吹来阵阵微风,海浪轻轻地拍打着岸边;或者想象自己漫步在森林里,清新的空气带着淡淡花香,小鸟快乐歌唱,溪水缓缓流淌,令人心旷神怡。

(8) 音乐疗法

现代医学将音乐称为人体不可缺少的"特种维生素"。研究表明,不同的音乐旋律,可分别起到镇静、兴奋、止痛、降压等有利于保健和疾病康复的治疗作用。

比如,忧郁烦恼时可以听《蓝色多瑙河》《卡门》《渔舟唱晚》等意境广阔、充满活力、轻松愉快的音乐;失眠时可以听莫扎特优雅宁静的《摇篮曲》、门德尔松的《仲夏夜之梦》等乐曲;情绪浮躁时可以听《小夜曲》等适合的音乐来调节自己的情绪状况。

(9) 运用幽默

耶鲁大学心理学教授列文博士说:"笑表达了人类征服忧虑的能力。"当产生不良情绪时,一句适当得体的幽默话语,可以消除忧虑、稳定情绪,还可以帮助我们摆脱尴尬和困境、增强自信心。

3. 控制情绪污染

情绪污染是指由于一个人的不良情绪而影响其他人的情绪。比如,原本快乐的一家人会因一个人情绪不好,破坏了家里轻松和谐的氛围而令全家人情绪低落,这就是受到了不良情绪的污染。

生活中我们要控制情绪污染,不要让自己的负面情绪去影响别人。

拓 展 阅 读

生活是美好的

生活是极不愉快的玩笑,不过要使它美好却也不是很难。为了做到这点,光是中头彩赢20万卢布,得个"白鹰"勋章,娶个漂亮女人,以好人出名,还是不够的——这些福分都是无常的,而且也很容易习惯。为了不断地感到幸福,那就需要:

(一)善于满足现状;

(二)很高兴地感到:"事情原本可能更糟呢。"这是不难的。

要是火柴在你的衣袋里燃烧起来了,那你应当高兴,而且要感谢上苍:多亏你的衣袋不是火药库。

要是有穷亲戚上别墅来找你,那你不要脸色发白,而要喜洋洋地叫道:"挺好,幸亏来的不是警察!"

要是你的手指头扎了一根刺,那你应当高兴:"挺好,多亏这根刺不是扎在眼睛里!"

如果你的妻子或者小姨练钢琴,那你不要发脾气,而要感激这份福气:你是在听音乐,而不是在听狼嗥或者猫的音乐会。

你该高兴,因为你不是拉长途马车的马,不是寇克(19世纪德国的细菌学家)的"小点",不是旋毛虫,不是猪,不是驴,不是茨冈人牵的熊,不是臭虫……

你该高兴,因为眼下你没有坐在被告席上,也没有债主在你面前,更没有跟主笔土尔巴谈稿费问题。

如果你不是住在十分边远的地方,那你一想到命运总算没有把你送到边远地方去,岂不觉着幸福?

要是你有一颗牙痛起来,那你就该高兴:幸亏不是满口的牙痛。

你该高兴,因为你居然可以不必读《公民报》,不必坐在垃圾车上,不必一下子跟三个人结婚。

要是你给送到警察局去了,那就该乐得跳起来,因为多亏没有把你送到地狱的大火里去。

要是你挨了一顿桦木棍子的打,那就该蹦蹦跳跳,叫道:"我多幸运,人家总算没有拿带刺的棒子打我!"

要是你妻子对你变了心,那就该高兴,多亏她背叛的是你,不是国家。

以此类推……朋友,照着我的劝告去做吧,你的生活就会欢乐无穷了。

(摘自《契诃夫选集·美人集》)

主题三 学会适应,应对职业压力

初入职场的大学生都会遇到职业适应的问题,遇到种种压力甚至挫折,我们要做好充分的心理准备,来应对这些挑战。

一、职业适应概述

(一) 职业适应的含义与阶段

1. 职业适应的含义

职业适应是指从业者与职业达到相互协调、保持和谐关系的过程和结果。

2. 职业适应的阶段

职业适应可分为三个阶段。

第一,陌生阶段(不适应阶段):对新职业感到陌生、困惑。

第二,思考阶段:边工作边思考,摸索适应环境的方法。

第三,协调阶段:通过对环境和自身的调整逐渐适应职业。

人在适应的过程中居于主导地位。一个人对职业的适应程度如何,主要取决于自身的基本素质。如果一个人不能发挥其主观能动性,不改变自身的某些不合理的期望或观念,那么再好的职业他也无法适应。

(二) 职业适应不良的原因

1. 预期与实际的不符

人们在入职前往往对职业有自己的预期,如工作稳定、人际关系单纯等,但时代发展迅速,职业变化越来越快,实际工作并不像他们预期的那样,甚至有许多东西是始料不及的,很多情况也不完全按照他们的期望进行。如期望能获得一定的工作自主权,却发现处处受别人支配;期望能大展拳脚,却发现自己的工作不断受上司批评……面对这种预期和实际的不符,人往往会产生一种失落感,感到处处不如意、不顺心。

2. 角色转换的冲突

选择或变动职业都涉及职业角色转换的问题。然而,一个人原有的行为方式和观念会形成一种心理定式,在新的环境下发挥"惯性作用"。于是,在对新角色产生认同感之前,这种新旧角色的差异很容易引发角色冲突,搅乱人的心境,引起思想波动,从而产生不适应感。

3. 付出与收获的不平衡

新入职的人往往会表现出一种非常积极、充满激情的工作心态,都希望能尽快脱颖而出,走上管理层。但如果急于求成,幻想在短时间里各方面都做到最优秀,让上司尽快给自己一个重要的岗位,而一旦自己在短期内的努力没有马上得到认可或回报,就会陷入挫折感和失落感中,认为上司不重视自己,或者觉得组织在人才管理上有问题。

4. 计划赶不上变化

现代社会瞬息万变,在科学技术迅速发展的今天,知识更新的速度非常快;现代社会的人才观、价值观也改变了,很多过去的传统美德现在可能成了"僵化""保守"的代名词。这些变化使得人们在成长的过程中为了就业而准备的各种知识、技能、价值观等,可能到了就业的时候都变得不适用了,从而开始经历转型、蜕变的困惑和痛苦,产生不适应感。

5. 微妙的人际关系

组织中的人际关系是人人要面对的,稍有不慎就会引发各种各样的烦恼。很多人选择离开现在的职位,都是因为人际关系处理不当,无法融入团队中。

(三) 提高职业适应性的方法

1. 选择自己感兴趣的职业

选择自己感兴趣的职业是决定职业适应的关键。选择了自己喜爱的职业,由于对工作充满热情和具有良好的心态准备,即使遇到理想与现实存在差距的情况也比较容易进行自我调整。

据有关研究资料表明,如果一个人对某一工作有兴趣,能发挥他的全部才能的 80%—90%,并且长时间保持高效率不感到疲劳。相反,对工作没有兴趣的人只能发挥全部才能的 20%—30%,且容易精力疲乏。

2. 选对适合自己的组织

选择某个组织开始从事职业之前,只有充分了解组织的发展历史和前景、组织文化、产品和营销结构、人力资源开发与管理等,才能知道未来的工作环境和文化氛围是否适合自己。

3. 专注于目标

目标是行动的方向,有时候确定目标固然重要,但专注于目标更为重要。现代社会由于变化太快和选择太多,很多人往往比较浮躁,缺乏执着,这样也就很难实现自己的目标。适应需要时间和经验,只有专注于某项职业活动,才能渐渐体味其中的甘苦,总结出游刃其中的技巧。

4. 调整过高的期望值

个体对某一事物的期望值越高,在发现期望与实际不符时,心理上的情绪落差就越大,失败感也越大,越容易对目标失去信心。因而,在选择职业或入职前,应当对未来的职业多设想一些困难,做好充分的思想准备,这样才能有助于尽快适应职业。

(四)职业适应的内容

1. 顺应角色转变

大学生与职业人承担的责任不同,面对的环境不同,人际关系不同,文化环境不同,承担的角色也存在着诸多的差异。比如,你在学校时是学生干部,可以指挥同学们组织各种活动,到了工作岗位上,你可能是个最基层的工作人员,不可随意指挥他人,而应首先踏踏实实地做好本职工作。要顺利实现从大学生到职业人的转变,就要在生理和心理上主动调适。在生理上要注意生活有规律,不能睡懒觉,不能常生病;在心理上要做好吃苦准备,自信独立,学会适应艰苦、紧张而又有节奏的基层生活。

2. 熟悉自己的工作

刚到一个新职位,能否尽快熟悉环境、了解工作,直接关系到你能否立足和未来的发展。

(1)尽快熟悉工作环境

了解工作环境能使人们减少陌生感,主动去适应工作的各种要求,而不

是被动地等待指派和安排。具体来说,需要了解以下几个方面:

一是组织文化、核心价值观和用人理念。只有了解和体会组织文化,接受并认同组织的核心价值观和用人理念等,才能迅速理解组织的精神和宗旨,适应组织发展的步伐,使自己迅速融入组织的大家庭中。

二是工作单位的性质、传统、现状、使命和前景规划等。

三是工作场所和工作设施。

四是组织结构,包括领导结构和组织实行何种管理模式。要知道每个部门所负责的工作及主管是谁,上下级的请求汇报关系,直接上司是谁,在具体工作中同事的联络等。

五是规章制度,包括财务制度、操作规范、人事制度以及工资福利待遇等。

六是一些不成文的"潜规则"。

(2) 尽快明确工作职责

对工作需要做到尽快上手,不懂就问。具体包括:

一是了解自己岗位的性质、意义和价值;明确自己的工作任务、职责和权限;对一些非常规性的、职责界限模糊的工作,可以先请示上级再做,以免好心办错事。

二是掌握本岗位工作需要的业务知识和基本技能。

三是认清自己的主管部门、直接上司和有需要联络的同事。

四是了解工作单位和上司对你的工作期待,包括所期待的工作态度、工作要求、工作标准、价值观、行为方式等。

3. 建立和谐的人际关系

良好的人际关系会缩短职业适应期,减少工作难度和心理负担。

(1) 留下良好的第一印象

第一印象往往是难以磨灭的,它能形成一种定式,在以后相当长的时间里影响别人对你的印象。

(2) 处理好与上司的关系

要注意正确处理与上司的关系。对于不同领导风格的上司,需要讲究不同的方法和态度。与上司相处的一般原则包括以下几个方面:

其一,获得出色的工作绩效。

其二,表现良好的职业道德:努力工作、以业为乐;事无巨细,展示能力;勇于承担个人责任;为正常职责范围之外的事情承担责任;迅捷完成任务;欣然接受别人不愿做的工作。

其三，展露较高情商。

其四，营造适时出现的好印象。

其五，主动配合上司工作。

其六，了解上司对你的期望。

其七，避免越级上报。

(3) 主动创造与周围同事接触的机会

与同事相处的小技巧包括以下几个方面：一是融入同事的爱好；二是多制造工作中的交往机会；三是把握工作之余的非正式交往机会；四是积极参加单位组织的活动；五是关心同事的工作和个人生活；六是礼貌待人，尊重同事；七是适当称赞同事。

4. 培养广泛的工作兴趣

培养广泛的工作兴趣，可以拓宽你对职业的选择余地，并且能让你对工作产生情感上的认同和支持，有助于提高职业适应力。你可以试着把现在的工作变成自己的兴趣所在，集中精力、积极投入，从克服困难中取得乐趣。

5. 注重一些细节

手脚要勤快，不仅自己的办公桌要整理得井井有条，而且当同事或上司做一些体力活如打扫办公室卫生时也一定要主动抢着做。穿着干净利落，会让人觉得你精神百倍，干劲十足。上班前提前做好进入工作状态的准备，不要迟到。下班时主动将工作环境打扫干净。有必要时，把工作带回家处理，不要对领导说"这事我明天再干行不行"一类的话。对完全没有把握、缺乏经验的事情，不要蛮干和擅自决断。不能眼高手低，大事做不了小事不愿做。虚心求教，态度诚恳，不仅能增长知识，积累经验，还能较快地解决技术问题，更好地高质量地完成任务。可表现出对同事的尊重及对工作的认真态度，当受到同行们的欢迎时，也就容易处理好人际关系。讲求工作效率，注重时间的合理分配。

6. 不断提高自己的适应力

适应是一个动态调节的过程。即使在新入职后能迅速适应环境，打开工作局面，也不意味着可以一劳永逸。工作环境总在不断变化，人际关系也会发生改变，而且科学技术发展迅速，所有的职业岗位都会随着科学技术的进步和经济发展新阶段的要求，增加新的内涵，不学习新技术、不更新旧知识、不建立新的理念，便很难适应岗位需求。因而，人们在工作中需要不断地进行自我调节，在动态中稳步提高自己的适应力。

拓 展 阅 读

导师给我的十五条职业适应忠告！

1. 所有的困苦都是有用意的

这是老天爷在磨炼你,为了把重任交给你。不管这句话是否真实,但只要用这种心态去面对任何困苦与厄运,你就一定可以克服更多的困苦,就更有能力掌控自己的命运。

2. 毛遂自荐,好处多多

让别人看到你,知道你的存在,知道你的能力。适时恰当的表现和张扬是需要的。黄金埋在土里默默等待别人发掘及重用,也许一辈子都不会被人发现,一辈子都只会是普通的石块。必须争取从每一个缝隙中透出自己的亮光,尽最大努力让自己被社会认可,自己的人生价值才能得到充分体现。

3. 千万别入错行

虽然"三百六十行,行行出状元",但有些行业的状元所获得的利益回报,却不如其他行业的普通一员。假如是因为有浓厚的兴趣进入此行业,而且愿意坚持,又不是很计较得失,就会在这个行业有所作为,人生也会比较充实,这个行业就适合自己。假如完全是为了生存进入此行,就必须认真思考这个行业到底是不是适合自己,自己有没有决心坚持,有没有信心去培养对这个行业的兴趣。假如对这个行业毫无兴趣而又不愿意花时间和精力去培养兴趣,就注定在这个行业不会有好的结果。再好的行业,毫无兴趣就不适合自己。必须在兴趣和生存之间找到平衡点,认真衡量自己的取向和需求,否则一辈子就只有抱怨和哀叹!

4. 别轻易转行

转行的风险很大,若无大决心、大魄力,最好不要轻率为之。

往往许多人都是稀里糊涂进入自己的行业,但这不是影响你一生的关键因素。如果经过必要的努力,还是觉得这个行业根本不适合自己的时候,就必须快刀斩乱麻,拿出自己的勇气和魄力重新做出选择,力挽狂澜,决不被动将就,这才是关键。否则,一生就会注定碌碌无为。沙漠更适合骆驼,草原更适合奔马。当奔马不慎迷失方向跑入沙漠后,必须跑得更努力,去寻找通往草原的最近的出路。只知道在沙漠里摇头摆尾,犹豫不决,就会困死在沙漠里。在一棵树上吊死的时代已经一去不复返了,许多改行的人也都凭借自身正确的选择与努力获得了成功。但在改行前,必须要多加思考,权衡利弊。草率行事或被动将就,都是注定要失败的。

5. 不只为了糊口,还要有抱负

你要想:在这个行业中,我要成为什么样的人。无法给自己定位,人生就是盲目的,但定位要实际一些,要在满足感与成就感之间找到更适合自己的平衡点。

6. 不要独享荣耀

独享荣耀,有天就会独吞苦果。该分享果实的时候别太小气、计较与贪婪,否则今后的果实就会更难采摘到。

7. 用耐心把冷板凳坐热

冷板凳都坐过了,还有什么好怕的呢。任何优秀的销售人员,都具备这种耐心,有这种耐心的人,不管在什么行业,都会是优秀的一员。

8. 留一点空间给你的主管

当主管也需要安全感。每个人都有弱项,喜欢把主管的弱项当作藐视的谈资及攻击目标的人,绝对不会有前途。

9. 摸鱼?小心摸到螃蟹!

摸鱼会成为你在社会上行走的负载。无意的浑水摸鱼,人人都会经历,情有可原,情该可原。但经常故意浑水摸鱼的人,就会完全失去别人的信任,是不会有好结果的。

10. 不要有"怀才不遇"的想法

怀才不遇多半是自己造成的。有才不遇,就要多加主动出击,经过种种努力还是无法遇到伯乐,你就应该争取在现有的环境里做一匹更加优秀的马,多加提升自己奔跑的技能。或许有一天当你能跑得更远的时候,就会遇到伯乐了。

11. 天下没有好赚的钱

先从小钱开始赚吧。钱好赚是相对的,钱不好赚却是绝对的。天上掉下到你嘴里的天鹅肉也许是有毒的,当你张开嘴巴享受意外美食的时候,也许就注定人生画上句号了。守株待到的兔,不如花力气去追赶擒获的一只奔跑的兔子更加美味及可靠。要知道,天下健康的天鹅都很会飞,天下健康的兔子都很会跑,要吃美味的天鹅肉及兔子肉,就必须先去花时间和精力提升自己射击和奔跑的技能。赚钱也一样,健康的财源竞争都很激烈,要付出很多时间和精力,要有善于思考的经商头脑,要有耐心和毅力,要积累很多赚钱的技能,才能拥有更多更健康的财富。利用歪门邪道一夜暴富的人,大多不会有安心的日子,大多不会有好结局。

12. 当你遇到魔鬼型的主管

接受他的磨炼吧。能跟"魔鬼"打交道的人,大多能成为"降魔高手"。

13. 勿当众辱骂你的主管

那会让你无路可走,结果只有"走路"一条。对任何人都可以骂,但记住最好都不要辱骂,伤自尊的辱骂很多是在为自己挖掘坟墓。

14. 向不同行业的人吸收新知识

记住要用请教的态度。虚心请教,受益匪浅。人家花了一辈子才搞懂的问题,也许你虚心请教只花了几秒就学到了。虚心请教,进步神速,省力多多,何乐而不为呢!

15. 犯错,就诚实地认错

坦白从宽不是绝对的。不管是否故意犯了错,原则上来说,都应该诚实认错,但在有些特殊场合和特殊的人面前,需要多动脑筋说出认错的话,在现实社会里,坦白从宽不是绝对的。人应该要诚实,但在特殊场合及对待非正常的对象时,一味诚实不一定是正确的。善意的谎言有时是必要的。

案例分析

把压力关在门外

毕业后,陈洁到一家公司的广告部任职。这家公司规模很大,薪资待遇也不错,陈洁很庆幸找到了一份好工作。

广告策划的流程长,要求高,最后的成品也需要反复修改。在学校里仅粗略接触过广告策划的她,很多方面都需要学,因而工作很辛苦。在这份强度高、节奏快的工作中,陈洁很快就感受到了前所未有的压力。

工作压力大,导致陈洁经常出错,她开始对自己失去了自信。迷茫的她几次都想到了辞职,但最终还是忍住了,毕竟广告策划是她最想做的工作。

经过了初期的迷茫,好强倔强的陈洁,开始静下心来重新审视自己,并且很快找到了问题所在:工作能力不强,导致她做事效率低,因而她落下的工作越来越多,压力也越来越大。压力过大又导致工作质量低,进而形成了一个恶性循环。

陈洁决定从基础做起,提升自己的工作能力,改变工作状态,把压力关在门外。

> 一方面,陈洁购买了很多广告方面的书籍,通过自学增加知识储备,她还订阅了很多时尚杂志用以汲取流行元素;另一方面,她利用休息时间进行实践,免费为朋友做一些广告设计,提高自己的动手能力。
>
> 通过三个月的磨合和调整,陈洁的工作能力得到了显著提高,她也终于适应了职场的节奏。工作效率得到提升后,她的工作任务也都能提前完成了,她可以用多出来的时间对自己的策划案进行调整,以期做得更好。
>
> 工作做好了,压力自然就小了,陈洁开始有时间和心情去爬山、跑步了。心情得到了舒展,策划的灵感自然源源不断,她的广告策划也做得越来越好。
>
> 两年之后,陈洁被提升为策划部主管。在主管的岗位上,陈洁感受到了新的压力。但有了之前的经验,她不慌不忙,通过对管理工作的学习,在短时间内提升了自己的管理能力,适应了新的工作,再次将工作压力关在了门外。
>
> **点评:** 有时候,工作压力大源于工作能力不强。这时候,要从根源做起,通过提高工作能力,把工作压力关在门外,进而让工作走向一个良性循环。虽然在改变的初期,你需要花很多的时间去努力,但这是值得的。

二、职场中的挫折与应对

(一)挫折与职业挫折

1. 挫折的含义

挫折是人们在从事活动方面,由于遇到了障碍而导致需求不能满足、行动受到阻碍、目标未能达成的失落性情绪状态。

2. 职业挫折的含义

职业挫折是人们从事职业活动方面和个人职业生涯发展过程中的需求不能满足、行动受到阻碍、目标未能达成的失落性情绪状态。

(二)产生职业挫折的原因

1. 工作中的失败情境

员工在完成工作任务的过程中,因为各种原因使目标达成受阻的情境,这是造成职业挫折的外在因素。

2. 员工本人的主观因素

同样的失败情境,不同的员工体验到的挫折感是不同的。员工挫折感的产生取决于主观心理状态以及员工的归因方式。

3. 组织因素

如组织管理方式、组织内的人际关系、工作的性质等。

(三) 遭遇挫折的反应

遇到挫折后,人们的行为反应可分为正向反应和负向反应。正向反应是积极的、建设性的反应,能促进个体消除焦虑,减轻心理压力,主要表现为补偿和升华。负向反应则是消极的、破坏性的反应,会加大个体心理的焦虑程度,甚至导致更严重的挫折伤害。

1. 正向反应

(1) 补偿

由于主观或客观条件的限制和阻碍,个人的目标无法实现,此时个人会以新的目标代替原来的目标,以现在的成功体验弥补原来的失败的痛苦。例如,古希腊演说家笛莫斯安思为了克服口吃的缺陷,将石子含在嘴里练习发音,结果他不但克服了口吃的缺陷,还成了著名的演说家。

(2) 升华

升华是个体受挫后,把自己不为社会所认可的动机或行为转变为符合社会期望的动机或行为,或者将低层次的目标上升为崇高的目标。例如,歌德失恋后创作了《少年维特的烦恼》,成为德国文学史上一件划时代的大事。

2. 负向反应

(1) 抑制

一个人受挫后用意志力量压抑愤怒、焦虑的情绪反应,表现出谈笑自若的正常情绪状态。这种行为反应虽然暂时不会造成坏的影响,但压抑的情绪会郁积在内心深处,当其积压过多而又难以宣泄时,就会导致其他更严重的负向反应。

(2) 固执

个体遭受挫折以后执意地重复某些没有目的的活动。

(3) 退化

个体在遭受挫折以后做出与其年龄不相称的幼稚行为。

(4) 冷漠

个体在遭受挫折以后不以愤怒和攻击的形式表现,而是以一种貌似无动于衷的冷淡态度来反应。

(5) 攻击

人遇到挫折的时候自然会产生不满的情绪,当这种情绪发展到愤怒的地步,就可能对阻碍满足自己需要的障碍做出反抗,形成攻击行为。

(6) 自伤

自伤指有的人受挫后失去自信,消极悲观,对任何事情都无动于衷、麻木不仁,以致产生轻生厌世的心理,出现拒食、自残甚至自戕等行为。

(四) 挫折的预防和应对

现代社会的竞争越来越激烈,职场中常常会遇到各种各样、大大小小的挫折,我们要调整好自己的心态,学会适当地预防和应对挫折。

1. 提高挫折承受能力

挫折承受力是个体遭遇挫折情境时,能经得起打击和压力、摆脱和排解困境而使自己避免心理与行为失常的一种耐受能力,即个体适应挫折、抵抗挫折和应对挫折的一种能力。挫折承受力强的人往往挫折反应小,挫折时间短,受挫折的消极影响少;而挫折承受力较弱的人,则容易在挫折面前不知所措,挫折的不良影响大,容易受到伤害,甚至导致心理和行为的失常。我们要树立"挫折是难以避免的"观念,以良好的心态正确对待挫折。

2. 进行适当的情绪宣泄

在遭遇挫折后,我们需要进行适当的情绪宣泄,如向亲人和朋友倾诉自己的不快和愤懑,积极参加体育活动等。

3. 转移注意力

在遭遇挫折后,转移注意力也是一种很好的应对策略,可暂时脱离引起挫折的情境,换一个工作环境或者离开原来的环境,如到公园、郊外、旅游胜地等散散心。

4. 积极调整目标

有很多人遭受挫折常常是因为目标制定过高,在这种情况下,个体要对自己的环境、条件进行冷静分析,重新制定目标,必要时可将目标降低一点,从而增加成功的机会。

案例分析

莫让压力变烦恼

毕业后，周鹏被分配到一所实验中学做教师。上班的第一天，周鹏就给自己制定了一个职业生涯规划：三年内升职主任，十年内当上副校长。为了实现这个目标，周鹏很努力地工作，丝毫不敢懈怠。

周鹏对待工作很认真，经常加班加点备课。他的课生动有趣，同学们也都很喜欢听。半年后，他带的班级在统考中得了第一名，周鹏也顺利通过考察成为预备党员。经过一年的培训，他成了一名正式党员。

这下，周鹏更有干劲了。他每天最早到校，最晚离校，在教学方面，他刻苦钻研，提高自己的讲课质量。因为这"拼命三郎"的精神，他每年都被评为"先进教职工"，校领导每次开会也都会表扬他。

被评为"先进教职工"，又受到领导表扬，这让周鹏感受到了一定的压力。他想，自己绝不能辜负了学校领导的期望。

不久，学校的教导主任升职了。主任的职位空缺，周鹏觉得自己晋升的机会来了。他更加努力地工作，每天的睡觉时间只有六个小时。

这样持续工作了两个星期，周鹏终于因为体力不支，病倒在课堂上。医生说周鹏因为过度疲劳而昏倒，必须住院一个月。就在周鹏住院的这段时间，新的教导主任上岗了。

没能当上教导主任，周鹏很灰心。虽然住院期间，学校领导都对他表示了关怀，学生们也相继过来看望他，但他始终高兴不起来。

出院后，周鹏的工作干劲差了很多，上课不像以前那么用心，班级管理也松懈了。期末考试时，他所带的班级学生的成绩退步很大。

校长把他叫到办公室询问这是怎么回事，犹豫片刻，周鹏还是对领导说出了自己的心事：因为入院治疗而错过了升职的机会，导致自己的职业规划不能实现，这让他难以释怀。

听他说完后，校长语重心长地说："你一直表现得很好，学校对你也很看重，但这次教导主任的人选是很早以前就定好了的。校领导一致认为你很有潜力，如果能在一线岗位上多锻炼几年，对你以后的发展更好。"

校长接着说："你有职业生涯规划是好的，但也要量力而行，给自己太大的压力会影响你的工作，甚至影响你的生活。不要让压力变成了你的烦恼，有时候，以平常心做事反而能做得更好。"

校长的话让周鹏茅塞顿开,他对自己的职业生涯规划进行了调整,并开始改变自己的工作方式,在努力工作的同时,也注意锻炼身体。释放了工作压力后,周鹏的工作效率提高了不少,在工作轻松了的同时,成绩也有了明显提高。

点评:在职场中,要正确地评价自己,不要把目标定得太高,使自己压力过大而无法承受。而且,压力过大也会降低工作效率,使自己更累更忙。适当地释放压力,能提高工作效率,进而取得更好的成绩。

三、职场中的压力与应对

(一)压力与工作压力

1. 压力的含义

压力是由紧张刺激引起的,伴有躯体机能以及心理活动改变的一种身心紧张状态。

压力这一概念最早由赛尔耶于1964年应用于医学领域,他通过多次临床和实验研究,提出了压力和全身适应综合征的理论,受到了医学界的重视,后来也受到心理学研究的关注。

压力包含三种含义:一是指那些使人感到紧张的事情或环境刺激;二是指一种主观反应,是紧张或唤醒的一种内部心理状态,是人体内部出现的解释性的、情感性的、防御性的应对过程;三是指人体对需要或伤害侵入的一种生理反应,这些生理反应可能支持行为和心理上的应对努力,也可能引发消极状态,包括心理衰竭、疾病和死亡。

2. 工作压力的含义

工作压力又称职业紧张、职业压力,是指由工作或与工作有关的因素所引起的压力。

3. 压力适应综合征(GAS)

压力适应综合征(GAS)是机体自稳态受威胁、扰乱后出现的一系列生理和行为的适应性反应。它包括三个连续的生理反应阶段。

一是惊恐阶段:最初先产生急性压力反应。

二是抵抗阶段:适应压力后抵抗压力。

三是衰竭阶段:压力源持续作用于个体,不断地抵抗使个体越来越疲劳甚至死亡。

如果人们在职业竞争中长期、反复地忍受较强的压力,以致超出机体能够承受的极限,就会对机体造成病理性损伤,出现诸如失眠、疲劳乏力、食欲不振、烦躁不安、记忆力减退、精神难以集中等症状,但又查不出任何明显的器质性病变。这便是压力反应导致了内分泌、免疫功能失常,也就是罹患了压力适应综合征。"过劳死"是压力适应综合征的极端表现。

(二) 压力的分类

压力可分为良性压力和不良压力两种类型。

1. 良性压力

良性压力是指积极的、令人满意的、挑战性的压力,这种压力体验符合人们的期望,能够在一定程度上对个体加以唤醒,提醒个体动用各种心理资源,应对来自身体内外的环境的挑战。

2. 不良压力

不良压力是指导致个体不愉快的破坏性的压力,这种压力是不为个体所欢迎的,是人们力图避免的一种体验。一般在不说明的情况下,压力主要是指不良压力。

(三) 压力源

1. 压力源

压力源是引起压力的刺激物。压力源可分为三类:

心理性压力源:能引起个体强烈地感到自己能力不能胜任的心理冲突。

躯体性压力源:能使个体强烈地感到给生命或健康带来危险的刺激因素。

社会性压力源:能使个体强烈地感到社会性活动受到影响的社会性刺激因素。

2. 工作压力源

工作压力源是指在工作过程中对工作者的工作适应、紧张状态产生影响的各种刺激因素,包括工作本身及与工作相关的因素,如工作负荷、工作条件、工作环境、人际关系等。工作压力源可分为三类:

外在环境因素:包含经济不确定、政治不确定和技术不确定。

组织因素:包含任务要求、角色需求、人际关系要求、组织结构、组织领导和组织生命周期。

个人因素：包含家庭问题、经济问题及个人风格。

（四）工作压力的预防与应对

现代社会人们普遍感觉工作压力大，工作任务重，如果不能较好地预防与积极应对工作压力，往往会导致身心交瘁，影响工作的效率，影响人的身心健康。

1. 减少压力源

从根本上减少压力源，注重改变职业环境。通过解决问题从根本上消除压力源，是最理想的控制压力的方法。也可以采用回避的方法，远离压力源，改变环境，减少心理压力的产生。比如，有的工作实在压力太大，再怎么努力也无法应对，或者精力有限难以应对，可以适当做些调整，放慢工作节奏，减少工作量，或是换个工作等。

2. 增加应对能力

增加应对无法改变的压力的能力。比如，运用放松技术、深呼吸、慢走等方式减轻身体紧张，从而减轻压力反应。也可以充分利用业余时间，多学习一些专业知识，练习专业技能，提升专业能力。随着个体应对能力的增强，以前的压力反而会变小，变得易于应对。

3. 做好心理准备

事先获得有关压力的信息，使个体有充分的心理准备，这也可以有效地减轻压力反应。现代社会的竞争越来越激烈，找工作不易，做好工作也不易，如果我们有这样的心理准备，在面临工作压力时，就更容易调整自己的心态，以更为积极的态度面对压力。

4. 改变认知评价

对压力事件的认知评价对压力反应的程度至关重要。改变个体对压力事件的评价，可以减轻压力的生理反应，缓解不良的情绪体验，从而改变不适应的行为。比如，面对领导的高要求，不要理解为是对你的挑剔和为难，从而产生不满的情绪，而是应该理解为这是对你的信任和考验，经历了这个挑战，你的能力就会得到提升，可以学到更多的知识，这样去想就可以化解原来的压力。

5. 注意劳逸结合

注意劳逸结合，将闲暇活动作为工作的必要补充。工作之余可多与有幽默感的人接触,多看相声、小品等富有喜剧色彩的影视节目,主动寻求快乐。有条件的情况下,还可以暂停工作,适时休假,给自己一个休整的机会。

6. 积极挑战潜能

我们面对压力,要充分地挖掘自己的潜能,把自己最大的优势和能量开发出来,活出自己精彩的人生。工作中我们会面临各种各样的压力,如任务重、时间紧、不熟悉、无从下手、缺乏条件等,面对这样的工作压力,我们要相信自己、激励自己有能力可以做到,从而发挥出自己的潜能,出色地完成工作任务。

> **案例分析**
>
> ### 爆发的潜能
>
> 日本的一位母亲就做到了所有人都认为不可能做到的事情。
>
> 日本《朝日新闻》有一则报道,一位妈妈跟她先生离婚后,与年幼的女儿相依为命,女儿每天早上起来的时候,都会很高兴地看她妈妈,抱她妈妈。
>
> 妈妈有一天要去买菜,她想女儿10点才会起床,她9点去买菜,只要10点以前回到家里就可以了。可是,没想到这一天女儿9点半就起床了。当女儿起床后看不到妈妈时非常着急,就大声地叫:"妈妈……"妈妈去买菜当然听不到,于是小女孩就到处找,最后跑到阳台上去找,正好看见妈妈回来,就大叫:"妈妈!"妈妈看到女儿,怕女儿掉下来,就喊:女儿你不能往下跳!由于女儿没听到妈妈说什么,也没看懂妈妈的手势,以为妈妈让她跳下来,所以就跳了下去。这时,妈妈在一两秒之内竟然跑了100多米,把女儿接住了。
>
> 这个新闻发布出来以后,立刻震惊了整个日本,很多新闻界的记者争相采访她,但所有的记者又都对此将信将疑。这位妈妈说可以再试一次,但不能拿她的女儿试,有人建议用枕头。于是,就把枕头装上一样重量的棉花,拿到四楼。当试验的人一喊开始,这位妈妈就跑,但试了几次,都是跑不到一半枕头就掉下来了,她一次也没接住。
>
> 后来,又找了日本跑得最快的选手来试试看,结果一样是接不到。
>
> 心理学家分析,因为女孩的妈妈离婚了,女儿是她这一辈子唯一的精神支柱。如果再失去女儿,她就失去了一切。在这个时候,看见女儿快掉下来了,她就发挥了生命中的最大潜能,这种爆发出来的能量使她拯救了女儿。

因此,学习和掌握一些应对压力的方法,可以不断提高我们的心理承受能力和应对能力,将来面对工作压力时,才可以采取更为积极的措施有效地应对面临的困境,帮助自己更好地适应工作要求,从而以更好的状态投入工作,发挥出自己的才能。

拓展阅读

提升压力应对能力

在压力面前,我们需要提升压力应对能力。具体可从以下几个方面做起:

1. 明确的目标

完成既定目标,创立新的目标并为之努力奋斗。

2. 执着的追求

执着的追求,就是始终不渝地热爱生活,主动地去创造美好生活,对生活中不愉快的事,以无所畏惧的态度和无比的勇气去迎接。

3. 坚定的信念

坚信未来是美好的,相信自己一定能够战胜压力,获得成功。

4. 宽广的胸怀

无论对待什么样的挫折都能泰然处之,镇定自若。丰富自己的内心世界,培养宽广大度的心理品质,绝不仅仅是待人的宽厚大度,而且也包含着对科学文化的容纳百川。投身到集体中去,不要把自己关在狭小的圈子里,集体会给你关心和温暖。为共同的目标去奋斗使你懂得什么叫同志;参加拔河比赛使你懂得什么叫团结协作;篮球比赛使你懂得什么是集体荣誉;长跑中的互相搀扶、帮助使你懂得什么叫互相关心;抢险救灾、向灾区捐款使你懂得什么叫爱心。只有积极地投入集体中,才会使你心情更愉快,胸襟更开阔。

5. 乐观的态度

以微笑平静的心态去看待一切,建立健康、愉快、丰富的生活模式。

6. 多元的思维

面对同一种境况,要有多种考虑和选择。

7. 学会成长

把环境的变化看成是迎接挑战和学习的机会;做命运的主人和生活的主要参与者,把兴趣,精力脚踏实地地倾注于目前的事业中;遇事不慌,致力于解决问题。

8. 学会自信

自信是人有执着追求的深层心理表现,是人消除心理压力的重要心理素质,充满自信,才能面对挫折和困难,并向着既定的目标前进。

9. 学会坚强

感受心理压力是一种痛苦的体验,沉重的心理压力有时可以毁灭一个人。当我们处在失落、痛苦、悲伤的时候,应提醒自己,不要惊慌失措,不要被表现出来的可怕景象所吓倒。面对心理压力,首先要有忍耐力,我们会有办法消除它,并能够变压力为动力。沉重的心理压力往往会使人将注意力集中到自己所遭遇的不幸上,而忘记了生活中那些令人愉快的事物,使自己难以走出心理压力的阴影。让自己去做一些有意义、令人愉快的事情,可以从中得到某种程度的释放,即使不是完全转移,心理压力的阴影也不会长久地笼罩你。

职场心理减压十法

1. 设定现实的目标

对自己和别人的期望值要现实些,使之切实可行。

2. 将压力写出来

一旦将压力一一逐条列出来,你就会发现,只要各个击破,其实压力很容易缓解。

3. 统筹安排

事情往往分为必须做、应该做和想做的。如果必须做的事没做,就会增加内心的紧张或压力。所以,你只要先把必须做的事完成,就会减轻压力。

4. 适时放松

每个人在工作之后都需要放松,如听音乐、洗澡、看喜剧片、外出旅游和保证充足的睡眠等。

5. 慢慢用餐

用足够的时间吃饭可以缓解压力,狼吞虎咽会增加紧张情绪。

6. 想象

比如,想象在蓝天白云下,自己坐在平坦的草地上,心中充满安详、宁静、平和,这样可在短时间内缓解紧张,恢复精力。

7. 闻香气

香气能抑制大脑边缘系统的神经细胞,对舒缓神经紧张和心理压力有明显的效果。

8. 读书

当你在书的世界遨游时,一切忧愁、悲伤便会付诸脑后,烟消云散。读书可以潜移默化地使一个人逐渐变得开朗豁达,不惧压力。

9. 求助

当你需要别人倾听、提出建设性的意见和帮助时,尽管开口。

10. 想哭就哭

哭能缓解压力,让情感抒发出来要比深埋在心里有益得多。

【活动与测试】

活动一:信任之旅

活动要求:两个人一组,一位装"盲人",一位做"拐棍","盲人"蒙上眼睛原地转3圈,然后在"拐棍"的帮助下下到一楼再返回起点。然后,两人互换角色再来一次。整个过程规定不许说话。

经验分享:活动结束后,共同分享自己对所扮演角色的感觉。

活动二:体验情绪的力量

活动目的:通过下面的练习,体会一下正面的和负面的情绪对一个人的影响。

活动步骤:

① 请你认真思考,写下自己的10个优点,写完之后,用心地默念3遍,然后闭上眼睛,在心中再认真地默念3遍。

② 睁开眼睛,伸出双手,请坐在身边的同学压一压,细心体会用力的大小及内心的感受。

③ 再认真思考,写下自己的10个缺点,写完之后,用心地默念3遍,然后闭上眼睛,在心中再认真地默念3遍。

④ 睁开眼睛,伸出双手,再请刚才的同学压一压,看看有什么感觉,细心体会一下两次压手的用力程度是否一样。

体验结果:默念优点后伸出的手比默念缺点后的难压下去。这是因为人的情绪对人的生理、心理及精神都会产生影响,积极的情绪给人带来力量,消极的情绪能削弱人的力量。

活动三:控制情绪的角色扮演

活动目的:通过角色扮演,能辨认各种情绪并了解它发生的原因,知道各种情绪反应对身心的影响,并学习控制情绪、发泄情绪的正确方法。

活动准备:角色扮演的题目、誓词;桌椅排成小组讨论的形式。

活动步骤:

① 设计情景。
- 舍友摔坏了你心爱的杯子。
- 你弄丢了储存很多照片的手机。
- 你在公共汽车上被人踩了一脚。
- 你在食堂买饭时有人在你前面插队。
- 你参加学校竞赛得了第一名。
- 同学喊你的绰号。

② 讨论。

你遇到上面的情景时,会产生何种情绪?你如果有不适当的情绪反应,会有什么结果?(每组讨论一种情绪)

③ 举例。

举例说明自己在日常生活中因不适当的情绪反应造成不良后果的情形。

④ 角色扮演。

根据各组讨论的情景进行角色扮演。

⑤ 总结。

同学们,当你遇到困难时,可能会一时情绪低落,但我相信大家一定能尽快适应并调整好。请大家和我一起满怀激情地朗读一段誓词:

我有明确的目标,绝不放弃!

我将百折不挠,主动迎战困难!

我必须勤奋学习,提高效率,珍惜时间!

我要积极行动,勇敢实践!

我乐观、自信、自强!

活动四:体验压力

活动目的:体验压力的存在。

活动步骤:

① 体验压力(热身)。

② 学生在教师的引导下从 1—99 报数。报数的速度要快,每逢含有"7"或"7"的倍数的数字时不要报数,要拍下一个人的后脑勺,下一个人继续报数。如果有人报的时间太长或报错数或拍错人则暂停,出错人要等待惩罚。

活动五:寻找压力支持系统

活动目的:学会求助;具有求助意识——遇到压力时把求助作为基本策略;想想有哪些可以求助的人,如何获得帮助。

活动步骤:

① 每人准备一张白纸,在纸上写出自己遇到压力时可以得到别人怎样的支持。

• 我可以得到父母亲人的支持是:_____
_____。

• 我可以得到同学朋友的支持是:_____
_____。

• 我可以得到学校老师的支持是:_____
_____。

• 我还可以得到……的支持是:_____
_____。

② 小组交流,依次发言:当遇到压力时可以向谁求助,怎样获得他们的帮助。

测试一:自卑心理测试

请根据自身情况选择题目的答案,回答"是"或"否"。

1. 遇到难事,你想寻求帮助,但又不愿意开口求人,怕被别人取笑或轻视。　　　　　　　　　　　　　　　　　　　　　　是□　否□
2. 当别人遇到麻烦时,你常有幸灾乐祸的感觉。　　是□　否□
3. 你爱向人自夸自己的能力和"光荣历史"。　　　　是□　否□
4. 你认为学习成绩、工作成绩是很重要的。　　　　是□　否□
5. 你觉得入乡随俗是件困难的事。　　　　　　　　是□　否□
6. 你觉得人的面子最重要,轻易认错是很失面子的行为。
　　　　　　　　　　　　　　　　　　　　　　　是□　否□

7. 你害怕生人或陌生的地方。　　　　　　　　　　是□　否□
8. 常常自问"我是很行的吗?"这类问题。　　　　　是□　否□
9. 你常常觉得自己是不利处境下的牺牲品。　　　是□　否□
10. 你是个爱虚荣的人。　　　　　　　　　　　　是□　否□

评分标准与说明:

答"是"得1分,"否"得0分,统计一下你的总分。

0—2分:很有自信心,能与人和睦相处。

3—6分:很可能缺乏自信心,你可能行事保守而缺少魄力,但这也许能使你安于现状,生活在一种平静的环境中。如果你认真反思一下,把你认为你能做的事和你想做的事列出来,你会发现,事实上,你能做的事要比你想做的事多一些。

7—10分:你有一种强烈的自卑感,即使在表面上你自信、自负或自傲,但你很可能在自负和自卑的两极来回徘徊。有时,这种性格上的矛盾令你感到痛苦或害怕,你得想办法采取行动消除自己的自卑感了。

测试二:多疑心理测试

请在自然的状态下考虑下面的问题,真实地回答"是"或"否"。

1. 别人说话时,认为是在说自己的坏话吗?　　　　是□　否□
2. 约朋友见面,朋友推辞有事,感到是朋友故意疏远自己吗?
　　　　　　　　　　　　　　　　　　　　　　　是□　否□
3. 东西不见了,认为是某某拿的吗?　　　　　　　是□　否□
4. 领导批评人,认为是批评自己吗?　　　　　　　是□　否□
5. 别人对自己很好,你反而会怀疑对方的动机?　　是□　否□
6. 看到男同事与女性单独在一起,会武断地认为有暧昧关系吗?
　　　　　　　　　　　　　　　　　　　　　　　是□　否□
7. 身体不舒服,认为自己患了绝症了吗?　　　　　是□　否□
8. 看到同事进领导家,认为是送礼吗?　　　　　　是□　否□

评分标准与说明:

根据你对上述问题的问答,可以自测多疑心理指数。如果出现3个以上"是"的话,说明有了多疑心理,应该及时调节,逐步建立起信心。多疑心理的出现,与人的经历和素质有关系。多疑之人,心胸狭窄,性格内向,喜欢主观想象,如果不及时、正确地解决,任其发展下去,可能会引发精神疾病。

测试三：人际交往能力测试

请结合你自己的情况考虑下面的问题，回答"是"或"否"。

1. 你喜欢参加社交活动吗？ 是□ 否□
2. 你喜欢结交各行各业的朋友吗？ 是□ 否□
3. 你常常主动向陌生人做自我介绍吗？ 是□ 否□
4. 你喜欢发现他们的兴趣吗？ 是□ 否□
5. 你在回答有关自己的背景与兴趣的问题时感到为难吗？
　　　　　　　　　　　　　　　　　　　　　是□ 否□
6. 你喜欢做大型公共活动的组织者吗？ 是□ 否□
7. 你愿意做会议主持人吗？ 是□ 否□
8. 你与有地方口音的人交流有困难吗？ 是□ 否□
9. 你喜欢在正式场合穿庄重的服装吗？ 是□ 否□
10. 你喜欢在宴会上致祝酒词吗？ 是□ 否□
11. 你喜欢与不相识的人聊天吗？ 是□ 否□
12. 你在父母的朋友面前交谈自如吗？ 是□ 否□
13. 你在院系集体活动中介意扮演逗人笑的丑角吗？ 是□ 否□
14. 你喜欢成为院系联欢会上的核心人物吗？ 是□ 否□
15. 你曾为自己的演讲水平不佳而苦恼吗？ 是□ 否□
16. 你与语言不通的外国人在一起时感到乏味吗？ 是□ 否□
17. 你与人谈话时喜欢掌握话题的主动权吗？ 是□ 否□
18. 你与地位低于自己的人谈话时是否轻松自然？ 是□ 否□
19. 你希望他们对你毕恭毕敬吗？ 是□ 否□
20. 你在酒水供应充足的宴会上是否借机开怀畅饮？ 是□ 否□
21. 你曾因饮酒过度而失态吗？ 是□ 否□
22. 你喜欢倡议共同举杯吗？ 是□ 否□

评分标准与说明：

本测验的答案并无正误之分。只是一般情况下，擅长于社交的人会倾向于以下答案：

1. 是　2. 是　3. 是　4. 是　5. 否　6. 是　7. 是　8. 否　9. 是
10. 是　11. 是　12. 是　13. 否　14. 是　15. 否　16. 否　17. 是
18. 是　19. 否　20. 否　21. 否　22. 是

检查你在每一题上的答案,若与上述相应答案相符得1分,不相符则得0分。计算你的得分。

17—22分:你在各种各样的社交场合都表现得大方得体,从不拒绝广交朋友的机会。你待人真诚友善,不狂妄虚伪,是社交活动中备受欢迎的人物,也是公共事业的好使者。

11—16分:你在大多数社交活动中表现出色,只是有时候尚缺乏自信心,今后要特别注意主动结交朋友。

5—10分:也许是由于羞怯或少言寡语的性格,你没有表现出足够的自信。当你应该以轻松、热情的面貌出现时,你却常常显得过于局促不安。

4分或以下:你是一位孤独的人,不喜欢任何形式的社交活动。你难免被人视为古怪之人。

测试四:情绪稳定性测验

你想知道自己的情绪状况吗?请根据下列情绪测验,了解自己的情绪状况。请结合自己的情况,对下列题目做出"是"或"否"的回答。

1. 尽管发生了不愉快的事情,仍能毫不在乎地思考别的事情。 是□ 否□
2. 不计小隙,经常保持坦率诚恳的态度。 是□ 否□
3. 习惯于把担心的事情写在纸上并进行管理。 是□ 否□
4. 在做事情时,往往设定有可能实现的具体目标。 是□ 否□
5. 失败时仔细思考,反省其原因,但不会愁眉不展,整天闷闷不乐。 是□ 否□
6. 具有悠闲自娱的爱好。 是□ 否□
7. 常常倾听别人的意见。 是□ 否□
8. 做事有计划地积极进行,遇挫折也不气馁。 是□ 否□
9. 无路可走时,能够改变生活方式与节奏,以适应生活。 是□ 否□
10. 在学业上,尽管别人比自己强,但仍坚持"我走我的路"。 是□ 否□
11. 对自己的进步,哪怕只是一点点,都会高兴地表示出来。 是□ 否□
12. 乐于一点一滴地积聚有益的东西。 是□ 否□
13. 很少感情用事。 是□ 否□

14. 尽管很想做某一件事,但自己觉得不可能时也会打消念头。

  是□ 否□

15. 常常理智、周密地思考和判断问题,不拘泥于小节。是□ 否□

评分标准与说明:

每题选择"是"计1分,选择"否"计0分。

0—6分:你的情绪不是很稳定,经常患得患失,不能很好地生活。常常拘泥于一些小事情,无论做什么事都过分认真,总是忙忙碌碌,耗费心机。难以做出重大的决策,一丝不苟反而使自己感觉迟钝。

7—9分:一般稳定。

10—15分:你的情绪很稳定,擅长于寻找处理事务的方法、判断及思考等,不拘泥于细微小节,能积极大胆地处理一些事情,在各种困难面前毫不动摇。

测试五:情商测评

情绪智商即情商,是用于预测一个人能否获得职业成功或生活成功的有效指标,反映个体的社会适应性。以下各题的选项中,请结合实际,选择符合你自身情况的一个选项。

1. 情绪起伏很大,不易了解。(　　)
   A. 经常   B. 偶尔   C. 从不
2. 表达情绪的方式通常是骂人、忍耐或委曲求全。(　　)
   A. 经常   B. 偶尔   C. 从不
3. 说不出令自己生气、高兴、伤心或嫉妒的话或事。(　　)
   A. 经常   B. 偶尔   C. 从不
4. 不了解自己为什么会生气、高兴、伤心或嫉妒。(　　)
   A. 经常   B. 偶尔   C. 从不
5. 表情不开朗,很少展现笑容。(　　)
   A. 经常   B. 偶尔   C. 从不
6. 做事的态度拖拖拉拉、慢慢吞吞或被动。(　　)
   A. 经常   B. 偶尔   C. 从不
7. 一次想做很多事,因此显得不专心。(　　)
   A. 经常   B. 偶尔   C. 从不
8. 在意别人对自己的看法,生活较紧张,无法轻松自在。(　　)
   A. 经常   B. 偶尔   C. 从不

9. 对于自己的事,不能主动及负责任地完成。(　　)
   A. 经常　　　　　　　　B. 偶尔　　　　　　　　C. 从不
10. 被问到问题时常会用"不知道""随便"来回答,或是不说话,或是顾左右而言其他。(　　)
    A. 经常　　　　　　　　B. 偶尔　　　　　　　　C. 从不
11. 对自己要求很高,达不到标准时就哭闹、生气。(　　)
    A. 经常　　　　　　　　B. 偶尔　　　　　　　　C. 从不
12. 对于已经约好的事,无法守信用地完成或会草率地完成。(　　)
    A. 经常　　　　　　　　B. 偶尔　　　　　　　　C. 从不
13. 对学校及家里既定的规则不遵守。(　　)
    A. 经常　　　　　　　　B. 偶尔　　　　　　　　C. 从不
14. 对自己期望低,觉得反正自己做不到因而就干脆放弃。(　　)
    A. 经常　　　　　　　　B. 偶尔　　　　　　　　C. 从不
15. 担心犯错而不敢担任新的职务。(　　)
    A. 经常　　　　　　　　B. 偶尔　　　　　　　　C. 从不
16. 担心自己的意见不好而附和同事的意见。(　　)
    A. 经常　　　　　　　　B. 偶尔　　　　　　　　C. 从不
17. 与人合作时,如果别人不同意自己意见就要骂人,或者逃避。(　　)
    A. 经常　　　　　　　　B. 偶尔　　　　　　　　C. 从不
18. 做什么事都很急,耐不住性子。(　　)
    A. 经常　　　　　　　　B. 偶尔　　　　　　　　C. 从不
19. 担心自己不会就放弃参与,或说活动无聊、低级,不愿尝试新事物或经验。(　　)
    A. 经常　　　　　　　　B. 偶尔　　　　　　　　C. 从不
20. 与上司意见不同时,采取退让、委曲求全或对别人生气等方式来解决。(　　)
    A. 经常　　　　　　　　B. 偶尔　　　　　　　　C. 从不

评分标准与说明:

A 计 0 分,B 计 1 分,C 计 2 分。

0—7 分:情商较低,情绪常起伏,应注意培养这方面的能力。

8—21 分:情商中等,多做些训练,情商会加强。

22 分及以上:情商高,自信心强,人际关系好,工作表现和婚姻生活上都有令人比较满意的成就。

测试六：心理适应性测评

请仔细阅读下面题目，选择最符合你实际情况的一个选项。

1. 如果把考试的试卷拿到一个安静、无人监考的房间去做，我的成绩一定会好一些。（　）
   A. 是　　　B. 有时是　　　C. 不一定　　　D. 很少是　　　E. 不是

2. 夜间走路，我能比别人看得更清楚。（　）
   A. 是　　　B. 有时是　　　C. 不一定　　　D. 很少是　　　E. 不是

3. 每次离开家到一个新的地方，我总爱闹点毛病，如失眠、拉肚子、皮肤过敏等。（　）
   A. 是　　　B. 有时是　　　C. 不一定　　　D. 很少是　　　E. 不是

4. 我在运动会上取得的成绩比体育课或者平时练习的成绩好一些。（　）
   A. 是　　　B. 有时是　　　C. 不一定　　　D. 很少是　　　E. 不是

5. 我明明每次都把课文背得滚瓜烂熟了，可是在课堂上背的时候，却总是要出点差错。（　）
   A. 是　　　B. 有时是　　　C. 不一定　　　D. 很少是　　　E. 不是

6. 到我发言时，我似乎比别人更加镇定，发言也显得很自然。（　）
   A. 是　　　B. 有时是　　　C. 不一定　　　D. 很少是　　　E. 不是

7. 我冬天比别人更怕冷，夏天比别人更怕热。（　）
   A. 是　　　B. 有时是　　　C. 不一定　　　D. 很少是　　　E. 不是

8. 在嘈杂、混乱的环境里，我仍能够集中精力地学习、工作，效率并不会大幅度地降低。（　）
   A. 是　　　B. 有时是　　　C. 不一定　　　D. 很少是　　　E. 不是

9. 每次体检时，医生都说我"心动过速"，其实我平时脉搏很正常。（　）
   A. 是　　　B. 有时是　　　C. 不一定　　　D. 很少是　　　E. 不是

10. 如果需要的话，我可以熬一个通宵，仍然精力充沛地学习和工作。（　）
    A. 是　　　B. 有时是　　　C. 不一定　　　D. 很少是　　　E. 不是

11. 当父母的朋友来家做客时，我尽量回避他们。（　）
    A. 是　　　B. 有时是　　　C. 不一定　　　D. 很少是　　　E. 不是

12. 出门在外,虽然吃饭、睡觉等环境变化很大,可是我很快就能习惯。(   )

    A. 是   B. 有时是   C. 不一定   D. 很少是   E. 不是

13. 参加各种比赛,赛场上越热烈,观众越加油,我的成绩反而越上不去。(   )

    A. 是   B. 有时是   C. 不一定   D. 很少是   E. 不是

14. 上课回答问题或开会发言时,我能镇定自若地把事先想好的一切都完整地说出来。(   )

    A. 是   B. 有时是   C. 不一定   D. 很少是   E. 不是

15. 我觉得一个人做事比大家一起干效率高一些,所以我愿意一个人做事。(   )

    A. 是   B. 有时是   C. 不一定   D. 很少是   E. 不是

16. 为了求得和睦相处,我常常放弃自己的意见,附和大家。(   )

    A. 是   B. 有时是   C. 不一定   D. 很少是   E. 不是

17. 当着众人和生人的面,我感到窘迫。(   )

    A. 是   B. 有时是   C. 不一定   D. 很少是   E. 不是

18. 无论情况多么紧迫,我都能注意到该注意的细节,不丢三落四。(   )

    A. 是   B. 有时是   C. 不一定   D. 很少是   E. 不是

19. 和别人争吵起来时,我常常哑口无言,事后才想起该怎样反驳对方,可是已经晚了。(   )

    A. 是   B. 有时是   C. 不一定   D. 很少是   E. 不是

20. 我每次参加正式考试或考核的成绩,往往比平时的成绩更好一些。(   )

    A. 是   B. 有时是   C. 不一定   D. 很少是   E. 不是

评分标准与说明:

凡单号题,从A到E五种回答依次计1、2、3、4、5分;凡双号题,从A到E五种回答依次计5、4、3、2、1分。

81—100分,适应性很强。

61—80分,适应性较强。

41—60分,适应性一般。

21—40分,适应性较差。

0—20分,适应性很差。

【作业与思考】

1. 要建立和谐的人际关系,在人际交往中我们应该遵循哪些人际交往的原则?
2. 谈一谈,你在人际交往中运用了哪些交往技巧?还有哪些技巧需要掌握?
3. 什么是情商?情商包括哪些内容?
4. 联系自己的实际,谈谈如何进行情绪管理。
5. 职业适应问题产生的原因有哪些?如何提高职业适应性?
6. 联系实际,谈谈如何预防和应对挫折。

主要参考文献

[1] 黄希庭.心理学导论[M].北京:人民教育出版社,2001.

[2] 孟昭兰.普通心理学[M].北京:北京大学出版社,1994.

[3] 人民教育出版社师范教材中心.心理学[M].北京:人民教育出版社,1999.

[4] 彭聃龄.普通心理学[M].北京:北京师范大学出版社,2003.

[5] 俞文钊,吕建国,孟慧.职业心理学[M].3版.大连:东北财经大学出版社,2014.

[6] 邹汉林.改变性格改变命运[M].2版.北京:中国纺织出版社,2010.

[7] 魏卫.职业规划与素质培养教程[M].北京:清华大学出版社,2008.

[8] 刘俊敏.态度决定成就[M].北京:中国电力出版社,2012.

[9] 杜君立.找准你的职场定位:职场中的5种典型人格[M].北京:人民邮电出版社,2010.

[10] [美]亚瑟.人格魅力[M].紫金,编译.北京:时事出版社,2004.

[11] 刘明新,冯国忠.职业伦理与职业素养[M].2版.北京:机械工业出版社,2014.

[12] 黄冬福.大学生职业发展与就业指导[M].北京:中国铁道出版社,2013.

[13] 梁玉国,夏传波.高职院校学生职业核心能力培养与训练[M].北京:机械工业出版社,2015.

[14] 穆学君、英宝有.高职学生职业素质培养[M].北京:高等教育出版社,2009.

[15] 刘兰明,等.职业基本素养[M].北京:高等教育出版社,2009.

[16] 崔建华,陈秀丽,王海荣.大学生心理素质拓展教育[M].厦门:厦门大学出版社,2009.

[17] 卿臻.大学生心理健康教育[M].北京:清华大学出版社,2012.

[18] 吉家文,等.新编大学生心理健康教育[M].天津:南开大学出版社,2012.

[19] 欧阳辉,袁忠霞.大学生心理健康应用教程[M].沈阳:辽宁教育出版社,2011.

[20] 周家华,王金凤.大学生心理健康教育[M].北京:清华大学出版社,2010.

[21] 吴汉德.大学生心理健康[M].南京:东南大学出版社,2003.